Moi, Romy

Romy Schneider

Moi, Romy

Le journal d'une vie

Cette édition de *Moi, Romy*
est publiée par les Éditions de la Seine
avec l'aimable autorisation des Éditions Ergo Press.
Titre original : *Ich, Romy.*

Sommaire

Préface

Ce livre se veut à la fois une autobiographie et une biographie. Il révèle une vie d'artiste qui a trouvé son expression dans presque soixante films et dévoilé l'être humain que fut Romy Schneider : un être humain avec ses espoirs et ses rêves d'adolescente, avec l'envol des premiers succès jusqu'à la maturité artistique dans les grands films, et le destin tragique d'une vie qui s'est brisée dans l'effort pour concilier harmonieusement le bonheur personnel et la création artistique.

Pour la première fois, des écrits personnels de Romy Schneider ont été rassemblés dans cet ouvrage. Il débute par le journal personnel tenu par la fillette de treize ans et se poursuit avec des déclarations et des idées qui sont parvenues par des voies différentes au grand public ; récits de voyages, lettres, évocations de certains événements. Ces notes constituent également un document sur les années durant lesquelles Romy Schneider a préféré se taire et s'est limitée à exposer ses opinions et ses vues dans des lettres destinées à des amis ou dans d'autres documents authentiques ; elle faisait cela souvent spontanément, suivant son impulsion du moment.

Magda Schneider, la mère de Romy, avait décrit très tôt l'enfance de sa fille, et c'est son récit qui sert d'introduction au livre.

Les différents chapitres s'enchaînent de manière à donner

au lecteur une vue d'ensemble claire des différentes étapes de cette existence extraordinaire. Ont été mis en avant des textes éclairant les situations liées à une certaine date ou époque de vie. Parallèlement, les vides dans le texte ont été comblés par des précisions adéquates. Mais le but de ce livre n'est pas de fournir la description chronologique détaillée d'une vie, il est plutôt de renvoyer l'image d'une grande actrice qui a bien appartenu, avec ses faiblesses et ses forces, à son époque.

Chaque chapitre est précédé de photos personnelles prises durant les jours heureux de l'enfance et de l'adolescence jusqu'à la fin tragique en 1982 à Paris.

Des documents photographiques accompagnent les textes et témoignent du cadre de vie de Romy Schneider. En renonçant aux clichés extraits de ses films, nous avons voulu mettre l'accent sur l'artiste Romy Schneider lors de son travail en équipe avec des partenaires parmi lesquels elle est devenue mondialement connue.

Ce livre paraît à l'occasion du cinquantième anniversaire que Romy Schneider aurait fêté le 23 septembre de cette année. Il veut aider à garder intacte dans notre mémoire l'image de cette actrice exceptionnelle des années d'après-guerre.

Berlin, février 1988
Renate Seydel

1938-1950
Magda Schneider : Ma fille Romy

Rosemarie Albach est née le 23 septembre 1938 à Vienne. Ses parents, Magda Schneider et Wolf Albach-Retty, étant entièrement absorbés par les tournages de films, Romy passe son enfance chez ses grands-parents, sa grand-mère Maria Schneider et son grand-père Franz Xaver Schneider, dans leur maison Mariengrund à Berchtesgaden-Schönau. Le 21 juin 1941 naît son frère Wolfdieter. Elle entre à l'école primaire en septembre 1944. Un an plus tard, ses parents divorcent. Le 1er juillet 1949, Romy devient pensionnaire à l'internat Goldenstein. En décembre 1953, Magda Schneider épouse l'hôtelier Hans-Herbert Blatzheim.

C'est en 1957 que Magda Schneider évoque l'enfance de sa fille Romy.

La localité de Schönau est située entre Berchtesgaden et le Königsee ; cet endroit est littéralement « une belle prairie » *(schöne Au)*. La première pierre de la petite maison a été posée en 1936. On l'a appelée *Mariengrund* (« L'enclos de Maria »), et en 1937 nous avons pu emménager.

Les premiers occupants permanents étaient mes parents. Mon père était plombier et avait son magasin à Augsbourg. Il s'y connaissait bien en matière de construction et surveillait les travaux, car je tournais des films sans arrêt et je ne pouvais m'en occuper. Au début il devait être difficile pour mes parents de vivre dans cette maison de campagne retirée, mais ils y sont restés quand même, tout simplement pour me rendre service. Quels parents ne renoncent pas à leurs propres désirs pour aider leurs enfants ? A l'époque, j'aurais été obligée de me faire aider par des étrangers pour tenir la maison. Mes parents s'en sont chargés, d'autant plus volontiers que, très vite, ils ne furent plus seuls. Romy est née le 23 septembre 1938.

Rosemarie Albach. Quel bonheur d'avoir à présent *Mariengrund* et de savoir mes parents là-bas pour prendre tendrement mon bébé en charge !

Romy a vu le jour à Vienne. Quatre semaines après sa naissance, je l'ai amenée à *Mariengrund ;* c'est là qu'elle a passé les années joyeuses de son enfance.

Durant ses premières années, Romy était en plus confiée à une nurse, sœur Hedwige. Celle-ci s'est consacrée à la petite avec beaucoup de dévouement et d'amour. Appelée par la suite simplement Hedy, et plus tard Deda — déformation enfantine du mot sœur — Hedwige possédait le don d'écrire des lettres et des cartes charmantes. Presque tous les jours, je recevais par elle des nouvelles des progrès de Romy. Ces lettres et ces cartes, je les ai rassemblées dans un album, elles constituent au fond un journal de bord, montrant fort bien comment un enfant se développe durant sa première année avec tous ses petits drames quand il commence à marcher à quatre pattes et avoir sa première dent.

« Aujourd'hui notre petit ange a découvert quelque chose de nouveau, écrivait Hedy en mars 1939. Elle se met à genoux dans son lit, s'appuie sur ses menottes et se balance jusqu'à ce que tout le lit se mette en mouvement ; en même temps elle crie de plaisir à vous faire mal aux oreilles. Tous les jours, elle transforme son bain en raz de marée... »

31 mars 1939

« Il est terrible, notre petit bout de chou, il ne veut plus dormir dans la journée ; je le recouche sur le dos et je le couvre vingt fois en une heure pour le retrouver constamment sur le ventre, gigotant à quatre pattes... »

Romy avait à peine six mois quand j'ai reçu de sœur Hedwige la nouvelle suivante : « S'asseoir, se mettre à genoux ou rester sur le ventre l'assomment — à présent ce petit bout de femme veut déjà se tenir debout ! Dès que j'essaie de l'asseoir, elle résiste de toute la force de ses petits pieds et se met en colère... »

12 avril

« Maintenant je l'attache avec un harnais dans son landau, ce qui ne lui plaît pas du tout. Elle est furieuse de ne pouvoir bouger dans tous les sens comme elle aime bien le faire. Elle ne le supporte tout simplement pas... »

Oui, je crois que Romy a gardé ce comportement toute sa vie.

19 avril

« Le Youpala vient d'arriver, et elle est ravie d'apprendre ainsi à marcher. Notre petite personne s'est précipitée comme une sauvage sur les boules de couleur et la clochette, elle tire dessus et veut tout mettre à la bouche... »

Le jour suivant, c'est un télégramme : « Parents, écoutez, votre fille a sa première dent ! »

La première dent du bas à gauche à peine percée, la lettre suivante précise : « A présent, notre petit ange est devenu un vrai petit diable ; elle se met dans des colères invraisemblables quand tout ne marche pas tout de suite comme elle l'entend. »

Quand je pouvais prendre un peu de repos, j'allais à *Mariengrund* et je me consacrais entièrement à Romy. Ce que j'ai pu alors observer, je l'écrivais également dans l'album.

Et puis c'était de nouveau à sœur Hedwige d'écrire ; mes jours de répit, à peine commencés, prenaient déjà fin.

Le 4 juillet, Deda rapportait le grand événement : « Maintenant notre petite chérie marche ! Elle court, tombe, se relève, refait deux à trois petits pas et vlan, la voilà de nouveau par terre ! Si elle n'était pas si remuante, elle saurait mieux se déplacer, mais elle veut courir, sauter, agiter ses petites mains, tout cela à la fois, et ça c'est impossible. »

Il arrivait que mon mari se trouvât seul à Schönau ; alors je recevais à Berlin des missives du genre : « Pappi et le bambin s'entendent très bien, mais aujourd'hui nous avons dû sacrifier le chapeau de paille de Mammi. J'ai bien tenté de le sauver, je n'y suis pas parvenue. Le petit ange prenait tant de plaisir, et M. Albach s'en amusait tellement, que je n'ai rien pu faire. »

Quelques jours avant le premier anniversaire de Romy j'ai noté brièvement, d'une écriture précipitée : « C'est la guerre ! » Oui, la guerre avait éclaté. Heureusement les terribles événements n'ont pas assombri l'enfance de Romy. Elle ne vivait pas dans une ville, où l'on ressentait intensément les secousses et les bouleversements de cette époque. Même les bombardements ne perturbèrent pas son existence. Romy grandissait comme une fille de la campagne.

C'est pour ça aussi qu'elle n'a pas connu la période ingrate durant laquelle les enfants des grandes villes se croient plus malins ou montrent une fausse précocité.

Romy était une fille à part entière. Elle jouait à la poupée et ne s'intéressait pas aux jeux et jouets des garçons. Du reste elle préférait retrouver des filles pour jouer, mais en réalité elle fréquentait le plus souvent des garçons, nos voisins ayant surtout des fils. Elle finissait par prendre des allures un peu brutales et devenait un petit tyran, en particulier après la naissance de son frère Wolfi.

Jusqu'à ce que Wolfi se défende un jour. De tempérament lent à s'émouvoir, une fois lancé, il avançait comme une locomotive. Je m'étais toujours demandé combien de temps il accepterait encore le régime de terreur que Romy lui imposait.

Bien que Wolfi arrivât tout juste au nombril de sa sœur, un jour il en eut assez. Tout rouge, il se baissa lentement en reculant d'un pas, et se mit à foncer, le regard fixe, comme un fauve sur Romy. Terrorisée, elle hurlait : « Il va me tuer ! »

Je réprimandai ma fille sérieusement. « Pas étonnant, lui ai-je dit. Tu le pousses à bout ! »

Romy a pleuré, mais sa peine ne dura pas longtemps. Rapidement, Wolfi tomba à nouveau sous sa coupe. Jusqu'à l'affaire des pièces de dix pfennigs. Il s'agissait d'un beau rouleau bien serré de pièces de monnaie. Une fois le rouleau défait et les pièces par terre, les enfants se sont crus dans un conte de fées. Ils se sont jetés tous les deux sur les pièces, Wolfi en voulait, mais Romy lui tapait sur les doigts. « C'est à moi ! » criait-elle.

Wolfi ne dit rien, mais il devint à nouveau tout rouge et réagit avec une rapidité que je n'avais jamais observée chez mon petit ours plutôt lent. Il attrapa les cheveux de Romy de ses deux mains et tira violemment. Romy hurlait comme une possédée.

Bien sûr, ils ne firent bientôt qu'un seul cœur et une seule âme; les enfants sont ainsi. Mais il y avait quand même un changement : Wolfi avait réussi à s'imposer définitivement et à secouer le joug. Dorénavant il ne laisserait plus rien passer, et Romy le respecterait. C'est le bon côté d'une fratrie où chacun apprend à connaître ses limites.

Romy a grandi sans jamais avoir été frappée; Wolfi non plus, bien sûr. Je crois que l'on peut se passer de claques. Les parents qui ont la main leste ne font que montrer leur supériorité physique aux enfants — rien d'autre.

N'empêche que Romy a un jour reçu une bonne fessée de mon père. Je ne me souviens plus très bien si elle devait aller au catéchisme ou à une préparation de première communion. Toujours est-il qu'elle appela le curé pour lui dire d'une voix plaintive qu'elle devait allez chez le dentiste.

— C'est bon, mon enfant, va-y, répondit le curé, bienveillant.

Peu après il appela chez nous. Romy avait filé, c'est ma mère qui prit la communication.

— Ah, madame Schneider, dit le prêtre. Rosemarie est chez le dentiste aujourd'hui, je crois.

Ma mère, qui n'était pas soupçonneuse, ne réagit tout de suite. Elle ne savait pas non plus mentir.

Moi, j'aurais probablement dit :

— Ah oui, c'est vrai! j'avais complètement oublié; bien sûr, elle devait aller chez le dentiste...

Ma mère, elle répondit :

— Chez le dentiste? Je ne suis pas au courant!

Ainsi tout était découvert. Lorsque Romy rentra, tout guillerette, elle sentit l'orage qui se préparait.

— Tu as menti au Père Curé! gronda ma mère.

Mon père ne disait rien. Pour lui, la coupe était pleine. Il lui a tout simplement donné une fessée. Mentir — en plus au curé

— c'était aller trop loin, c'en était trop pour mes parents, fort croyants.

Ce fut la seule fois où Romy fut traitée « à la manière forte ». Cela lui suffit. Elle n'a plus jamais menti à personne — du moins jamais à un curé.

Durant quatre ans, Romy fréquenta l'école primaire de Schönau. Ensuite, il était prévu qu'elle aille en pension. L'institution craignait qu'elle ne réussisse pas au lycée, n'étant pas une élève modèle. Le plus dur pour elle fut les mathématiques. Non seulement elle était mauvaise en calcul, mais elle en avait horreur. Ce n'était pas une championne des chiffres ! Déjà à l'école, elle ne montrait aucune disposition pour l'abstraction.

Elle préférait les matières artistiques, celles qui font appel à l'imagination. Malgré l'incident avec le curé, elle aimait le catéchisme. Les cours de chant, de géographie régionale et d'histoire lui plaisaient. Evidemment, les cours de dessin et de peinture révélaient nettement son talent et, plus tard, elle faillit s'orienter dans cette voie. En géographie générale, par contre, matière assez abstraite quand elle est enseignée avec seulement des cartes à l'appui, Romy était faible. Et les cours d'art ménager, sur lesquels on insistait particulièrement à l'époque pour les jeunes filles, ne l'intéressaient absolument pas. Elle était beaucoup trop agitée pour des travaux manuels. Autant que je me souvienne, elle n'a terminé aucun de ses napperons, écharpes ou motifs de broderie. Son caractère turbulent explosait lors de ce genre d'activité. Malgré les sombres prophéties de l'instituteur, Romy a ensuite fait de brillantes études dans le secondaire et a réussi tous ses examens.

Une fois les quatre années d'école primaire terminées, la première période d'enfance insouciante de Romy s'acheva. Elle sortait du cadre idyllique de *Mariengrund* et de Schönau pour entrer dans un tout autre monde. Fini le temps passé avec les grands-parents, le petit frère et les enfants des voisins.

La pension constituait le premier pas vers une certaine indépendance, un environnement complètement différent, des étrangers. Dans un premier temps, Romy avait été mise en pension à Gmunden, sur le Traunsee. Il se révéla vite que cet endroit était fort mal situé pour moi quand mon travail me libérait. Je décidai donc de la changer.

La presque totalité de ses cinq années de pension, Romy les a passées chez des sœurs au château Goldenstein, près de Salzbourg. La maison mère de l'ordre se trouve en Angleterre ; la directrice de l'établissement, la Mère Supérieure Theresa, fut pour Romy une éducatrice merveilleuse et compréhensive.

La pension Goldenstein n'était pas très grande, et le petit nombre d'élèves permettait aux enseignants de se consacrer à eux individuellement. C'était vraiment utile dans le cas de Romy. Ce fut sa période la plus difficile.

Tout enfant arrive à un âge où il devient difficile à éduquer. Romy sortait volontiers du rang, et l'art des dames de Goldenstein consistait à l'y faire rentrer et à l'y maintenir sans entraver l'épanouissement de sa personnalité.

Ces années ont fort bien préparé Romy à la vie, comme nous avons pu nous en rendre compte par la suite. Le régime était parfois sévère, mais la Mère Supérieure savait prendre les mesures nécessaires avec bonté. Certaines qualités de Romy, qui la distinguèrent plus tard dans son travail, furent éveillées et développées à Goldenstein.

— Je ne sais plus quoi faire de votre fille, me dit un jour la Mère Supérieure.

Ce fut en cinq ans la seule fois où elle me convoqua pour discuter sérieusement de Romy. Comme tout enfant, Romy traversait l'âge ingrat et était tout simplement « insupportable ». La directrice se montra soucieuse et m'exposa ses préoccupations en ajoutant :

— Si elle ne change pas, je serai obligée de la mettre dehors.

Elle disait bien « mettre dehors » ce qui signifiait l'exclusion de l'internat, car elle aimait s'exprimer sans ambiguïté.

Romy faisait beaucoup de bêtises, en pension. Mais elle ne fut pas mise à la porte. Avait-elle vraiment changé ? Je l'ignore. Chez un jeune, ce n'est probablement pas une question de bonne volonté, c'est plutôt une période qui vient... et qui passe.

Aujourd'hui, Romy est quelqu'un qui sait composer, s'entendre avec les autres, qui évite toute querelle et toute dispute. Mais à ce moment-là, elle ne supportait personne. Elle ne savait même pas que faire d'elle-même. C'est par insolence ou par mauvaise humeur qu'elle a commis beaucoup d'incartades. Le plus souvent elle manquait les cours. Une fois le cinéma l'attirait, une autre fois elle rentrait plus tard que permis avec des amies. Résultat : des réprimandes, des blâmes dans le carnet de correspondance et des retenues.

Comme je le disais, mon cœur est rempli de reconnaissance envers la Mère Theresa. Malgré toutes les difficultés, elle a su préserver Romy, la faire évoluer sans l'aigrir. A une époque où mon travail m'éloignait de mes enfants, elle m'a véritablement remplacée auprès de Romy.

Elle possédait une main de fer dans un gant de velours.

Il était convenu que Romy m'écrirait une fois par semaine. Mais parfois deux ou trois semaines s'écoulaient avant que Mademoiselle daignât donner de ses nouvelles. « Nous avons eu tellement à faire », était son excuse la plus courante.

Je lui répondais par des lettres remplies de vifs reproches, et Romy m'écrivait alors immédiatement, contrite et repentante. Comme dans toutes les pensions, le courrier était lu par la directrice de l'établissement.

Il arrivait souvent que la Mère Supérieure ajoutât quelques lignes aux lettres de Romy, par exemple : « Chère madame, ne lui en veuillez pas — pensez toujours à son bon cœur ! »

C'était aussi le bon cœur de la Mère Supérieure. Souvent elle a grondé et puni Romy durement, sachant toutefois respecter en elle l'être humain.

Pour Romy, le temps passé à l'internat a été bénéfique. C'est là qu'elle a appris à s'intégrer à un groupe, même si cela a été difficile au début. Elle a appris à maîtriser ses tendances égoïstes et à admettre les autres, à se montrer disciplinée et ponctuelle.

Elle a aussi appris un semblant d'ordre, son éternel point faible, surtant quand il fallait aller vite. Alors tout valsait à travers la chambre ou la maison : une vraie tornade. Actuellement, elle fait un effort pour être ordonnée — avec plus ou moins de succès. Quand elle y parvient, tout est impeccable.

Le temps passé en pension permit à Romy de développer entre autres ses dispositions pour l'artisanat. Son professeur, très compréhensif, l'autorisait à peindre des assiettes en bois, ce qui n'était pourtant pas au programme. Par hasard, on découvrit son talent à peindre de jolis objets.

Romy achetait chez un tourneur des assiettes en bois blanc, les peignait et les vernissait. Son imagination ne connaissait pas de limites, et elle créait sans arrêt de nouveaux motifs. Certains s'inspiraient de l'art populaire bavarois, d'autres rappelaient des motifs orientaux ou représentaient des produits expressionnistes de son imagination dans des teintes lumineuses. Elle décorait aussi des écrins, des petites coupes, des vases. Un grand nombre de ces créations se trouvent encore dans sa chambre et dans tout *Mariengrund*. Elles étaient dignes d'un magasin d'art décoratif.

Romy aimait aussi se peinturlurer elle-même, quand elle était petite. Elle a souvent usé mes rouges à lèvres, et ressemblait parfois à un clown. Et puis cela s'est perdu, comme un simple jeu dénué de toute coquetterie féminine.

Là où Romy grandissait, à la campagne et à la pension, elle était à l'abri des modes de la grande ville. Jamais il ne lui vint à l'idée de se vernir les ongles, ni de faire de vrais essais de maquillage. Elle a connu tout cela quand elle a tourné son premier film.

Romy vivait relativement isolée, et je ne me suis pas doutée avant ses quinze ans qu'elle avait le théâtre dans le sang. Le consensus tacite de ne pas parler métier à la maison s'étendait aussi à l'orientation professionnelle de Romy. Aujourd'hui, je sais qu'elle a toujours voulu être actrice. Mais, à l'époque, elle n'en parlait pas et je ne pensais pas le moins du monde qu'elle pût le désirer.

A la maison, je laissais toutes mes préoccupations professionnelles derrière moi. Elles attendaient jusqu'à ce que je quitte les enfants. Romy savait sans doute déjà le comprendre ou le pressentir ; c'était touchant de la voir m'éviter tout souci, pour ce qui aurait pu m'irriter ou me mettre de mauvaise humeur. Elle n'évoquait donc ni le cinéma ni le métier d'actrice.

Peut-être devinait-elle aussi ma secrète appréhension de voir mes enfants choisir le métier de leurs parents. Rétrospectivement je m'aperçois que je me faisais des illusions.

De nombreux parents souhaitent à leurs enfants un autre métier que le leur ; à mon avis, ils connaissent trop bien les difficultés de leur profession et veulent les épargner. Leur propre situation leur semble peu stable, sujette à des crises, trop fatigante, stressante et dangereuse. Ils oublient que chaque métier possède des aspects négatifs. Bien sûr, il y en a de plus reposants et plus stables que celui d'actrice de cinéma. Mais je suis à présent persuadée que chaque activité professionnelle possède ses propres difficultés.

Ainsi mon aversion à l'égard d'un avenir d'actrice de cinéma pour Romy était une erreur. Comme j'ai pu la réviser rapidement, je ne me fais pas trop de reproches.

Toujours est-il que mon point de vue d'alors m'empêchait de percevoir le talent de Romy. Comme tous les enfants, elle a souvent fait du théâtre à l'école, notamment à l'occasion des fêtes de Noël. Fille d'un couple d'acteurs connus, elle était un peu la star et tenait le rôle principal dans les crèches vivantes. Mais la pension montait aussi, en dehors de Noël, des pièces de théâtre. Un jour, Romy tint le rôle de Mephisto dans *Faust*, une autre fois un rôle dans une pièce jouée en anglais. Dans la chorale paroissiale, elle chantait en solo. Tout cela n'attirait pas spécialement mon attention ; ça faisait partie d'une scolarité normale. Et puis, je n'avais jamais assisté à ces représentations qui avaient toujours lieu quand je tournais à Berlin, Munich ou Vienne. Nous étions, surtout durant les semaines précédant Noël et durant Noël même, extrêmement occupés.

J'ai découvert les dons de Romy seulement lors des essais pour son premier film.

J'aurais pourtant dû me douter que le talent sommeillait en elle, qu'il s'était même déjà éveillé. Actuellement, je sais que Romy a toujours été parfaitement consciente d'être la fille d'un acteur de cinéma connu, Wolf Albach-Retty, ainsi que d'une actrice de cinéma connue, Magda Schneider. Un enfant ne peut l'ignorer.

Romy avait-elle eu l'occasion de voir un film avec Magda Schneider ? Vivant à la campagne et dans un internat, elle est peu allée au cinéma. Pour cette raison peut-être, les quelques films qu'elle a vus l'ont particulièrement impressionnée. D'autre part, les noms de ses parents paraissaient souvent dans des journaux, des revues, des périodiques de cinéma. Ses compagnes de classe devaient aussi l'admirer, quelqu'un d'un peu particulier. Cela ne passe pas sans laisser des traces sur une jeune fille. Il me semble déterminant que Romy ait hérité d'un potentiel important de comédienne.

Moi-même, j'avais été un cas unique avec ce métier dans ma famille car personne n'avait touché, de près ou de loin au théâtre. Comme on sait, les *outsiders* transmettent leurs capacités plus profondément. Voilà pour la filiation maternelle.

Du côté de son père, Romy héritait d'une longue tradition d'acteurs. Plusieurs générations de Retty du côté maternel étaient artistes. Déjà l'arrière-arrière-grand-père de Romy avait été acteur en Autriche. Son fils, par conséquent l'arrière-grand-père de Romy, à son tour acteur, s'était marié avec une actrice. La fille de ce couple, la grand-mère paternelle de Romy, est la célèbre Rosa Albach-Retty qui joue encore au *Burgtheater* de Vienne.

Rosa Albach-Retty possède le titre d'actrice de la Cour Impériale et Royale. Elle tenait déjà la scène à l'époque glorieuse du théâtre de Vienne, l'Empereur François Joseph l'a reçue en audience, et elle avait son fiacre personnel, comme il était d'usage pour les acteurs de la Cour. Elle a joué avec Kainz, Mitterwurzer et d'autres étoiles de ce grand théâtre.

Sans aucun doute, ces ancêtres ont éclairé le chemin de Romy. Je trouve actuellement paradoxal d'avoir imaginé que cet héritage resterait enfoui. Mais je sais aussi parfaitement qu'il aurait été vain d'orienter sérieusement Romy dans une autre direction. Le sang du comédien coulait dans ses veines et la poussait vers la voie qu'un hasard lui fit découvrir assez tôt.

Son jeune âge l'a préservée des tempêtes qui secouaient le monde pendant et après la guerre. Il lui fut épargné de percevoir avec netteté les événements douloureux qui ont affecté ma vie privée. Tout cela s'est passé pendant qu'elle vivait bien à l'abri dans sa pension et n'avait aucun problème sérieux.

Nous nous sommes mariés en 1937 et, quand j'y pense maintenant, je trouve un certain nombre de ressemblances entre Romy et son père. La mère de Wolfgang, l'actrice Rosa Albach-Retty du *Burgtheater*, s'était opposée énergiquement à ce que son fils devienne acteur — sans doute pour les mêmes raisons que moi en ce qui concerne Romy. Lorsque Wolf était installé à côté du cocher sur le vénérable fiacre et que sa mère était assise au fond avec des amis, actrices et acteurs célèbres, Wolf désirait devenir cocher. C'est seulement plus tard qu'il découvrit ses dons de comédiens.

Les mathématiques — côté faible de Romy — avaient également posé des problèmes au père. Wolf s'inscrivit à l'Académie de Musique et d'Art Dramatique de Vienne.

Ce garçon doué, d'une mère célèbre, y fut découvert rapidement. Lors de la représentation d'une comédie, *La femme célèbre* d'Alexandre Bisson, l'élève Wolf Albach-Retty fut remarqué comme jeune premier, et le *Burgtheater* l'engagea dès 1926. Une grande distinction !

Wolf Albach-Retty se trouvait souvent à ses débuts aux côtés de sa mère sur la scène du *Burgtheater*, parfois interprétant son fils. Après cinq ans de théâtre, la société de films *UFA* l'appela à Berlin.

Certains ne savent comment agir avec les enfants et ont également du mal à trouver un bon contact avec les leurs. Dans notre cas, cela pouvait provenir des longues séparations. Wolf surmontait ces difficultés psychologiques avec l'humour rayonnant qui le caractérisait. Au fond, c'était un gamin, et il prenait un plaisir fou à enseigner des gros mots à Romy. (Tu les utiliseras seulement quand je serai parti ! insistait-il.)

Aussi, de temps à autre, je n'en croyais pas mes oreilles quand Romy sortait avec sa petite voix d'enfant un juron de charretier. Bien ! C'était indéniablement Pappi... et j'avais toutes les peines du monde à la corriger.

Il va sans dire que Wolf savait aussi trouver de meilleures façons de se consacrer à sa fille. Il la fourrait dans son sac à dos et partait avec elle à vélo. Il s'occupait beaucoup d'elle. Mais les petits enfants devinent les choses. Pour Romy, son Pappi restait un être lointain — il était du reste souvent loin. Leurs rapports manquaient un peu de chaleur, en quelque sorte. Pourtant, elle aussi s'efforçait d'aimer son père de tout son cœur. Cependant elle était plutôt « une fille à sa mère », ce qui est assez rare, paraît-il.

Le divorce fut prononcé en 1945, peu de temps après l'arrivée de notre fils Wolfi. La garde des enfants me revenait. « Tous les hommes sont faibles », lisais-je l'autre jour dans la revue *Münchener Illustrierte*. Wolf l'était, en effet.

J'avais espéré qu'il reviendrait. Voyant que c'était sans espoir, j'ai une fois pris un revolver. La pensée de mes enfants m'a retenue. Le temps aidant, cette affection me réconfortait ; elle m'a aidée à passer le cap.

Rien n'est mieux qu'un divorce discret quand on ressent le besoin de se retrouver avec soi-même, de se retirer comme dans une caverne pour laisser cicatriser ses plaies. La fin de la guerre signifiait aussi la fin du cinéma allemand. Les studios étaient presque tous détruits, les producteurs et metteurs en scène dispersés dans tous les coins du monde.

Cette époque n'a pas affecté Romy, heureusement. Son père disparaissait de sa vie, où il n'avait du reste tenu que le rôle d'un acteur en tournée. Elle n'a pas vécu les agitations d'un divorce. Son père lui envoya une fois à l'internat un déguisement de Mardi-Gras, où elle fut un ravissant petit diable. Pour ses seize ans, elle reçut de Zurich un télégramme de lui. Et puis leurs relations s'arrêtèrent là.

Mais ma vie à moi avait changé profondément. Mon métier était au point mort, on ne tournait plus aucun film. Les soucis de la vie quotidienne reposaient uniquement sur mes épaules, en particulier la responsabilité de mes deux enfants. Je sais combien une telle charge peut mobiliser toutes vos forces. Je suis au fond ce qu'on appelle une « bête de famille ». C'est vrai, ma famille passe avant tout le reste. Mes enfants formaient avec mes parents, dans la petite maison *Mariengrund,* la seule base solide sur laquelle je pouvais m'appuyer.

Au fond, il s'agissait tout simplement d'une question de survie. Et le théâtre, dans tout cela ? Pourrait-on un jour remonter sur scène ? Peut-être serait-il indiqué de partir en tournée, à la rigueur comme des balladins, de rassembler une troupe, de louer des salles ?

Le monde était incertain. Pour une réussite on comptait cent échecs. Une fois on décrochait un rôle, puis plus rien. Partout on échafaudait fiévreusement des plans, la plupart d'entre eux échouaient. Il y avait de petites représentations, des soirées de variétés, ensuite c'était de nouveau fini. Mais le courage l'emportait. On s'habitue à tout, même à l'incertitude.

Lorsque la réforme monétaire bouleversa une deuxième fois la situation, un homme entra dans ma vie ; il était à l'opposé de celui que j'avais connu auparavant.

Soudain s'élevait une espèce de roc dans les flots déchaînés. Je ne me doutais pas encore que je venais de rencontrer mon deuxième mari, celui qui deviendrait le beau-père et l'ami de mes enfants Romy et Wolfi : Hans-Herbert Blatzheim.

De la même manière que Wolf Albach-Retty avait lentement et imperceptiblement disparu de l'existence de mes enfants, mon deuxième mari apparaissait dans leur vie. Je recevais toujours beaucoup à la maison, des collègues, des amis, des connaissances. Un jour, il y eut parmi eux Hans-Herbert Blatzheim, naturel, à l'aise. Les enfants s'habituèrent à lui ; pourtant il n'était pas encore question qu'il devienne leur beau-père. Je me souviens encore parfaitement du jour où Romy rencontra son futur « Daddy » pour la première fois. Elle venait de la pension pour une visite à *Mariengrund*.

« Voilà ma fille », dis-je. Elle était sur le pas de la porte, habillée simplement, comme tous les pensionnaires, les bras et les jambes beaucoup trop longs, à ce qu'il me semblait, les cheveux coiffés sans recherche. Mais elle n'avait pas de complexes pour autant.

Il serait faux de croire que Romy a été « guidée » à chacun de ses pas. Elle a horreur des contraintes, des conseils et des interventions dans ses affaires. J'aimerais voir sa réaction si je tentais de lui donner des ordres ou de l'enchaîner ! Non, ce serait absurde. Toutes les rumeurs qui veulent que Romy ait été « gardée » à l'abri de tout contact sont puériles.

Romy ne croit ni à la cigogne, ni à une vie ensoleillée en permanence avec un *happy-end* en plus. Comme toutes les filles de son âge, elle garde les yeux ouverts, vit dans la réalité et ne se fait pas trop d'illusions sur le fonctionnement de notre univers. Autrement, elle ne saurait affronter la vie actuelle. Conscients de cela, mon mari et moi nous nous gardons bien de mettre Romy sous une cloche de verre.

Comme je le disais, il me restait simplement à être disponible pour donner un conseil et faire partager mon expérience en cas de besoin.

Romy devrait forcément faire un jour ses propres expériences et passer par des déceptions. Evidemment le miracle existe, mais il ne faut pas y compter. Je pouvais seulement mettre Romy en garde dès que je voyais un précipice dans lequel elle risquait de tomber. C'était même mon devoir. Je pouvais entamer une conversation quand je prévoyais que son chemin mènerait à des larmes. Mais je ne pouvais lui éviter toutes les larmes. Le cœur d'une mère se remplit de tristesse à ces pensées. Seule consolation : l'être humain ne mûrit pas pleinement sans souffrances.

Pour l'instant, Romy n'est pas accablée par ce genre de problèmes. L'avenir dira comment elle va évoluer.

Une chose est sûre : aussi longtemps que je vivrai, je serai toujours là pour Romy, dans les mauvais et les beaux jours. Si besoin est, je la conseillerai, je la consolerai dans ses chagrins ; je l'aiderai si le destin la met dans une situation difficile. Mais sa route, elle devra la faire seule. Tant que les enfants grandissent, les parents doivent former un rempart sûr, derrière lequel ils peuvent s'abriter et qui les protège des tempêtes extérieures. Mais avec chaque année, ils deviennent de plus en plus indépendants et gagnent en personnalité. Malheureusement — même si c'est fort compréhensible — beaucoup de parents n'arrivent pas à accepter qu'un jour ces petits êtres fragiles soient devenus des adultes qui quittent le nid et veulent conquérir le monde en vivant leur vie propre.

Romy quittera le nid à son tour, et je m'efforcerai d'être « raisonnable », autant que le cœur d'une mère puisse l'être.

Ainsi j'envisage l'avenir avec un sourire et une larme à la fois.

1949-1953
Mon journal personnel :
A l'internat Goldenstein près de Salzbourg

Romy a dix ans quand elle entre en pension à l'institution Goldenstein près de Salzbourg, dirigée par des religieuses de l'ordre de Saint-Augustin. Le jour de ses treize ans, elle commence un journal intime qu'elle appelle « Peggy » et auquel elle confie ses pensées, ses sentiments et ses aspirations. Elle y colle des photos de ses parents et de ses acteurs préférés, parle de la classe et de l'éducation, des premières représentations de théâtre, de ses désirs professionnels et de son besoin de vivre de grands sentiments. Elle avoue surtout sa nostalgie du monde de la scène et du cinéma. Le 12 juillet 1953 elle quitte la pension, munie du certificat « Mittlere Reife » (correspondant approximativement au BEPC)
Le 1er août 1951, sa grand-mère Maria Schneider s'était éteinte à Schönau.

Romy écrit presque tous les jours dans son journal et dépeint en détails ses années de pension ; elle continuera à le tenir par la suite.

23 septembre 1951

J'ai invité mon amie Margit. Avec elle et tante Marianne, je suis allée au cinéma. Ensuite nous nous sommes régalées d'un excellent gâteau au chocolat. Voilà ! Après tous ces plaisirs, mon treizième anniversaire touche à sa fin. Musique, théâtre, cinéma, voyages, art, là je suis dans mon élément. Ces cinq mots ont de quoi à mettre mon sang en ébullition.

14 octobre 1951

Hier j'ai rédigé mon journal pendant l'étude parce que j'avais terminé mes devoirs. Soudain — malheur ! — la Mère Supérieure entre. Oh ! la la ! tout de suite elle me dit d'une voix effrayante :

— Romy ! N'as-tu rien à faire en travaux manuels ? Vite au travail ! Ton journal, je te le confisque jusqu'à ce que tu aies terminé !

Ah, mon Dieu, tu m'as été enlevé !

Mon trésor ! Et maintenant je t'ai à nouveau. Que je suis contente et heureuse ! Plus jamais tu ne me quitteras.

11 novembre 1951

Oh ! J'ai bien envie de me sauver cette nuit. Ce serait chouette, une gentille petite aventure de jeune fille. J'en serais capable, et même personne ne s'en apercevrait ! Alors j'irais à Paris ou à Mexico et je jouerais un cow-boy dans un théâtre !

14 novembre 1951

J'ai envie d'exploser de fureur et de colère contre cette affreuse Mère Augustine. S'il elle m'interroge et que je ne sais pas la réponse, elle se moque de moi et dit : « Allez ! Romy ! » Si elle savait comme elle m'agace...

17 novembre 1951

Aujourd'hui c'est la fête de Mère Augustine. J'ai écrit des vœux au tableau. Et puis la Mère Supérieure est entrée et a dit d'une voix moqueuse :

— Mon Dieu, ces fioritures ne peuvent provenir que de Romy !

Je n'étais pas contente du tout.

1er décembre 1951

Ma petite Mamie, aujourd'hui j'ai mis ta belle jupe chaude ! Elle est si chaude, tricote-m'en une autre ! Mon Dieu, tu n'es plus là. Comment ce sera cette année, à Noël... ? J'aimerais tant te faire un cadeau de Noël ! Je te le ferai, et je te l'apporterai sur ta tombe, tu veux ?

3 décembre 1951

Bon, aujourd'hui, mon cher journal, je veux te baptiser ! C'est ça ! Je veux te donner un nom. Evidemment je ne te baptiserai pas avec de l'eau, tu pourrais prendre froid ; et puis ça t'abîmerait. Tu t'appelleras donc Peggy.

5 décembre 1951

... Il y avait une fois un couple d'amoureux assis sur un banc. Soudain il dit : « Chérie, je t'aime tellement aujourd'hui !!! » (Mais peut-être que demain il ne voudra plus la voir ! Les hommes sont rarement fidèles !)

10 décembre 1951

Aujourd'hui nous faisons une retraite ! « Faire silence toute la journée ! » Ce n'est pas drôle ! Mais ça va quand même.

PS : J'étais malade, la grippe !

Nous avons eu quatre conférences. Le Père Recteur était très gentil. Le soir nous avions le droit de parler ! Voilà ma première retraite ! A quand la prochaine ? J'espère pas tout de suite ! J'aimerais souffler un peu !

28 mars 1952

Oh, quelle journée pénible ! C'était affreux !

1. Nous avons eu un contrôle en calcul ; bien entendu, je n'étais pas dans un bon jour !

2. La chère, la très chère Mère Supérieure a été vache, une fois de plus ! Mais je m'en fiche. Oui ! Oui, et encore oui ! Je me fiche de tout !!! Quoiqu'il arrive, on vous harcèle sans cesse pour vous sanctifier.

1er juin 1952

Je suis hors de moi. Je suis malheureuse. Je crois que je pourrais... je ne sais pas quoi. Je ne sais même pas quel jour nous sommes. Ah oui, mercredi, évidemment. C'est notre jour libre, le seul jour où nous pouvons faire ce qui nous plaît l'après-midi.

Parfois j'aimerais en avoir terminé avec cette pension.

La journée avait déjà commencé bêtement. J'ai dormi trop longtemps et je n'ai pas entendu la cloche de la Mère Supérieure. Se lever à six heures trente ! Même les poules se retournent encore une fois sur leur perchoir, à cette heure. C'est bête une poule. Plus tard, je ne voudrais pas avoir leur réputation de lève-tôt. Je dormirai toujours jusqu'à dix heures et je me ferai servir le petit déjeuner au lit. En chant aussi, j'étais dissipée.

Voilà ce qui s'est passé. Hier soir, j'étais plongée dans un livre de Karl May ; une amie l'avait ramené de chez elle (je crois que le livre appartient à son frère ; sinon, comment aurait-il échoué ici ?) Donc, au moment du plus grand suspens, nous devions nous coucher, évidemment. La Mère Supérieure est venue dans la chambre et a éteint la lumière. Là, j'ai ronchonné un peu, tout bas ; à ce moment, une fille qui dort depuis quinze jours dans notre chambre me dit :

— Emmène-le avec toi demain matin en chant et continue à lire. Mais je parie que tu n'oseras pas.

Je lui ai répondu :

— Chiche, tu verras !

Allongée dans mon lit, j'ai réfléchi à la meilleure façon de procéder. Je ne voulais pas me dégonfler. Et puis j'ai eu une idée. Voilà comment je ferais !

Le lendemain, nous avons repris les cours. La fille avec laquelle j'avais parié de continuer à lire mon livre est restée tout près de moi, m'a harcelée. J'étais furieuse. J'avais effectivement emporté le livre, mais les autres ne voyaient rien. Je l'avais couvert avec du papier noir, et il ressemblait au livre de chant. Mais je voulais faire admirer mon audace ; j'attirais l'attention sur mon livre et je riais. Par malheur la Mère Supérieure m'a appelée pour examiner mon livre de chant. J'avais envie de rentrer sous terre. Pour les regrets, il était trop tard. Elle a pris mon livre et a lu à haute voix :

« ... et il est aussi injuste que tu t'appelles Hadschi Ali. Celui qui prétend être un Hadschi doit avoir été en pèlerinage à la Mecque... »

Quelques filles pouffaient.

La Mère Supérieure a pâli.

— Qu'est-ce que ce livre ? demanda-t-elle sévèrement.

— C'est de Karl May, ai-je répondu. *La Caravane des Esclaves.*

La Mère Supérieure a confisqué le livre et n'a plus dit un mot.

5 juin 1952

A la récréation de neuf heures et demie j'ai renversé sur ma robe le verre de lait qu'on nous donne toujours avec une tartine beurrée, parce que je n'arrêtais pas de remuer. J'ai dû me changer. Je vais tout de suite nettoyer la tache pour pouvoir remettre la robe demain.

Au fond, je serais bien allée cet après-midi au cinéma à Salzbourg. Margit et Monika avaient envie de venir aussi. Il faut savoir que nous faisons tout ensemble. Nous sommes comme une feuille de trèfle, presque inséparables. Il y a un chouette film au cinéma *Mirabelle*. Mais je n'ose pas demander. Après ce que j'ai fabriqué avec le lait !

6 juin 1952

Je reviens de Salzbourg ; enfin je suis à nouveau allée au cinéma. Au moins deux fois par mois, je vais le samedi chez tante Marianne et oncle Eugène à Salzbourg. Il y a une demi-heure de car. Ils sont terriblement gentils avec moi. Tante Marianne remplace un peu Mammi. Oncle Eugène a une station d'essence dans la Schallmooser Hauptstrasse. Quand je ne peux pas leur rendre visite, ils m'envoient souvent des petits colis, ce que je trouve très sympa de leur part.

Mammi m'enverrait aussi plus souvent quelque chose s'il n'y avait pas la frontière entre nous. Tout ce qu'on importe en Autriche doit être dédouané. Une invention idiote, cette frontière ! Là-bas les gens parlent allemand, et ici aussi. C'est que ça doit être ainsi. C'est de la politique et je n'y comprends rien. Je n'ai jamais été bonne en histoire.

Lorsque je suis chez eux, ils me demandent ce que je veux faire. J'ai naturellement choisi d'aller au cinéma. On jouait *Les Sœurs Lottchen*. Les jumelles m'ont plu énormément. Elles s'appellent Isa et Jutta Günther.

On avait cherché des jumelles pour le film, et beaucoup s'étaient proposées. Et finalement on a choisi les sœurs Günther. Dommage que je ne sois pas une jumelle ! Sans ça, j'aurais posé ma candidature...

10 juin 1952

Si j'avais le choix, je serais actrice immédiatement. Comme Mammi. Mais nous n'en avons encore jamais parlé. On ne parle pas de ça à la maison.

A Berchtesgaden, Mammi veut vivre sa vie privée et ne plus entendre parler de cinéma.

Cette situation m'a déjà posé des problèmes.

Quand je suis entrée à l'internat, on s'est tout de suite précipité sur moi : « Quoi, tu es Romy Albach ? Ta mère c'est Magda Schneider, et ton père Wolf Albach-Retty ? » — « Raconte un peu, c'est comment, un tournage ? » — « Comment font-ils donc ? » — « As-tu déjà été dans un studio ? »

Que dire ? Je n'avais jamais visité de studio. Mammi ne m'avait jamais emmenée. Les seules vedettes de cinéma que je connaissais étaient Richard Häussler et Gust Gstettenbauer. Ils étaient venus un jour rendre visite à Mammi pour prendre le café. Là, j'ai pu les voir, mais seulement de loin.

Evidemment, ça n'allait pas que la fille d'une vedette de cinéma ne donne pas le moindre détail. Par hasard j'avais entendu parler un jour de gros-plans, de caméraman et de coulisses. Je sortais tout ça pêle-mêle. Les filles étaient étonnées et contentes.

Je n'aurais certainement rien pu raconter du tout si Mammi ne m'avait pas déjà emmenée, à Salzbourg, à la station radio Rouge-Blanc-Rouge. C'était au début de l'internat.

A ce moment-là, j'avais bien tout inspecté. C'était drôlement passionnant ; un studio de cinéma ne doit pas être bien différent.

J'aimerais bien en voir un vrai.

Mais quand ?

15 juin 1952

Eh bien ! ça fait longtemps que je n'ai rien noté. Ces jours-ci étaient follement agités. Mais c'est ma faute.

Je suis assise avec Monika et Margit dans la tonnelle. Ici la Mère Supérieure vient rarement et on est en paix pour faire ce qu'on veut. Monika et Margit tiennent aussi un journal. En haut, dans l'angle, se trouve une grande statue : Saint Joseph. Il me regarde sans arrêt. Espérons qu'il ne s'aperçoit pas que nous tenons un journal intime, car la Mère Supérieure n'apprécie pas tellement. Mais la tonnelle est vraiment pratique, avec un banc et une table. C'est idéal.

L'histoire avec le livre de Karl May a fait un grand scandale. Il était question que je sois renvoyée de l'internat. La Mère Supérieure m'a exhortée une nouvelle fois à changer de conduite. Je semais la pagaille parmi les pensionnaires, a-t-elle dit. Ça, je ne le voulais pas. J'ai promis de faire des progrès.

17 juin 1952

Hier, j'ai à nouveau provoqué un remue-ménage. Mais cette fois-ci ce n'était pas ma faute !

Comme chaque soir, la lumière avait été éteinte à huit heures.

Je m'étais tout de suite endormie.

Je préviens : j'ai une habitude stupide, je parle en dormant.

Mammi dit que j'ai hérité ça de Pappi. Il parlait aussi la nuit. Une nuit, il s'est levé et a marché de long en large dans la chambre. Mammi s'est réveillée en sursaut, a sauté du lit et l'a saisi à la gorge, croyant que c'était un cambrioleur.

Ça l'a réveillé pour de bon ; il a raconté qu'il se croyait à la chasse, face à un cerf à douze ramures. Il voulait le tirer au milieu de la nuit, dans la chambre !

Quelque chose de semblable a dû se passer avec moi. Soudain tout le monde criait, riait, et on a allumé. La grosse Waserl, si barbante, qui dort depuis quelques jours dans le lit à côté de moi, hurlait comme une possédée. Je m'étais levée en dormant et j'avais balancé ma cuvette d'eau glacée sur son lit.

Les autres pensaient que je l'avais fait exprès. La Mère Supérieure est arrivée immédiatement. Elle était de garde et avait tout de suite entendu le bruit. Et me voilà avec un blâme de plus !...

10 juillet 1952

Notre internat a sept étages, le bâtiment est haut et étroit.

Je crois c'est un vieux château. Mais je ne sais pas qui l'a habité auparavant. Nous avons six dortoirs. Nous ne pouvons pas choisir les filles avec lesquelles nous partagerons la chambre. Il y a beaucoup de changements.

10 septembre 1952

Les grandes vacances sont terminées.

Aujourd'hui, au village, il m'est arrivé un truc formidable.

C'était sur la route de Salzbourg.

Une voiture s'est arrêtée. Une voiture de rêve, avec un volant blanc, et un homme!!!

Mon cœur a cessé de battre quand il a stoppé à ma hauteur. Il m'a demandé le chemin de la pension Goldenstein, il voulait inscrire sa fille.

Je lui ai dit que s'il me faisait monter je le conduirais, puisque je m'y rendais moi-même. Je suis donc montée et nous sommes allés ensemble jusqu'à Goldenstein. Quand on rencontre un type bien, il est évidemment marié, et il a une fille d'âge scolaire!

20 septembre 1952

Nous avons un professeur principal formidable. Monika, Margit et moi nous la préférons aux autres enseignantes. Elle a des mains merveilleuses. L'autre jour nous avons regardé en dessin des madones de Riemenschneider. Mme Augustina a les mêmes mains. Je l'adore.

Elle participe aussi, à l'occasion, à nos farces.

J'adore dessiner. Si je ne peux devenir actrice, je serai dessinatrice.

Mme Augustina me laisse à présent décorer des assiettes; je suis la seule de la classe à le faire. Je connais un menuisier à Salzbourg, près de la cathédrale. La dernière fois, je me suis fait faire par lui des assiettes en bois. Maintenant, je les peins. Mammi en aura une comme cadeau de Noël. C'est magnifique que nous puissions faire des travaux manuels ici. Par contre, la couture et la broderie m'ennuient affreusement.

Jamais je ne serai aussi bonne que Herta. Elle est à côté de moi en classe ; c'est la meilleure élève. Cela présente beaucoup d'avantages, pourtant je n'aimerais pas lui ressembler. Mais on peut facilement copier sur elle.

La semaine dernière, il y avait un contrôle de math. Je déteste ça. Pas de chance, j'ai dû aller à un pupitre isolé derrière le piano, loin de Herta. Mais le miracle a eu lieu : je l'ai réussi, ce contrôle. Tout était exact, et j'ai eu la meilleure note, ma première meilleure note en math méritée. Il y a parfois encore des miracle !

1er octobre 1952

Quelle bénédiction que l'internat ait acheté une radio !

Je pourrais rester des heures et des heures à tourner les boutons. C'est un enchantement d'entendre parler des gens qui habitent très loin et qu'on ne comprend même pas. J'ai une envie immense de connaître au moins un petit bout du monde.

Ici, c'est beau également.

C'est surtout pour des vacances que le coin serait charmant. Mais toute la journée en pension, ce n'est vraiment pas pour moi !

19 octobre 1952

Quand on est assise en classe et qu'on regarde par la fenêtre, on aperçoit Elsbethen. C'est le nom du petit village tout près de l'internat. Il y a l'église, et tout autour les petites maisons rassemblées comme des poussins autour de la poule. On voit la rue principale, qui mène à Salzbourg. Et si on continue, on arrive à Vienne.

Vienne ! Quelle ville merveilleuse ça doit être ! Je ne la connais pas du tout, et pourtant j'y suis née. C'est drôle, je suis une vraie Viennoise ! (avec l'accent) Je n'ai passé que mes quatre premières semaines dans cette ville. Depuis je vis à Berchtesgaden, où nous avons une jolie maison. J'ai toujours aimé être à la maison.

Il a de la chance, Wolfi. Il est encore à la maison.

J'attends avec impatience d'y être de nouveau.

Mais ce ne sera plus aussi beau qu'auparavant. Depuis la mort de Mamie, il manque quelque chose. Elle s'est toujours si gentiment occupée de moi, quand Mammi était retenue par ses films.

Je voudrais sortir d'ici. Je voudrais aussi voir un peu le monde, un tout petit bout suffirait !

10 novembre 1952

Dieu merci, bientôt Noël ! Je rentre à Berchtesgaden. Mais j'y pense : il me reste à finir l'assiette pour Mammi. Les jours avant Noël sont toujours très agités, à l'internat. Nous répétons pour la pièce de théâtre. Et puis il neige déjà ! ! ! Bon fini pour aujourd'hui !

11 novembre 1952

Là, je ne veux voir ni entendre personne. Dès le petit déjeuner, ce matin, les moqueries ont commencé. Il faut savoir que samedi, lorsque j'étais chez tante Marianne à Salzbourg, j'ai fait couper mes longs cheveux. Maintenant, je porte une coiffure hérisson, comme Mecki, le hérisson mascotte. Monika et Margit trouvent mes cheveux tout courts et frisés très chic. Moi aussi. Mais les autres ! Elles ont ri ou crié au scandale. « Tu as l'air d'une vedette de cinéma ! » En principe, c'est flatteur d'être taxée d'actrice de cinéma. Mais il faut voir le ton sur lequel elles l'ont dit. Ça ne m'a pas plu. Je leur montrerai, à ces dindes ! Elles ne perdent rien pour attendre !

13 novembre 1952

Faire du théâtre est un grand plaisir. Nous avons répété une petite pièce anglaise. J'ai eu le rôle principal. J'avais déjà joué Mephisto dans *Faust*.

C'est toujours Augustina le metteur en scène. Nous répétons samedi après-midi. Ce qui m'empêche d'aller à Salzbourg. Mais faire du théâtre est encore plus beau que d'aller voir tante Marianne.

Dommage, Mammi n'a jamais le temps d'assister à la représentation et de me voir ! Les autres parents viennent toujours. Il faut donc que je lui raconte tout dans une lettre, moi qui suis paresseuse pour écrire !

Si je m'en donnais la peine, mon journal serait bien plus avancé. C'est le cas de celui de Monika. Je m'arrête souvent pendant longtemps. Je vais faire un effort...

14 novembre 1952

Actuellement je suis la meilleure en chant. J'ai droit à la voix de solo à la chorale.

15 novembre 1952

La grosse Helga m'énerve. Elle est tout le temps sage. Toujours un papier et un crayon sur sa table de nuit. Elle doit noter le nom de celles qui font du bruit le soir. Et elle le fait vite ! — Quant à Marlène, je ne la comprendrai jamais. On se dispute tout le temps. Elle est vraiment trop bête, celle-là !

17 novembre 1952

Monika, Margit et moi nous nous sommes à nouveau terrées dans le bowling. En fait, ça fait longtemps qu'on n'y joue plus. Et qui pourrait s'y amuser ? Maintenant il y a là tout ce qu'il faut pour la gymnastique, qui se passe dehors en été et ici en hiver. La gymnastique est mon activité scolaire préférée. Il manque un véritable gymnase. Parfois, le réfectoire le remplace, n'allez pas demander comment. Nous sommes obligées de porter des pantalons de survêtement longs. Je les déteste. La Mère Supérieure me gronde continuellement, car j'enfile mon short de gymnastique sous le pantalon. Dès que personne ne me voit, j'enlève le long. Ai-je vraiment l'air d'une cigogne qui sautille !?! Mme Augustina se montre plus raisonnable. Elle me permet le short.

1er mars 1953

Noël est passé depuis longtemps. En allant à Berchtesgaden, j'ai dû payer des droits de douane sur l'assiette que j'avais décorée pour Mammi ! C'est dingue, non ? Ils ont cru qu'elle avait été achetée. Je ferai les arts appliqués plus tard, au cas où je ne réussirais pas dans l'art dramatique !

12 juillet 1953

Formidable ! 12 juillet 1953. Une date à retenir, je quitte l'école. Avec pour bagage, comme on dit ici « le petit bac ». Je n'ai presque rien écrit depuis Noël. Mais à présent que cette idiotie d'école est terminée j'ai plus de temps. Je vais tout rattraper. Nous avons eu un magnifique bal de Mardi-Gras, et une fête de fin d'année formidable. J'en parlerai à la maison.

Mon bulletin est bon !

Là, j'attends M. Liegl. Il doit me prendre en voiture et me ramener à Berchtesgaden. La plupart des filles ont déjà quitté l'établissement avec leurs parents.

Je crois que M. Liegl est arrivé. Je vais sortir pour voir.

Je continuerai à écrire à Berchtesgaden. Je suis folle de joie !

1953-1955
Toujours mon journal : je fais du cinéma !

Quand refleuriront les lilas blancs – Feu d'artifice – Les jeunes années d'une reine – *Die Deutschmeister* (Les chevaliers de l'ordre allemand) – Le dernier homme – Sissi.

Le 15 juillet 1953, donc trois jours après la fin de ses études à Goldenstein, Romy se rend, sur l'initiative de Magda Schneider, à Munich, dans les studios de cinéma où on doit tourner le film Quand fleurissent les lilas blancs. *On fait avec Romy des essais concluants, de sorte qu'elle obtient le rôle de la fille de Magda Schneider. A quatorze ans, Romy entre avec succès dans les studios de cinéma. D'autres films suivent immédiatement : en 1954* Feu d'artifice *avec Lilli Palmer,* Les Jeunes Années d'une reine *et* Die Deutschmeister ; *dans ce dernier film, elle joue de nouveau avec sa mère. Et puis vient* Le Dernier Homme *avec Hans Albers. Romy est décidée à devenir actrice. En 1955, le metteur en scène Ernst Marischka tourne, avec elle dans le rôle principal, l'histoire romantique d'Elizabeth de Bavière, appelée Sissi, la future impératrice d'Autriche. Karlheinz Böhm tient le rôle de l'empereur.* Sissi *devient un grand succès commercial.*

Romy continue à tenir son journal commencé en pension. Elle raconte le tournage de ses films, décrit les lieux, les hôtels, les amis, les ennuis de studio, ses partenaires et leurs relations, la camaraderie, les fatigues, mais aussi l'importance du cinéma pour elle. Elle dit ce qu'elle apprend et comment elle s'identifie aux rôles.

15 juillet 1953

Je l'avoue : je ne me sens plus. Je me trouve au wagon-restaurant dans le train pour Munich. J'ai mis la robe bleu ciel de Mammi et son manteau bleu, ses gants, ses chaussures à talons. Heureusement, elles me vont. Dans le coin à gauche est assis un jeune homme, il ressemble à Pappi. Yeux noirs, cheveux noirs. Il me donne au moins dix-sept ans, sans ça il ne me dévisagerait pas ainsi. Il ne faut pas que je le regarde, sinon je vais rougir. C'est bon que je puisse écrire. De toute façon, ça fait bonne impression ! Que peut bien penser de moi le serveur ? S'il savait que je n'ai que cinq marks en poche et que je suis en train de les claquer ici ! Espérons que Mammi sera à la gare. Sinon, je suis foutue.

C'est vrai, je n'ai pas encore expliqué pourquoi je me retrouve dans un train pour Munich. Donc : hier soir nous étions ensemble dans le salon de chasse à Berchtesgaden à jouer aux cartes. Le téléphone sonne, Wolfi décroche. C'était Mammi. Wolfi pose l'écouteur sur le bureau et fait l'intéressant. Il se rassied confortablement et dit enfin : « Allez Romy, vas-y. » J'ai pris l'appareil, et puis tout est allé très vite. « Sors ta valise et fais-toi belle. Viens à Munich par le train du matin. »

Je ne comprenais pas ce qui m'arrivait.

A présent, dans le train, je m'étonne toujours de l'avoir attrapé.

Le serveur m'examine sans arrêt. Evidemment... il faut payer. Nous sommes bientôt à Munich.

16 juillet 1953

Si je le pouvais je sauterais au plafond de joie ! Je ferai du cinéma, je ferai du cinéma ! C'est-à-dire, si tout va bien... Quelle journée !

Je me trouve dans notre chambre, mais non, dans notre « suite », comme je l'ai vu écrit à propos de l'hôtel *Bayerischer Hof*, à Munich.

L'intérieur est merveilleux. A côté de la porte, des boutons. Si j'appuie, une femme de chambre, ou un serveur, ou ce que je désire, arrive immédiatement.

Seulement voilà, je n'ose pas, surtout que je ne saurais pas que commander. Peut-être une citronnade ? Demain je demanderai à Mammi de sonner le garçon pour voir comment ça fonctionne.

Mais d'abord, commençons par le commencement. Donc le train est arrivé à la gare principale de Munich. Le jeune homme qui ressemblait à Pappi se trouvait par hasard à côté de moi à la porte. Lorsque le train s'est arrêté, il a sauté sur le quai et m'a aidée à descendre. J'étais assez confuse, mais j'ai trouvé ça charmant. Tandis que je réfléchissais à ce que je pouvais lui dire pour le remercier, Mammi est arrivée. Je laisse tomber ma valise et me précipite dans ses bras. En me retournant je m'aperçois que le jeune homme a disparu. Je me demande s'il avait peur de Mammi. Il devrait me voir ici !

Dehors, nous montons dans un taxi. J'adore les taxis, surtout quand ils sont vieux. J'essaie de m'imaginer qui a pu les prendre au cours des années précédentes. Peut-être Max Schmeling, le boxeur ? Ou Hans Albers, quand il tournait encore avec Marlène Dietrich ?

Mammi m'inspectait de la tête aux pieds.

— Je te trouve très bien ! dit-elle en souriant.

— S'il te plaît, Mammi, ne me fais pas languir ainsi. Pourquoi est-ce que j'ai le droit de venir en plein milieu de la semaine à Munich? As-tu gagné à la loterie, ou quoi?

J'ai dû paraître bien impatiente. Mammi semblait vouloir me calmer avant de me raconter ce qui se passait.

J'étais tendue comme un arc. Il n'y a pas d'expression pour ça. Comme un câble à haute-tension. « Attention! Danger de mort! » C'était à peu près ça. Je voyais sur le visage de Mammi qu'il y avait quelque chose de particulier dans l'air.

Et puis elle m'a raconté sa journée de la veille. Si ça avait dépendu de moi, ce trajet dans le centre de Munich ne se serait jamais terminé, tellement tout était excitant!

Mammi s'était trouvée dans le bureau d'un certain Ulrich pour réceptionner le scénario d'un nouveau film. Son contrat avait été signé, et elle voulait prendre le train de nuit pour Cologne, histoire de faire une petite visite à Daddy, car le tournage ne débuterait que dans quelques semaines à Berlin.

M. Ulrich, d'une maison de production cinématographique, avait dit à Mammi :

— Magda, n'as-tu pas une fille ou un fils?

— Tu vas rire, avait dit Mammi. J'ai les deux, fille et garçon.

— Une fille? Ne pourrait-elle pas jouer ta fille à l'écran? Ce serait épatant.

C'est à peu près ainsi que M. Ulrich a parlé à Mammi.

Elle n'a pas dit non (ma chère petite Mammi), mais pas oui non plus. Elle n'a rien dit du tout. Ensuite elle a repris sa chambre à l'hôtel *Bayerischer Hof*, qu'elle avait déjà rendue (elle voulait partir pour Cologne) ; le scénario sous le bras, elle est retournée à l'hôtel et elle a commencé à se plonger dans la lecture.

Son rôle et — les enfants, je n'arrive pas encore à y croire! — le rôle que je pourrais tenir!!!

Elle a d'abord appelé Daddy pour lui demander conseil. Mais lui a estimé être impuissant : c'était à elle de décider. Sur ce, Mammi s'est fait monter plusieurs cognacs. Elle m'a appelée à Berchtesgaden, sans même me dire de quoi il s'agissait! Un rôle dans un film!

Entre-temps nous étions arrivés à l'hôtel où je me suis rafraîchie un peu. Puis nouveau départ pour me présenter. Je ne me souviens même plus exactement de la suite.

Nous avons foncé jusqu'à un hôpital. Les couloirs étaient remplis d'une odeur fade de maladie, comme dans tous les hôpitaux. La réception. De longs couloirs tout blancs, propres, froids. Soudain nous étions dans une chambre, pleine d'hommes dont je ne connaissais évidemment aucun. Je n'avais jamais imaginé qu'une seule chambre puisse contenir tant d'hommes, ou de femmes, peu importe.

J'étais terriblement énervée ; je n'osais pas me montrer, je restais derrière Mammi.

Dans le lit, un homme était couché dont on ne voyait que le visage et une énorme jambe plâtrée en suspension.

A peine étions-nous entrées qu'il s'écria, avec l'accent de Berlin :

— Ah, la voilà enfin !

Il parlait manifestement de moi.

Il me serre la main, les autres hommes aussi, je salue tout le monde. Et voilà.

L'homme dans le lit n'arrêtait pas de me regarder fixement. Je ne savais plus où diriger mon regard.

Mammi fit comprendre aux messieurs que j'étais sa fille. Ils ne le savaient même pas, ils pensaient que j'étais simplement une gamine que Mammi voulait pistonner et qui, par hasard, lui ressemblait.

Bref, ils ont dit qu'il serait bon que je fasse des essais à Berlin.

Des essais ? C'est incroyable ! Moi, Romy Albach, pour des essais à Berlin ? Eh bien, je ne savais plus quoi dire !

— Bon, dit l'homme avec la jambe dans le plâtre. A bientôt a Berlin.

J'ai fait encore un signe de la tête, et puis nous sommes sorties.

A Berlin, à Berlin !

A présent, je suis à l'hôtel, dans mon lit. Je n'arriverai

certainement pas à m'endormir. Des essais ! La tête me tourne. J'ai des fourmis dans les jambes. Mammi m'a écrit sur un papier les noms des messieurs dont j'ai fait la connaissance à l'hôpital. Je vais les apprendre par cœur pour ne pas me tromper, à Berlin, en leur adressant la parole.

Il y a Fritz Rotter qui a écrit la nouvelle dont est tiré le scénario du film dans lequel je jouerai peut-être. Son titre : *Quand refleuriront les lilas blancs*. J'espère que ça marchera.

Et puis il y a Kurt Ulrich, le producteur qui donne l'argent. Je crois qu'un film coûte terriblement cher.

Et celui au lit, c'était Hans Deppe, le metteur en scène. Je crois qu'il est drôlement gentil. C'est heureux qu'il parle avec l'accent de Berlin et non avec celui de Bavière, autrement, je ne le comprendrais probablement pas.

Demain je pars avec Mammi pour Cologne. De là, nous prendrons l'avion pour Berlin. Voler !!! Je n'ai encore jamais pris l'avion. Espérons que je n'échouerai pas aux essais. Ce serait affreux. Ce serait... ce serait inimaginable ! C'est drôlement bien ce que Mammi a fait pour moi !

Maintenant je dors, je tombe de fatigue. Si je pouvais déjà être à Berlin !...

18 août 1953

Je suis depuis plusieurs jours à Cologne. Nous sommes venues en wagon-lit. J'avoue, j'aime bien les wagons-lits. C'est agréable d'être bercée dans son sommeil. On a dû se sentir ainsi quand on était un bébé, bercé pour être calmé. Evidemment, il ne faut pas se trouver sur un essieu, c'est désagréable, m'a dit Mammi.

Je dois dire que tout ça est extrêmement intéressant.

Enfin, beaucoup de choses ont changé. Le sentiment de ne plus devoir aller en classe est si étrange que je me pince parfois le bout de l'oreille pour vérifier que je ne rêve pas. Ça a beau être délicieux, quelque chose me manque. Comme j'aimerais parler avec Monika ou Margit ! A Cologne, je ne connais personne.

Cologne a encore beaucoup de ruines. Chez nous, à Goldenstein ou à Berchtesgaden, nous n'avions pas tellement remarqué qu'une guerre venait juste de se terminer. Ici, c'est vraiment triste. Hier, je suis allée voir la façade de la cathédrale de Cologne ; elle est à côté de la gare. Toutes les maisons autour, même les plus grandes, semblent petites et insignifiantes à côté de la cathédrale. C'est fantastique qu'on ait pu construire un tel édifice il y a plusieurs siècles ! De nos jours, on a beaucoup trop le sens du pratique et du fonctionnel. Sans romantisme. Sans idées.

Je n'arrive pas à me concentrer. Depuis presqu'une heure, je suis assise à rêver. Si les essais pouvaient déjà être terminés ! Je connais mon texte par cœur depuis longtemps. Je sais aussi ressentir ce qui s'est passé dans la fille que je dois incarner.

Dans l'histoire, la jeune fille apprend de sa mère que son père est un chanteur de variétés célèbre qu'elle admirait seulement de loin. Je vois très bien comment je réagirais dans une telle situation. Sûr, je suis capable de jouer ça.

27 août 1953

Je viens de relire les pages écrites à l'internat et ensuite à Munich. Après coup, beaucoup de choses paraissent ridicules. C'est amusant : au moment d'écrire on est toujours persuadé qu'il n'existe rien de plus important.

J'ai constaté en lisant que je voulais ajouter un certain nombre de choses sur l'internat. Cela reste à faire. Mais comme tout ça paraît déjà loin et étrange !

Il y avait, par exemple, le carnaval. Les semaines qui précédaient, nous étions déjà toutes très excitées. La Mère Supérieure (nous disions pour simplifier la Mère Sup) avait fait venir un professeur de danse. Un vrai Mardi-gras ne se passe pas sans danser. Certaines étaient bien maladroites, mais moi je n'avais pas de difficultés. Nous étions divisées en deux groupes : les unes dansaient comme des filles, les autres comme des garçons, pour former des couples. J'étais évidemment un garçon. Nous avons appris la rumba, la samba et toutes les danses qu'il faut savoir. Le bal s'est très bien passé. Mais, comme souvent, les préparatifs avaient été le meilleur moment.

30 août 1953

Après-demain nous prenons l'avion pour Berlin !

1er septembre 1953

Mammi a beau trouver ça enfantin, je dois vite écrire quelques lignes. Espérons que je saurai relire mes pattes de mouches !

Nous sommes dans l'avion ! Je n'ai pas peur du tout. J'ai une place près du hublot, devant à droite, à côté des hélices. Sous l'aile, je vois la terre, mais il n'y a pas grand-chose à voir. Seulement au décollage et à la lente montée, quand l'avion vire, on voit à quel point le monde est petit.

Nous avons deux jolies hôtesses. Ça aussi, ce serait un métier pour moi.

En décollant, il faut s'attacher ; ils ont peur que nous tombions de l'avion. Pour quelle autre raison ? Je dois arrêter. Il y a un repas. C'est chouette de pouvoir manger dans l'avion. Mammi dit que c'est toujours comme ça. Plus tard, je prendrai tout le temps l'avion.

2 septembre 1953

C'est fait ! Je me sens mal ; c'est comme une pression dans la région de l'estomac, et comme hier dans les oreilles à l'atterrissage. Car je ne sais pas encore si les essais sont réussis.

Nous sommes donc allées à Tempelhof, tout près de l'aéroport, là où se trouvent les studios de la société *UFA*. Ça, c'était hier. Quand je parlais aux filles de ma classe des studios de cinéma, je me les imaginais tout autrement.

A l'entrée, près du grand portail, est assis un gardien. L'endroit comprend de véritables rues et de grands bâtiments qui ressemblent à des gymnases. Ces halls sont numérotés 1, 2, 3, etc... Dans un de ces bâtiments se trouvent les vestiaires qui sont très importants au cinéma. Là on se change, on est maquillé et on attend son tour. Les vestiaires ne sont pas très jolis, ils sont petits.

Mammi et moi, nous avons eu une loge. On affiche le nom de l'acteur sur la porte : par exemple, Magda Schneider. Pour nous, ça s'est passé différemment, car il ne s'agissait que de bouts d'essai et non d'un véritable film. M. Deppe, le metteur en scène, se trouvait là aussi. Il était tout changé par rapport à Munich l'autre jour, dans son lit. Mais il restait drôlement gentil.

Nous devions nous rendre dans le hall N° 1. J'étais épouvantée. Je me répétais : « Du calme, du calme, Romy ! sois détendue, pour ne pas tout bousiller. »

Pourtant je n'arrivais tout simplement pas à me calmer. Je croyais transpirer terriblement, mais c'était dans mon imagination. Pour la première fois de ma vie, j'ai été maquillée, oui, je n'avais même pas à le faire moi-même. Mon visage me semblait être emballé sous cellophane. Pourtant on m'avait juste maquillée un peu, pas beaucoup en tout cas.

J'ai appris que Stan Kenton était dans le hall 1. Et c'est là que j'allais faire les essais ! M. Deppe s'est assis dans son fauteuil (Mammi m'a dit que chaque metteur en scène a son propre fauteuil avec son nom inscrit derrière — sans doute pour qu'on sache que c'est lui).

Vu de l'intérieur, le hall paraissait encore plus grand, presque comme une grange, mais sans paille. Partout traînaient des décors, un séjour en carton-pâte à moitié ouvert, ou un bout de cuisine. Il y avait aussi de grands échafaudages en acier sur lesquels s'affairaient des ouvriers. Et des projecteurs, beaucoup de projecteurs. En marchant dans ce fouillis de fils, de câbles et de rails, on craint à chaque instant de trébucher. Les rails m'ont vraiment étonnée. Ils servent à la caméra, montée sur un chariot qui avance ou recule selon les besoins du film.

2 septembre au soir

Entre-temps, nous avons dîné. Je continue à écrire. Mammi me lançait des clins d'œil rassurants pour dire : « Tu y arriveras. » Moi, j'avais la tête vide. Ce qui m'irritait le plus, c'était tous ces gens dans le studio autour de nous. Au moins trente. Je me demandais ; mais quand vont-ils sortir ? Ils ne sortent pas du tout. Ils font partie du reste, comme la caméra. J'avais toujours cru qu'on était seul au tournage, juste avec les gens qui tiennent les différents rôles.

Et puis tout est allé très vite. M. Deppe disait inlassablement : « Ne pas regarder la caméra ! » Je devais entrer par une porte, suspendre mon manteau. Mammi était assise à table. Ensuite nous avons parlé, comme je l'avais appris. Soudain, d'un seul coup, c'était fini.

— C'est bien, ma petite Romy, c'est très bien, a dit M. Deppe avec son accent berlinois.

Mes pensées faisaient de vraies culbutes tellement je me sentais bouleversée. Arrivée de M. Wesel, qui prend les photos de scène ; un petit monsieur alerte, qui possède son atelier quelque part près du Kurfürstendamm et qui, à chaque film, fait les photos des acteurs, d'après ce que l'on m'a dit.

Les photos sont destinées aux services de presse des journaux. Et puis il faut encore que les journaux les publient. J'attends avec impatience de voir si un journal publiera ma photo !!

3 septembre 1953

Aujourd'hui, nous avons flâné à travers Berlin. Ensuite nous avons repris l'avion pour Cologne. Nous habitons à l'hôtel *Am Steinplatz*. Son propriétaire est le mari de l'actrice Winnie Markus.

Nous sommes allées sur le champ de foire de Berlin et nous sommes montées à la tour de la radio. Ensuite la Porte de Brandenbourg où il y a des vopos ; ce sont des agents de police de la zone est. Ils contrôlent tous ceux qui passent la frontière pour se rendre dans le secteur est. Nous ne l'avons pas fait, mais nous pouvions le voir, de l'autre côté. L'avenue s'appelle *Unter den Linden*. Je connaissais ce nom par une chanson de Paul Lincke. Mammi m'a raconté que dans le temps c'était l'avenue la plus prestigieuse de Berlin. Ce n'est plus qu'un souvenir.

4 septembre 1953

Aujourd'hui, c'est vendredi. Nous avons pris le café et des pâtisseries au goûter, très chic ; je n'avais pas envie de me promener.

Si au moins je savais ! Me prendront-ils ou non pour leur film ? J'avais cru la chose plus simple. Devenir une actrice de cinéma met les nerfs à rude épreuve.

Peut être vaudrait-il mieux que je fasse une école d'arts plastiques et que je décore les assiettes. Là, au moins, je sais d'avance que ça me plaira, et surtout ce n'est pas compliqué. Faire du cinéma n'est pas simple !

C'est bête, cette incertitude !! Si je m'étais imaginé ça il y a six mois ! Même pas six mois, il y a encore deux mois, j'aurais considéré ça comme incroyable !

Il y a deux mois, c'était la fête de fin d'année. L'archevêque était venu spécialement. Toutes les religieuses s'étaient rassemblées dans le réfectoire. Puis nous sommes entrées, chacune avec un grand cierge, suivies des autres pensionnaires qui ne quittent pas encore l'établissement. Nous étions en uniforme en robe « marin ».

La Mère Supérieure a prononcé un discours, ensuite une messe a été célébrée. Beaucoup de parents étaient présents. Nous avons beaucoup pleuré, moi le plus. Cela a été au fond très beau, toutes ces années.

Mais on s'en aperçoit lorsque tout est fini.

4 septembre 1953, au soir

J'ai une fois de plus évalué mes chances. M. Deppe avait beau être très aimable, il ne me prendra certainement pas.

L'autre jour, j'ai fait la connaissance à Berlin des quelques filles qui avaient posé leur candidature pour le même rôle. Jamais je ne tiendrai la comparaison.

Eh bien, je m'en fous !

6 septembre 1953

Ça marche ! Ça marche !!! Le 8 septembre, Mammi et moi partons pour Wiesbaden. Ça commence. Je fais du cinéma ! C'est dingue, absolument dingue !!!

10 septembre 1953

Je n'arrive plus à tenir mon journal ici, à Wiesbaden. Je n'ai plus le temps.

Le soir, au lit, je suis terriblement fatiguée et je dois encore apprendre mon rôle pour le lendemain. J'apprends de drôles de termes techniques, comme « vue ». On croit d'abord qu'il faut avoir une vue sur quelque chose, mais non c'est une partie de la scène. La caméra est réglée pour une « prise de vue ». Chaque film se compose de centaines de prises. Entre chacune d'elles, on dispose d'un peu de temps.

Car il faut changer les décors. Chaque scène est d'abord « éclairée », c'est-à-dire que les projecteurs sont disposés de sorte à créer un équilibre entre la lumière et l'ombre.

Willy Fritsch est charmant avec moi !

11 septembre 1953

Aujourd'hui, j'ai subi un choc assez sérieux. Mammi m'a parlé d'un accord qu'elle a conclu avec M. Ulrich et qu'elle m'avait caché jusqu'à présent pour ne pas m'inquiéter. Elle craignait que je n'arrive pas à la fin. Elle aurait pu avoir davantage confiance en moi !

Mammi était convenue avec M. Ulrich que je pourrais me retirer du film une semaine après le début du tournage !! Si les essais n'avaient pas plu à Mammi, on m'aurait donc réexpédiée à Berchtesgaden... et terminé le cinéma !!

La scène la plus difficile avec Willy Fristsch et moi a eu lieu tout de suite au début du tournage (mercredi 9 septembre — la date est importante !)

Willy Fritsch tient le rôle d'un chanteur de variétés célèbre, Bill Parry. Je suis sa fille, mais il ne sait rien de moi. Moi, en revanche, je sais qu'il est mon père. La scène où Mammi me met au courant, je l'avais déjà jouée lors des essais à Berlin.

Je vais donc avec Nina — dans le film mon amie ; sa mère est l'actrice Alexa von Porembsky à Berlin — à l'hôtel où habite Bill Parry pour lui demander un autographe. Souriant, une cigarette à la main, il est devant nous et ne sait toujours pas qui je suis. Alors je fais éclater la vérité — il a le souffle coupé.

Dans un premier temps, nous avons discuté de la scène avec Willy Fritsch. Et puis, tout a été parfait. Je devais pleurer. Et j'ai réellement pleuré !

Mammi n'était même pas là. Elle est arrivée, tout agitée, dans le studio. Le gardien lui a dit alors : « C'est bon, tout est bouclé ! »

Voilà la première scène déjà terminée. Ils étaient tous très contents de moi, sauf Mammi.

Willy Fritsch a même dit le premier jour : « C'est étonnant comme elle interprète le personnage, elle le vit intérieurement. Vraiment, un talent ahurissant ! »

Il disait ça de moi ! C'est un grand compliment, je crois.

Un ouvrier me l'a dit. Je suis devenue toute rouge et je suis partie.

Il est vraiment charmant, Willy Fritsch ! Et Mammi qui doute encore ! C'est seulement hier qu'elle a donné son accord. Elle vient de me dire que je peux continuer le cinéma. Quel échec ça aurait été ! J'ai déjà écrit à Margit et à Monika pour leur raconter comme c'est magnifique !

12 septembre 1953

J'ai entendu dire tout à l'heure que mon visage est photogénique. Photogénique ! Cela semble vouloir dire que mon visage n'est pas trop insignifiant, mais c'est le lot de toutes les débutantes. En réalité, on entend par là des traits agréables en photographie ou au cinéma. Certaines filles présentent bien, mais une fois photographiées tout leur charme a disparu. Chez moi, c'est l'inverse. Non, pas vraiment, car — sans vouloir me flatter — je n'ai pas l'air bête au naturel. Certainement pas. Une jeune fille sent cela.

A présent, je serai sur la page de couverture !! J'achèterai au moins dix exemplaires du magazine. Pour les garder !

19 septembre 1953

Le soir au lit

Dans le film, Willy Fritsch me présente sur scène au public comme sa fille. Je porte une ravissante robe en tulle blanc avec plein de petits pois multicolores. Lui aussi est très habillé : complet blanc, chaussures blanches et cravate foncée à pois. Toute la figuration, représentant le public, applaudit. J'espère qu'on applaudira aussi à la sortie du film. Je rentrerais sous terre si les gens me trouvaient mauvaise.

20 septembre 1953

Götz George joue aussi dans le film. C'est le fils de l'acteur Heinrich George, qui fut très célèbre. Après la guerre il a été enfermé et il est mort. J'aimerais bien voir un de ses films, depuis que je connais Götz.

Hier, j'ai appris que la Générale aura lieu à l'*Universum* à Stuttgart. C'est le plus grand cinéma de la ville. Le plus grand !

Nous irons tous. Mais d'abord, il s'agit de terminer le film. Ensuite on fait des copies, m'a raconté notre cameraman, M. Schulz. Tout cela prend du temps. Toujours attendre !

24 septembre 1953

Je traverse ma loge comme un nuage. Comme un petit mouton de nuage. Il existe un vieux tube d'il y a au moins trente ans : « Ce parfum qui accompagne une belle femme... »

Hier j'ai atteint la moitié de l'âge de cette chanson : quinze ans. Et j'ai reçu un énorme flacon de parfum. Chanel N° 5, Paris. Paris, c'est mon rêve.

Hier, tous ensemble, nous avons fait la fête. C'était mon plus bel anniversaire. Peut-être que d'autres étaient aussi réussis, mais je ne m'en souviens plus très bien car j'étais encore petite.

Mon journal sent bon, à présent. J'ai parfumé cette page. C'est enivrant. J'espère que l'odeur ne passera pas trop vite.

15 octobre 1953

Je suis tellement paresseuse pour écrire ! Selon la règle : ne remets pas à demain ce que tu peux faire après-demain ! J'écrirai sûrement après-demain !

9 novembre 1953

Ça y est. Le dernier clap, comme on dit dans le jargon cinéma. Rien à voir avec un « grand clapet » comme M. Deppe le dit parfois en vieux berlinois d'un fanfaron. En fait, il s'agit de deux tablettes sur lesquelles on écrit le numéro de la prise de vue et qui entrent dans le champ de vision au début de chaque scène. De cette façon, on s'y retrouve lors du montage. Mon premier film est donc terminé. Sera-t-il le seul ? Pour moi, ça pourrait continuer. L'ambiance me plaît. Là, par exemple, je suis dans ma loge et tout sent le parfum exquis de ce film. La robe du soir que j'ai portée dans la scène principale avec Willy Fritsch est étalée sur le divan derrière moi. Elle est en tulle blanc, je crois l'avoir déjà dit.

Elle est tellement jolie qu'on peut en parler deux fois. Faite spécialement pour moi. Mammi a dit que je pourrais peut-être la garder. Mais ce n'est pas certain.

Tout le monde ici a été très gentil avec moi. Je souhaite retravailler un jour à nouveau avec eux. Les éclairagistes, les cameramen, les maquilleurs, les habilleuses — tous sont depuis de longues années dans la maison. Ils s'y connaissent, c'est leur univers. Si un jour on pouvait aussi dire ça de moi !

10 novembre 1953

Demain nous partons pour Stuttgart. Je ne connais pas cette ville. On dit du public là-bas qu'il est particulièrement accueillant, mais je crois que les organisateurs prétendent ça de chaque ville pour donner aux acteurs du courage avant la Générale. Je peux emporter la robe du soir. Après la représentation, je la mettrai pour monter sur scène. Si ça pouvait déjà être fini !

Le trac est quelque chose d'effroyable. Un point me cause presque encore plus de soucis. Une conférence de presse aura lieu avant la projection. Bien sûr, les journalistes que j'ai connus jusqu'à maintenant étaient tous assez gentils. Mais qu'est-ce qui m'attend ?!

Ce ne sera pas si grave que ça, puisque la conférence de presse doit se tenir avant que les journalistes aient vu le film. C'est bizarre. C'est seulement après qu'ils auront l'occasion de rouspéter. Heureusement, Mammi sera là aussi.

11 novembre 1953

J'ai survécu, même pas mal ! Nous étions au *Reichsbahn-hotel*, tout près de la gare de Stuttgart, aménagé de façon élégante. C'est amusant de loger à l'hôtel.

J'avais imaginé la conférence de presse tout autrement. Nina et Götz sont passés avec moi d'une table à l'autre et ont répondu à des questions, en général toujours les mêmes. J'ai vite su par cœur mon petit couplet.

Malgré tout, j'étais énervée.

J'ai bu tellement de mélanges de jus de pomme, d'orange, de café et d'eau minérale que j'étais malade. M. Torkler, de la maison *EM*, prévenant, s'est occupé de moi pour que je ne me sente pas trop dépaysée parmi tous les journalistes.

Arriva le moment le plus excitant de cette journée exceptionnelle : l'heure des autographes !

J'avais déjà dû en donner. Mais ce qui est arrivé dépassait l'attente la plus audacieuse ! Comme si j'avais deviné ce qui m'attendait, je m'étais exercée à écrire mon nom de la manière la plus esthétique. Romy Schneider avec un paraphe, ou tout simple. Jusqu'à pésent, j'avais signé n'importe quelle lettre ou des papiers administratifs avec Rosemarie Albach. Et maintenant soudain : Romy Schneider. Ça valait la peine de s'exercer pendant plusieurs heures à écrire rapidement. Seulement mon nom. Mammi m'avait regardée, intriguée, lorsqu'elle était entrée dans la pièce et m'avait surprise à cette occupation stupide. Mais que ne fait-on pas pour devenir célèbre !

Après la ruée des chasseurs d'autographes, il était temps de se préparer pour la scène. J'allais oublier le plus important ! Dans la scène finale, Willy Fritsch me glisse, en tant que Bill Parry, une véritable châtaigne, un cadeau d'adieu, un porte-bonheur.

Le jour de la Ggénérale, le producteur, M. Ulrich, m'offrit une châtaigne, en or pur. Elle devait devenir mon porte-bonheur. Je la serrais dans ma main au moment de me présenter sur la scène de l'*Universum*.

Un sentiment exaltant m'envahissait. Le cinéma était plein. Mille, deux mille personnes, je ne sais. Je regardais par-dessus leurs têtes et me cherchais un point fixe pour trouver un appui. Mais je ne réussis pas. Par contre, au premier rang un jeune homme me souriait si gentiment que je repris courage.

J'ai sorti le petit laïus que Mammi m'avait composé, et tout le monde m'applaudit. Chaque fois que je revenais en coulisses, quelqu'un me serrait la main, enthousiasmé. Il y aurait eu en tout soixante-quatre (!!) rappels.

Je ne les ai pas comptés. Je suis ressortie chaque fois et je me suis inclinée. Je perdais mon souffle, et j'étais si heureuse — si heureuse ! Il s'en fallait de peu pour que je pleure de joie.

A présent, la vie sérieuse reprend. Peut-être ferai-je un autre film. Les gens ont tellement applaudi !

15 février 1954

La tournée des Premières fut passionnante et épuisante. A Munich aussi, c'est l'affolement. A la fin nous avons pris l'avion pour Berlin, pour le grand lancement. Le film sortait dans d'innombrables cinémas en même temps. Nous avons salué le public dans l'immense *Mercedes-Palast,* Paul Klinger, Willy Fritsch, Mammi et moi. Ensuite, retour à Cologne.

20 février 1954

Aujourd'hui, je suis allée avec Mammi à l'Ecole des Arts Appliqués de Cologne. J'étais presque décidée à m'inscrire. J'aimais dessiner, peindre et décorer des assiettes, à l'internat. Mais l'ambiance de l'école ne m'a pas plu, les filles ont déjà toutes dix-sept, dix-huit et dix-neuf ans.

Nous venons d'avoir une discussion à ce sujet, Mammi et moi ; Mammi m'a conseillé les Arts Appliqués. Mais je pense que ce n'est pas la bonne voie à emprunter. D'un autre côté, il est évidemment utile de ne pas dépendre entièrement du cinéma.

J'ai lu récemment que la tradition, à la Cour Royale de Bulgarie, voulait que tous les princes apprennent un métier manuel. L'un devenait mécanicien de locomotive, l'autre serrurier, un autre... que sais-je ? Cela m'a impressionnée. Si le trône chancelle, les rois peuvent gagner leur vie, et pas mal. On dit bien que l'artisanat est une mine d'or.

Ça ne donnera rien avec les Arts Appliqués, mais il était utile de se renseigner.

Lorsque nous étions encore occupées à tourner les *Lilas,* Mammi a reçu une nouvelle offre pour moi. Mais ce n'était pas sûr. Je n'en ai donc pas encore parlé. A présent, ça semble marcher. Il est question que j'aie le rôle principal à *NDF,* dans *Feu d'artifice,* où Lilli Palmer chanterait « Oh, mon papa ». Le disque est à la maison, mais ça fait longtemps que je ne l'ai pas écouté parce qu'on entend la chanson tout le temps à la radio.

Je dois incarner une jeune fille fascinée par l'ambiance du cirque et qui s'imagine devoir être une artiste. Par la suite, elle retourne auprès de celui qui avait jadis beaucoup compté pour elle — un simple jardinier. Claus Biederstaedt le joue. Je ne le connais pas, mais tous assurent qu'il est très gentil.

1er mai 1954

Des vacances à Berchtesgaden. C'est merveilleux. C'est presque comme avant. J'aime les montagnes. J'aime ces prés verts et j'embrasserais les vaches si je le pouvais, lorsqu'elles gambadent avec leurs grosses cloches qui tintent.

C'est honteux ! Depuis des mois, je n'ai pas tenu mon journal. Une lettre de la Mère Supérieure. Elle a écrit des poèmes pour ses quatre-vingts pensionnaires, la chère dame, et elle me demande de venir les réciter. J'irais volontiers, ne serait-ce que pour lui montrer que je ne suis pas le cas désespéré qu'elle croyait. Et j'aimerais aussi revoir Margit et Monika. Nous nous écrivons tous les quinze jours, mais la distance éloigne, et on ne peut pas écrire tout ce qu'on voudrait dire. Le temps passe si lentement à attendre une réponse... Pour les lettres, il devrait exister quelque chose d'analogue à la télévision : on pourrait voir l'autre, ou s'imaginer ce qu'il fait à l'instant, comme au téléphone. Un journal intime est tout différent. On se rappelle plus tard exactement où l'on se trouvait quand on a écrit telle ou telle phrase et qu'une idée a surgi.

Je viens de parler avec Mammi. Elle me dit d'être raisonnable. Il vaudrait mieux que je prenne des vacances complètes. Je retournerai à l'internat une autre fois. Quant à se détendre vraiment, ni elle ni moi ne savons quand l'occasion se représentera. Elle a bien sûr raison... Dommage ! Quelle joie de retourner à Goldenstein ! Je me serais amenée en grande pompe à l'internat et j'aurais soulevé un tel tourbillon qu'on en aurait encore parlé un an après.

15 mai 1954

Mon nouveau film sera tourné dans les studios de Geiselgasteig. Cette fois-ci, Mammi n'y joue pas. J'irai donc seule à Munich.

18 mai 1954

Je n'ai pas encore écrit une seule ligne depuis que je suis à Munich. Au fond, un film ressemble à l'autre. L'ambiance est la même, qu'il s'agisse de Berlin, de Wiesbaden ou de Geiselgasteig. Les gens aussi se ressemblent. Ils ont seulement d'autres noms, d'autres visages. Mais tous ont le même but : ils veulent réussir le film, chacun y croit, y travaille, y met toute son âme. Quand c'est fini, quand on visionne le soir les scènes de la journée, on est content ou mécontent de soi. Pourtant, il faut que le film soit terminé pour que chacun sache ce qui est bon et ce qui est mauvais. Chaque film est une surprise complète.

20 mai 1954

Je suis tout excitée. Je ne sais pas si je dois en être heureuse ou triste, et s'il est bon que j'écrive tout ça. Mais je dois le faire pour m'en débarrasser.

A vrai dire c'est un sale métier d'être actrice de cinéma.

Actrice ! Il faut s'y donner de tout son cœur. Et, à un autre moment, il ne le faut pas. On est assis ou debout, on crie, on pleure. Il faut se laisser aller, vivre la situation si on veut bien la rendre. En même temps, il faut garder ses distances, ne pas perdre la tête.

Je sais que je peux m'identifier au personnage que j'interprète.

C'est comme un poison qu'on avale, auquel on s'habitue et qu'on maudit en même temps.

J'ai quinze ans. J'ai vécu chez Mamie à Berchtesgaden, j'ai été à l'école primaire, puis en pension. Et me voilà soudain à faire du cinéma. Et je dois jouer pour la première fois des choses dont je n'ai aucune idée.

Je n'oublierai jamais, quand j'allais autrefois au cinéma, que je fermais toujours les yeux au moment des scènes d'amour, parce que j'étais gênée. Parfois je risquais un œil — plus tard, car j'étais curieuse. Mais je me suis toujours dit : « Ça ne se fait pas à l'écran. C'est une chose qui concerne uniquement deux êtres seuls. Eux seuls — personne d'autre. »

Maintenant, je dois le faire moi-même devant la caméra, je dois faire semblant. Peut-être, après avoir passé dix ans ou plus à tourner des films, comme Marlène Dietrich et Stewart Granger, je ne sais pas, lorsque Stewart Granger prend Marlène dans ses bras et l'embrasse pour de bon ou pour faire semblant, Marlène peut ensuite regagner sa loge, se démaquiller, rentrer en voiture chez elle et dévorer une côte de porc sans repenser à sa journée. Moi, j'en suis tout simplement incapable !!!

Sans me douter de rien, je suis allée ce matin au studio. J'ignorais ce que nous allions tourner. On le sait rarement à l'avance, car cela dépend de beaucoup de facteurs. En extérieur, ça dépend du temps, en studio de la meilleure utilisation des décors, de l'avancée des travaux du décorateur, etc. Je reçois le plan de travail de la journée et j'ai froid dans le dos : la scène d'amour avec Claus Biederstaedt, c'est pour aujourd'hui.

Honnêtement, je redoutais cette scène. Peut-être serai-je maladroite ; les autres riront — je n'aimerais pas ça non plus.

J'étais énervée. Je suis dans ma loge où Raimund Stangl, le maquilleur, me prépare. Voilà que Claus rentre bruyamment.

— Alors, Romy, dit-il. Tu la sais ta scène ?

Je ne sais que répondre. Mais il insiste :

— Je veux dire, l'as-tu bien répétée ?

Je me sens rougir sous le maquillage, tout en riant en même temps. Claus est si sympathique que je n'avais pas de raison d'être embarrassée.

Nous nous dirigeons vers le studio. Je dois préciser auparavant que Claus tient le rôle d'un jeune jardinier qui s'appelle Robert. Moi, Anna, je suis la fille d'un M. Oberholzer, propriétaire connu d'une fabrique de « décorations pour jardins ». En d'autres termes, papa fabrique des nains, des champignons et des biches en plâtre. Je suis amoureuse de Robert, et nous nous voyons en secret dans une des serres de l'entreprise d'horticulture, au milieu des primevères, des œillets et de tout un bazar.

On a construit une belle serre dans le studio, et nous y prenons place, sur un banc. Kurt Hoffmann, le metteur en scène, est à côté de la caméra.

— Bon, les enfants, d'abord on répète !

J'étais donc assise à côté de Claus et je sentais battre mon cœur jusqu'au cou.

M. Hoffmann n'est pas satisfait.

— Voyons, embrassez-vous donc ! On y va ! cria-t-il. Allez-y, embrassez-vous ! Il faut d'abord une bonne répétition !

Nous nous sommes embrassés, et encore, et encore. Et à l'extérieur de la serre, on criait, on riait.

— Embrassez, embrassez !

Nous nous sommes embrassés sans arrêt. Je n'ai pensé à rien, réfléchi à rien.

Et brusquement, c'était fini. Quelqu'un a crié :

— Tout est dans la boîte. Ça a très bien marché !

Ils riaient tous. Je suis vite allée dans ma loge pour me démaquiller.

Je suis vraiment reconnaissante à Claus. Un chic type. Mais je le garde pour moi. Je l'avais toujours trouvé bien.

9 juin 1954

Nous sommes allés au *Gärtnerplatz-Theater* pour voir *Valse d'adieu*. Nous, c'est Mammi, Daddy et moi, car Mammi et Daddy sont pour plusieurs jours en visite à Munich.

Nous sommes sortis du théâtre de bonne humeur, assez joyeux pour aller ensuite à l'hôtel *Vier Jahreszeiten*, où Daddy avait rendez-vous avec M. Walterspiel qui dirige le restaurant le plus connu, et peut-être aussi le meilleur, de Munich. Nous nous sommes retrouvés dans le hall. J'adore les halls d'hôtel. Ils sont vieux, ou du moins ils en ont l'apparence. Les tableaux aux murs, les lourdes tentures, les grands tapis sur lesquels on marche comme sur des nuages — tout respire le parfum un peu sévère du soi-disant « Grand Monde ». C'est idiot. Le grand monde n'a pas d'odeur. Il sent seulement le parfum des jolies femmes, des gros cigares de millionnaires, des yachts luxueux, des voitures américaines, des équipements de golf — que sais-je ?

Ernst Marischka et sa femme Lilli étaient déjà arrivés. Marischka est metteur en scène, il est même très célèbre. Mammi les connaît bien, depuis longtemps. Salutations amicales. Mammi me présente comme font les mères, en se donnant un air d'indifférence. Mais même un aveugle voit qu'elles sont fières dans le fond de leur cœur. Or Mammi n'a aucune raison, je trouve, de me mettre à l'écart, car je ne suis pas une ratée complète. Jusqu'à présent du moins. Ne parlons pas de l'école !!!

M. Marischka a déjà vu *Les Lilas*. Il était assis dans un fauteuil et ne disait rien.

C'est l'heure de déjeuner. Il y a du bœuf au raifort ! J'en raffole.

10 juin 1954

Je n'ai finalement pas pu continuer à écrire hier. Je viens de boire une citronnade qui agit comme de l'alcool sur moi. Je deviens gaie comme un pinson après, presque comme si j'avais pris une cuite. Ainsi émoustillée, j'écris deux fois plus vite. (Un journal intime est une charge, une fois commencé.) Donc, Marischka était assis dans son fauteuil, muet comme une carpe. Il me regardait tout le temps, et moi je le regardais aussi. Pourquoi pas ? Je le trouve agréable.

Ça semblait réciproque.

Finalement, il poussa un soupir :

— Je sais maintenant pourquoi je suis malheureux !

Cette phrase, je vais la retenir. Rien de tel pour attirer l'attention générale sur soi. Chacun veut savoir si, quand ou pourquoi on est malheureux.

Ainsi parlait Marischka (la citronnade !! je deviens sotte !!!). Et puis, il explique pourquoi. Il préparait un nouveau film, *Les Jeunes Années d'une reine*. Quelque chose de semblable avait déjà été filmé avec Jenny Jugo dans le rôle principal. Marischka avait écrit le scénario à l'époque, comme aujourd'hui.

— Tout cela est bien beau, dit-il. J'ai même déjà quelqu'un sous contrat. Mais quand je vois Romy là, devant moi, assise...

Silence significatif.

Je sentais tous mes membres frémir. Romy, assise ? Il ne parlait pas sérieusement. Ou si ? Après tout, il s'appelle Ernst (= sérieux en allemand).

Et il disparut.

Mammi, Daddy et moi, nous nous sommes regardés. Ça alors !

Romy en Reine Victoria.

Le film relate essentiellement la première rencontre, fortuite, entre la reine d'Angleterre et un prince Cobourg, je crois qu'il s'appelle Albert.

Après une demi-heure, Marischka revint. Il était réjoui comme un bonhomme de neige. Il avait aussi fait venir M. Tischendorf de la firme de distribution *Herzog*.

— Bon, les enfants. J'ai décommandé l'autre. Elle tournera un autre films : *Ma Sœur et moi*. Romy jouera la reine !

Ce n'est pas rien, hein ? J'ai dit oui. La petite Romy fait son chemin. Quand j'y pense, je me sens défaillir.

Fait le 10 juin 1954.

Victoria
(Reine d'Angleterre)

1er août 1954

Feu d'artifice est terminé. J'ai eu mon Claus et Lilli Palmer a gardé son Karl Schönböck. Comme prévu dans le scénario.

Je suis en vacances, enfin. Après un long tournage, on est tout retourné, d'où sans doute le nom « tournage »...

Je me réjouis déjà beaucoup des *Jeunes Années,* mon véritable premier rôle !

Victoria était une femme sensationnelle. J'ai étudié comment elle s'y prenait en tout et comment elle a régné. Toute une époque porte son nom : l'ère victorienne. Pour les Anglais, c'est comme pour nous un peu « le bon vieux temps ». Dans le passé je me suis souvent demandé comment ce doit être de naître princesse. Et maintenant, me voilà reine. Il faut que j'écrive ça immédiatement à Goldenstein. Monik et Margit se réjouiront pour moi, mais les autres seront folles de jalousie. Qu'elles le soient, tant mieux !

1er septembre 1954

Mon Dieu, depuis combien de temps je n'ai plus rien écrit dans mon journal ! C'est à cause des préparatifs des *Jeunes années d'une reine*. Même à Berchtesgaden, j'ai dû apprendre mon rôle. A présent nous voilà à Vienne. Vienne ! C'est comme dans un rêve. Ma ville natale. J'en suis tout émue. C'est probablement dans ma tête, mais en entrant dans la ville, je l'ai trouvée déjà familière. Les gens ont un accent charmant, tout est si nonchalant ! Si je savais écrire des poèmes, je le ferais. Mais Vienne ne rime pas avec beaucoup de choses — ancienne, mienne, sienne. Je n'ai plus d'idées. Nous habitons à l'*Ambassador*. Demain, Mammi me montre la ville.

J'ai la tête qui tourne, comme la grande roue dans le Prater. Si je devais dire ce qui m'a enchantée le plus, je ne le saurais pas. Vienne est une ville passionnante. Malgré les Américains et les Russes. Ici pas de complications, comme à Berlin par exemple. Un chauffeur de taxi m'a raconté : « Vous savez, nous on ne les prend pas au sérieux, les alliés ! » Ils font partie du décor, pour les Viennois. Je trouve ça bien. Et les Russes et les Français sont au bout d'un certain temps gagnés par l'esprit viennois. Eux aussi se laissent un peu aller ; ils dégustent le vin de l'année, et à ce moment-là il commence à y avoir une bonne ambiance.

A présent je me souviens de ce qui m'a le plus enchantée. Les gros gâteaux au *Café Demel*. J'en ai encore le goût dans la bouche. Si au moins je pouvais manger davantage ! Mais

Mammi freine : « Stop, tu va devenir trop grosse. Victoria était mince comme une liane. » Elle a raison. Mais la reine était aussi plus petite que moi. Demain j'irai en cachette encore une fois au *Café Demel* pour me régaler de gâteaux. Il me reste assez d'argent de poche. Ça tombe bien que j'y pense : je dois absolument avoir un entretien avec Mammi au sujet de mon argent de poche. Maintenant, puisque je gagne moi-même de l'argent, il devra être considérablement augmenté. Une reine ne doit pas être à court d'argent !!

3 septembre 1954

Je dois rencontrer Rudolf Vogel, avec lequel j'avais déjà tourné *Feu d'artifice*. Ça commence à devenir amusant. On finit par connaître un tas de gens. Il paraît que Karl Ludwig Diehl est aussi très sympathique. Mon cœur bat assez fort. Mais c'est bon signe. Tant qu'on redoute encore le premier jour de tournage c'est qu'on est en forme, et on se donne du mal.

Au secours !! J'ai oublié quelque chose d'important : le premier bal du cinéma à l'hôtel *Esplanade*. Je voulais toujours en parler. Quelle histoire ça a été, à Berlin ! Ce soir je rattraperai ça.

Mon premier bal du cinéma ! Il y a quelques mois encore j'étais une spectatrice parmi d'autres qui attendaient l'arrivée des vedettes ; je trouvais ça passionnant et féerique.

Je m'en souviens très bien : je lisais les articles dans les journaux sur les bals du cinéma, et j'admirais aux actualités les stars qui descendaient des escaliers avec une grâce inimitable, se faisaient photographier et interviewer, montraient en souriant des dents blanches... Alors, mon cœur battait, débordant d'enthousiasme, et je regardais fixement, à la fois curieuse, timide et charmée, les brillants galas qui s'offraient à mes yeux.

Or soudain, presque en une seule nuit, je me trouve moi-même placée au milieu de cette atmosphère.

Vues de près, beaucoup de choses brillent moins fort que je ne l'avais imaginé, mais d'autres sont encore plus belles qu'un rêve.

L'arrivée spectaculaire des voitures, la foule qui veut apercevoir ce monde scintillant, et moi je scintille aussi ! Je traverse le hall à côté de Mammi, on me présente, je salue, on me salue — je ne sors pas du rêve !

Soudain, je me trouve devant tous ceux qui faisaient partie de mes rêves — et ils sont charmants avec moi !

J'en connais déjà quelques-uns. Il y a Willy Fritsch. Je danse avec lui. Les autres, je refuse, à regret ! Je ne suis pas du tout fière, mais j'ai simplement peur de me couvrir de ridicule. Avec les quelques pas de danse que je connais ! Mammi est assise à côté de moi. Je l'admire sans réserve. Elle parle avec tous et s'amuse bien... à côté d'elle je dois avoir l'air d'une petite oie !!

Je me le suis juré, il faut que ça change. Même si je dois m'entraîner devant la glace chaque soir !!

7 septembre 1954

C'est merveilleux mais difficile de tenir le rôle principal.

Avant de commencer les *Jeunes années d'une reine,* le caméraman m'a parlé sérieusement. Bruno Mondi s'y entend. Nous nous sommes promenés, au moins une demi-heure. Il m'a dépeint ce qui m'attend. Jouer une reine d'Angleterre. Jenny Jugo avait été brillante dans le premier film réalisé avec Erich Engel comme metteur en scène. Il faudrait que je sois au moins à cinquante pour cent aussi bonne qu'elle. Il ne l'a pas dit en ces termes, mais c'est ce qu'il voulait dire, certainement.

Mammi n'était pas contente quand je lui ai raconté l'entretien. Elle me met en garde pour que je ne me laisse pas détourner. Mais je suis bien contente d'avoir appris tout ça. Auparavant, les futurs acteurs de cinéma devaient fréquenter des années une école d'Art Dramatique avant qu'on songe à leur donner une chance. Et moi j'arrive là et je vais jouer le rôle de la reine du premier coup. J'y arriverai, non mais sans blague !!...

12 septembre 1954

Nous avons un très gentil metteur en scène assistant. Il s'appelle Hermann Leitner.

13 septembre 1954

Je pourrais sans arrêt danser et faire la folle. J'ai tout le temps l'air de *Limelight* en tête. Je suis couchée depuis un bon bout de temps, mais dormir... je n'y arrive pas ! Pourquoi ? Je ne le dirai pas. Moi, je sais et je n'oublierai pas.

15 septembre 1954

Nous avons une journée de travail terrible derrière nous. Je tombe de fatigue. Leitner est vraiment gentil. Nous nous entendons à merveille !!!

16 septembre 1954

La Baronne Kodac me donne des leçons d'équitation. Eh bien, c'est réussi ! La nuit je dois rester couchée sur le ventre, et le jour je peux à peine m'asseoir, tellement j'ai mal. Diehl a de la chance. Il sait déjà monter. Il m'a dit que la première fois c'était toujours douloureux, il est passé par là... faible consolation !

21 septembre 1954

Dans deux jours c'est mon anniversaire. L'année dernière, à Wiesbaden, c'était formidable. Je suis curieuse de voir comment ça se passera cette année. J'espère qu'ils y penseront. Bien sûr ! Puisque Mammi est là. Mammi pense à tout. Je vais avoir seize ans. Je vieillis lentement. Pour l'instant c'est encore agréable de prendre de l'âge. Les gens commencent à vous prendre un peu plus au sérieux. Encore quelques années, et je voudrais m'arrêter de vieillir, comme Hans Albers dans ce vieux film de l'*UFA* que j'ai vu récemment. « Münchhausen » s'appelait l'homme qui restait éternellement jeune. Est-ce que ça existe aussi pour les filles ? Je veux dire dans les contes de fées ?

24 septembre 1954

C'était tout simplement divin, magnifique, un rêve. Quand je suis arrivée au studio à Sievering, il y avait déjà une atmosphère particulière. Tout me paraissait avoir un air de fête bien que rien ne semble changé.

Et soudain la mélodie de *Limelight* est venue des coulisses. Mon disque préféré ! Mammi l'avait mis. Elle se tenait au fond, rayonnante, se réjouissant de ma joie. En haut du pont fut déroulée une affiche géante.

« Meilleurs vœux à notre Romy », ou quelque chose de semblable. Tous venaient me présenter leurs vœux. Mammi pleurait un peu en cachette, et moi, j'étais aussi tout émue. On avait préparé une table d'anniversaire croulant sous les cadeaux. Tout pour moi. Mille choses. Si je les énumérais, je n'arriverais pas à dormir avant demain matin. Il y avait entre autres un poudrier en or, constellé de rubis. Et pour mon bracelet, j'ai reçu de nouvelles breloques. Je le possède depuis *Feu d'artifice*. Je collectionne les pendentifs, et leur nombre augmente !

Mais une larme amère doit toujours tomber dans la joie, plouf ! Juste à mon anniversaire, j'ai découvert que je couvais une angine. J'avais affreusement mal à la gorge. L'après-midi, je me suis fait badigeonner la gorge. Je me suis tout de suite sentie mieux. C'est peut-être aussi un peu d'imagination.

Le soir, nous avons fêté l'événement longuement au *Stadtkrug*. Vienne est merveilleuse ! Mon deuxième anniversaire dans ma « ville natale ». L'idée ne me serait pas venue quand j'ai vu le monde pour la première fois, il y a seize ans, en poussant mon premier cri. Je suis *très* heureuse.

2 octobre 1954

Daddy vient de téléphoner à Mammi. Du reste, ils s'appellent tous les jours. Et là il a dit que si je réussissais les *Jeunes années,* nous partirions ensuite pour un voyage en Italie !! Mon premier vrai voyage à l'étranger. C'est sensationnel !!! Tout à l'heure, nous allons au théâtre. Je dois encore me changer.

7 octobre 1954

J'ai encore envie de pleurer quand j'y pense. Aujourd'hui, premières prises de vue. Moi en avant avec Diehl. Quelques mises au point, une fois devant, une fois de côté. Le tout au Prater. La scène se passe à Hyde Park, à Londres, mais Ernst prétend que le Prater de Vienne lui ressemble.

Nous avons d'abord procédé à quelques répétitions, moi en selle, montant avec aisance, comme les reines. Puis je suis passée au galop.

La pelouse, qui ressemble à celles de Hyde Park, posait un problème : partout des trous. Une pelouse n'est évidemment pas une autoroute. Quand on s'en est aperçu, il a fallu d'abord que plusieurs ouvriers aplanissent notre parcours d'équitation. Quelle affaire si un cheval s'était accroché le sabot dans un de ces trous ! La patte cassée, et nous un plongeon dans l'herbe ! La scène aurait été infailliblement ratée. Mais il est arrivé pire.

Nous devions passer à côté d'un marronnier. Une énorme branche pendait. Avant de continuer, il fallait la scier. Et puis s'est produit le malheur !

Seulement à la deuxième prise. Nous étions encore assez frais, c'était le matin. Lorsque nous sommes passés à côté du marronnier, j'ai ressenti soudain comme un coup de fouet au visage, avec le même sifflement. J'ai crié ou je n'ai pas crié... je ne sais plus. Je me souviens seulement que j'avais mal. J'avais une énorme éraflure en travers du visage, venant probablement d'une mince branche qui était passée inaperçue. A deux millimètres près, j'avais l'œil crevé ! J'ai eu peur.

Il est vrai que la reine d'Angleterre peut difficilement galoper avec une écorchure, dans le film. Ma joue a enflé comme un beignet. Elle ne se gêne pas ! Je n'ai qu'un souhait :

ma chère petite joue, reprends ta place ! Rentre-toi comme un escargot ! Qu'allons-nous devenir !!!?

8 octobre 1954

Ça va. On me maquille simplement davantage, et on ne voit rien. D'ailleurs, ma joue a exaucé mes vœux. Elle se rétracte lentement. Hermann Leitner m'a assuré que tout serait bientôt terminé.

9 octobre 1954

Cette scène d'équitation est maudite ! Là, c'est tombé sur Diehl. Ça s'est passé à la reprise. Diehl et moi nous galopions à nouveau vers ce maudit marronnier, à vive allure. Soudain, Diehl tombe de cheval.

Des secouristes se précipitent. Il est allongé par terre, il gémit, livide, comme s'il allait mourir d'une seconde à l'autre. Les secouristes sont inquiets.

— Quel âge avez-vous, monsieur Diehl ? demande l'un.

— Cinquante-huit ans, gémit Diehl.

Cette réponse rend les secouristes encore plus anxieux. En effet, ils envisagent immédiatement quelque chose d'aussi grave qu'une lésion de la moelle épinière ou un déplacement de vertèbres. En réalité, deux côtes étaient cassées et Diehl dut être immédiatement hospitalisé.

Je ne comprends toujours pas comment cela a pu arriver. Notre explication : Diehl a dû mal suivre le mouvement de son cheval. Il faut toujours épouser le mouvement quand on monte, sinon on sort du rythme et on reçoit une belle leçon. Il ne reste alors plus qu'une chose à faire : vite se cramponner pour ne pas se retrouver à terre en un clin d'œil. Diehl n'a pas dû être suffisamment attentif — et le malheur s'est produit. Et en plus, son cheval galope lourdement, beaucoup plus lourdement que ma Stella.

Qu'on dise encore que la vie d'actrice n'est pas dangereuse ! Il faudrait toucher une prime de risque. Espérons que Diehl se remettra bientôt !

10 octobre 1954

Ce dimanche-ci nous nous sommes régalés.

Nous étions invités chez les Marischka. Lilli fait une cuisine délicieuse, la vraie cuisine viennoise.

La maison d'Ernst se trouve dans la Blechturmgasse. Vue de l'extérieur elle est affreuse, mais pas de l'intérieur !

C'est ravissant chez eux.

Nous avons beaucoup parlé cinéma. Ernst est charmant. Il n'hésite pas à montrer qu'il est content de quelqu'un. Il ne grogne pas constamment, mais a même un mot gentil pour tous. Et ça fait du bien, comme un baume, un petit compliment !

12 octobre 1954

Je suis désespérée ! C'est affreux : mes yeux deviennent tout rouges ! C'est arrivé inopinément... une conjonctivite peut-être ? Mes paupières sont rouges et gonflées. La cause ? J'ai déjà été à la pharmacie de nuit avec Hermann pour chercher une pommade. Hermann pense que ce n'est pas grave et que ça passera vite. S'il le dit, ce doit être exact. Mais ça reste épouvantable. Est-ce que je me suis trouvée dans un courant d'air ? On dit aussi que l'air contient beaucoup de poussière granitique, à Vienne. Je me demande si mes ennuis viennent de là.

13 octobre 1954

J'ai terriblement peur. Ma peau est rugueuse et elle pèle. Au moment de me démaquiller le soir, voilà que cette vilaine conjonctivite réapparaît. Je semble pourtant aller mieux ! Mes yeux sont collés. Je suis à bout, effondrée ! Ça ne peut pas être la faute du maquillage, j'applique avant une couche de vaseline. Je suis allergique à quelque chose ! Demain, je dois aller voir un spécialiste des yeux.

14 octobre 1954

Le Dr Safar m'a prescrit des piqûres de calcium et des

cachets. Ça provient sûrement du maquillage. Il n'en était pas sûr, lui.

18 octobre 1954

C'était le jour des gros plans. Une fois démaquillé, mon visage était à nouveau hideux ! Je me regardais dans la glace avec une terrible envie de pleurer ; c'est effrayant. Je suis finie s'il n'y a pas d'amélioration !

22 octobre 1954

Le Dr Safar m'a prescrit des compresses de camomille ! A présent je tourne une journée entière, puis j'arrête pendant trois jours. Que vais-je devenir ?

24 octobre 1954

Vive la camomille ! Tout s'est évanoui, à la manière d'un fantôme. Mais ça peut revenir. Surtout pas, surtout pas, j'espère ! Rien de plus horrible. Si ça se trouve, je n'aurai plus jamais de rôle au cinéma.

1er novembre 1954

Fini, terminé, le tournage. Mais je me console. Mon prochain film, je le tournerai à nouveau à Vienne : *Deutschmeister*. Je ne travaillerai pas avec Adrien Hoven cette fois-ci, ni avec Rudolf Vogel, ni avec Karl Ludwig Diehl que j'aime tant. Ernst assure à nouveau la mise en scène : toutefois, il a pris un autre assistant. Hermann entre à la *Berolina* à Berlin. Je le considère comme un des meilleurs assistants. Et Ernst renonce à lui !!?

Avant tout, nous prenons d'abord des vacances, comme Daddy l'a promis. J'emporte mon journal. Mais je n'écrirai que l'essentiel ! Je veux cette fois bien paresser et goûter l'existence, respirer, bien profondément. Saluuut ! Nous prenons l'avion !

5 novembre 1954

Rome, la ville éternelle. Je n'ai pas de mots. Le voyage a été féerique. Dans l'avion, j'ai aperçu Audrey Hepburn et Mel Ferrer. J'adore Audrey ! Dans *Vacances romaines* elle était tout simplement renversante. J'aurais aimé jouer ce personnage. Les différentes scènes sont restées gravées dans mon esprit. Ici, à Rome, elles me reviennent. Audrey est associée à toutes ces places célèbres qu'on voit dans le film.

Le ciel est bleu comme dans un conte de fées.

Villa Borghese, le Vatican, *Fontana di Trevi*. Nous sommes allés à la Basilique St Pierre pour la béatification d'une religieuse. Ça restera une de mes impressions les plus fortes. La Mère Supérieure aurait dû me voir ! Je vais lui envoyer une carte postale !

6 novembre 1954

Il fait indescriptiblement beau. Nous avons quitté Rome par sa célèbre gare *Stazione Termini*. Un peu avant Naples, j'ai vu pour la première fois la Méditerranée. Elle ressemblait à un immense tapis entre des palmiers et des orangers, au milieu d'un château enchanté. Et les petites couronnes d'écume faisaient penser à des diamants étincelants éparpillés. Le soleil brille beaucoup plus que chez nous, il est plus beau ici. On croirait que le soleil porte un diadème... l'enthousiasme me fait débloquer. Ou alors c'est un coup de soleil. Pas étonnant, par cette chaleur !

7 novembre 1954

Nous n'avons pas de chance ! Le soleil a dû se vexer que j'aie dit avoir un « coup » de lui. Sorrente, Capri... et puis du mauvais temps ! Nous habitons au *Quisiana*. C'est pénible de manger des spaghettis. Je m'emmêle sans cesse. On a le temps d'avoir faim en mangeant. C'est probablement voulu, car en Italie il ne s'agit que d'une entrée.

10 novembre 1954

Nous sommes de retour à Naples. La nuit en bateau fut

unique. J'étais toute seule sur le pont. La mer était déchaînée, mais je n'ai pas eu le mal de mer. Et puis la lune s'est levée. Jamais je n'avais assisté à un tel lever de lune. Progressivement, la nuit devint grise, ensuite argentée. C'était d'une beauté irréelle, et j'ai pleuré devant tant de beauté. Le bateau avançait comme un dragon dans les flots. Avec moi sur son dos, qui rêvais. Plus tard, je referai ce trajet. Mais certainement pas seule !!!

14 novembre 1954

Syracuse. Il fait très chaud et très sale. Nous avons participé à une visite guidée et vu la madone miraculeuse. Puis nous avons pris le train pour Taormina. Quand on pense que nous sommes en novembre, et ici c'est encore l'été ! J'aime le Sud, la chaleur. L'hiver est beau aussi. Mais avant de frissonner je préfère transpirer !

Nous sommes descendus à l'hôtel *San Domenico*. C'est un hôtel exquis. Son jardin est connu dans toute la Sicile. Je passe la journée dans l'eau, je nage, je me baigne et je me repose au soleil. Alida Valli habite ici.

Et encore une personnalité, allemande celle-là. L'homme de théâtre Gustaf Gründgens. Il me connaissait, il avait vu mes films et il m'a dit paternellement : « Continue comme ça ! » C'est promis !

16 novembre 1954

Je crois que le paradis qu'Adam et Eve habitaient n'était pas plus beau. En plein novembre, tout est en fleurs ici. Les orangers sont magnifiques. Le jardin d'Eden devait sentir pareil. Ça ne m'étonnerait pas que je me réveille soudain et que je sois le premier être humain, ou plutôt le second. Je sais du reste parfaitement qui serait le premier. Je le connais bien !

26 novembre 1954

Ce fut un rêve. Me voilà à nouveau à la maison, à Cologne. Les bonnes choses passent particulièrement vite. Un beau voyage, un beau film, tout. Avant de s'en rendre compte, on se réveille, et tout est comme avant. Seul le souvenir demeure. C'est ce qu'il y a de plus précieux dans la vie, je crois. Nous avons traversé la botte de l'Italie en train, toujours le long de la mer. C'était curieux de voir monter le train entier sur un bac pour traverser le détroit de Messine. A Rome, nous sommes descendus à l'*Excelsior*, et ensuite nous avons pris l'avion, un super-constellation d'Air India. Nous avions le vent dans le dos et, à peine installés, nous étions déjà arrivés. Rome-Düsseldorf en trois heures.

8 décembre 1954

Les *Jeunes années* sortiront à Noël. Je n'ai même pas vu le film depuis qu'il est terminé. C'est ce qu'il y a de plus excitant. On tourne chaque scène séparément en se donnant de la peine. Et seul l'ensemble est décisif. Mais Ernst a bien fait les choses. Hermann aussi. Il n'était pas seulement assistant, il a également monté le film. Il aura sûrement éliminé les endroits où j'étais mauvaise... Par exemple, quand j'avais les yeux rouges ! Espérons que ça ne se verra pas !

14 décembre 1954

C'est une sensation curieuse, quand je sors dans la rue maintenant. Parfois les gens se poussent du coude en disant : « N'est-ce pas Romy Schneider ? »

Et ils me dévisagent.

C'est agréable et agaçant à la fois. Je me sens tiraillée. Une fois je suis fière, une autre fois j'aimerais m'asseoir dans un bistrot et manger une saucisse sans que personne ne me regarde et m'examine pour voir comment je m'y prends et si je me tiens bien à table. Ou si au contraire je me tiens mal et pourquoi.

Je suis terriblement tendue en pensant à la Générale. Pourvu que ce soit un succès ! Ce serait mon plus beau cadeau de Noël. Après-demain, ça y est !

20 décembre 1954

Je suis pareusseuse, inerte, fainéante. Tout ce cinéma est au fond assez malsain. Durant des semaines, on trime comme une bête. On s'arrange pour terminer à telle ou telle date — mais on n'y arrive pas. Il pleut parfois à longueur de journée, le soleil dont on a grand besoin ne se montre pas et on reste plusieurs jours sans tourner ! Tout se décale, on prend de plus en plus de retard ; finalement on se traîne, énervé et fatigué, d'un coin à un autre... A un moment où on voudrait depuis longtemps déjà être autre part — à la maison, en vacances, n'importe où...

Ici, à Cologne c'est extra. Daddy a libéré un appartement charmant à l'hôtel *Bellevue* à Rodenkirchen, directement sur les bords du Rhin. Quand nous arrivons, l'hôtel ferme tout simplement et nous avons la paix. Du salon de Mammi, on a vue sur une boucle du Rhin. Les péniches vont et viennent. C'est calme, infiniment calme et paisible. Le fleuve brille dans le soleil d'hiver. Il se traîne, paresseux, à son aise dans son lit comme si ses pieds s'étaient endormis. Moi aussi, je suis capable de dormir tout le temps !

Pour le moment j'ai deux films à tourner l'année prochaine : *Deutschmeister* avec le fils de Siegfried Breuer, et *Sissi,* sans doute avec Karlheinz Böhm. Je suis gaie comme un pinson !

21 décembre 1954

Des vacances à Berchtesgaden ! Je suis comme en visite chez moi. C'est merveilleux d'être à nouveau ici, dans mon cher *Mariengrund,* loin de tout ce tourbillon, loin du monde, seule avec Mammi et les deux chiens Ajax et Seppl. Daddy nous rejoindra dans quelques jours. Je suis très heureuse d'être à la maison. Aujourd'hui, le temps était splendide. Il neige joliment. J'ai été au village avec Mammi. Là, nous nous sommes tous réunis au salon de chasse. Il y avait une chouette ambiance.

20 janvier 1955

Plusieurs jours, où je me suis crue au paradis, se sont déjà écoulés. Nous sommes allés sur le Jenner; nous avons assisté aux championnats de ski allemands, nous avons fait de merveilleuses promenades, Mammi et moi, avec Ajax (notre charmant bébé boxer de six mois) et Seppl (notre basset de quatre ans, il est sérieux lui, un vrai basset!) C'est follement amusant de se promener avec ces deux chiens-là!

Point final. Je suis en vacances.

Les fêtes de fin d'année, passées chez nous, ont été bien belles. Pour le moment il n'y a plus rien, même le journal se repose!

Vienne, le 4 mars 1955

Mon quatrième film! *Deutschmeister.* Il a été déjà dans le passé un grand succès sous le titre *La Parade du printemps.* Pappi tenait à l'époque le rôle principal. Cette fois-ci, c'est Siegfried Breuer Junior. Je suis allée voir la première version à Salzbourg. Pappi était tout simplement renversant. J'aimerais lui plaire autant dans la nouvelle version que lui m'a plu dans l'ancienne.

Mammi et moi habitons cette fois-ci au *Sacher.* C'est l'un des hôtels les plus élégants que je connaisse. Et j'en fréquente depuis quelque temps pas mal! A Munich, Cologne, Rome, Berlin, sans oublier Syracuse...

A présent, j'ai seize ans et j'ai déjà vu un bon petit bout du monde. Des milliers de gens me connaissent sans que je les connaisse. Ça me rend souvent malheureuse. J'aimerais parler avec ces inconnus et leur demander: « Dites, que pensez-vous, honnêtement, de cette Romy Schneider? Croyez-vous qu'elle soit une oie qui se prend pour quelqu'un, ou non? » Tout est compliqué. Peut-être suis-je en fait une bulle de savon qui éclatera un jour dans un grand bruit? Alors il ne restera plus rien de moi qu'un peu de mousse. Pourtant, ce n'est pas moi qui ai fait la bulle! Je ne suis pas du tout gonflée!

Ce qui me fait penser cela ? C'est simple. Aujourd'hui j'ai bavardé avec un vieux renard du cinéma qui m'a gratifiée d'un sourire légèrement sceptique comme s'il voulait dire : « Alors, ma petite Romy, t'as beau être jolie, c'est aussi tout ce que tu sais faire. Le reste, c'est le metteur en scène qui le fait. Et un jour terminé ! Terminé le cinéma — car que sais-tu faire ? Tu n'as rien appris de correct ! » Figure-toi, je le sais depuis longtemps ! Mais ce sont là des bêtises ! *JE SUIS ENCORE JEUNE. JE PEUX ENCORE TOUT APPRENDRE !* Et je le ferai ! Je veux faire du théâtre, au besoin en province sur une pauvre scène de troisième ordre. Je débuterai par le rôle d'une bonne qui n'a qu'à dire : « Oui, Madame ! »...

Je le ferais s'il n'y avait pas d'autre moyen.

Pour le moment je me contente d'apprendre, tout en étant moi-même dans le rôle. Et même si c'est la Reine Victoria, c'est moi, ou la fille de la campagne dans *Deutschmeister*, c'est encore moi. Que viennent d'autres variations, avec un texte toujours différent. C'est moi, et je resterai moi-même !

10 mars 1955

Mes idées tournent en rond comme une roue. Je suis à bout, crevée, épuisée, complètement retournée. Je pourrais dormir sans arrêt. Pourtant, je n'en ai pas le temps. Je suis allée avec Mammi à Zurich pour la sortie des *Jeunes années ;* j'avais cru que la Suisse était un pays agréable, pas du tout ! A demain pour plus de détails.

11 mars 1955

Il faisait nuit, quelque part dans une rue de Vienne. Et il faisait affreusement froid. Nous avons tourné toujours la même scène en la recommençant sans arrêt. Et encore. Une fois, ceci ne marchait pas, une autre fois cela. Pourtant, à la fin elle paraîtra toute simple. Une fille de la campagne, de Salzbourg, pour être exact, arrive dans la capitale sur un char à foin pour voir sa tante qui est boulangère. Rien de plus !

Nous avons tourné toute la journée et toute la nuit. A trois heures et demie du matin nous avions fini ; nous étions à bout. Et le lendemain, il fallait repartir à huit heures et demie pour Zurich ! Au départ, tout avait été prévu différemment, nous nous étions arrangées pour arriver en train, mais nous sommes parties en avion.

A peine à bord, je m'endormis, si on peut appeler cela dormir. Mon visage était blanc comme un linge, j'étais malade comme un chien et je me disais : « Si je passe ce cap, c'est que j'ai une santé de cheval. » Je l'ai passé.

A l'aéroport de Zurich, une voiture nous attendait et nous voilà en route, à toute allure.

On nous avait annoncées arrivant par le train, et non par avion ; impossible de changer, dans le milieu du cinéma ! La gare de Zurich était noire de monde. Il fallait donc que nous arrivions par le train !

Donc nous avons foncé à une gare, la dernière avant Zurich, et nous sommes montées dans le train que nous aurions dû prendre à Vienne. Et nous voilà entrant officiellement en gare de Zurich ! J'aurais préféré me glisser parmi le public et assister à ma propre réception, en spectateur, de loin. Mais même cela n'aurait pas été un plaisir, tellement j'étais encore mal !!

Tout tournait autour de moi, et je crois que j'ai rêvé pendant les paroles d'accueil, puisque je ne pouvais pas dormir.

Après j'ai rattrapé tout mon sommeil.

Puis nous avons déjeuné avec les Stohlers de la maison *Elite-Film* au restaurant *Ermitage* tout au bord du lac. Rien de tel qu'un bon déjeuner pour vous remettre en forme. Avant la soirée, une surprise nous attendait : une interview à la télévision. C'est une invention du diable. La télévision ne m'est guère familière. Les quelques programmes que j'ai vus jusqu'à présent, je peux les compter sur les doigts. En plus, je les ai trouvés insipides. Eh bien, ce n'est pas moi qui ai remonté le niveau de la télévision. Devant la caméra je me suis trouvée aussi niaise que le reste de cette journée. Un échec complet.

Mammi tenta de me consoler en me disant que même pour un acteur chevronné une telle interview est difficile. Honnêtement, sur le moment cela m'était indifférent. Toute la journée j'avais été d'une humeur de fin du monde — peu importaient ces quelques minutes. J'avais tout simplement été mauvaise. Et je n'aurais pas été surprise que les gens à Zurich montent sur scène après la représentation des *Jeunes années* pour me siffler, au lieu de m'applaudir. Dieu merci, personne ne m'avait encore vue à la télé. Ils ont tous applaudi, et comment ! Ce fut un immense succès, qui m'a réconciliée avec tout le reste, avec le char à foin de Vienne, le mal de l'air, enfin avec tout. Rien de plus beau que d'avoir du succès !

15 mars 1955

Entre-temps, me voilà de nouveau à Vienne. On va croire que tout s'est bien terminé à Zurich. Faux ! Au retour, nous n'avons pas pu prendre l'avion, à cause des Russes. Ça paraît drôle, mais c'est vrai. Que voulaient les Russes à Zurich ? Rien ! Mais l'un d'eux se trouvait à Vienne. A cause de lui, impossible de sortir de Suisse en avion. En effet, Molotov était venu à Vienne pour signer un accord ou quelque chose de ce genre. Je sais seulement que l'Autriche doit retrouver sa liberté, et que les Forces d'Occupation ont promis de se retirer le plus rapidement possible. Excellente idée (même si elles ne m'ont pas particulièrement dérangée). Du reste, comment auraient-elles pu le faire ? Puisque M. Molotov se trouvait à Vienne, aucun autre avion n'avait le droit d'atterrir. Je trouve ça un peu exagéré, car je ne lui aurais rien fait. Quand je le vois dans les magazines, je ne le crois pas capable de détenir la moitié du pouvoir qu'il possède. Il a l'air d'un professeur, ce qui n'est pas péjoratif. D'ailleurs je suis toujours en correspondance avec la Mère Supérieure !

Nous sommes, par conséquent, restées un jour de plus en Suisse. J'ai pu m'acheter, dans la Bahnhofstrasse, avec des francs suisses, une ravissante paire de chaussures Bally. Ensuite nous sommes allées avec les Stohlers au cinéma. C'est curieux, tout le monde semble en passer par là. Dès qu'on pourrait laisser derrière soi tout ce qui se rapporte au métier on ne le fait pas. Le cinéma est comme une drogue douce. Une fois qu'on y a goûté, on ne peut plus s'en passer ! J'adore aller au cinéma. Plus que jamais. Nous avons vu Marina Vlady dans *Le Blagueur*. Je la trouve mignonne. Elle a mon âge : seize ans. Mais quelle démarche ! Une professionnelle ! Que dis-je ? Marilyn Monroe est une pâquerette effeuillée à côté d'elle. Il vaut mieux que j'arrête. Je commence à délirer !

16 mars 1955

Munich. Enfin de nouveau à Munich après une longue absence. La ville est je ne sais quel mélange de Berlin et de Vienne. J'ai lu récemment qu'elle comptait à présent plus de nouveaux arrivants que de Munichois. C'est absurde. Risible. Surtout, que les Munichois n'entendent pas ça !

Je dois recevoir un prix : c'est le but de mon voyage. Je me sens pleine d'allant comme un cheval, un jeune trotteur, qui a été bien guidé et qui est arrivé à gagner sans galoper. Pendant que je suis ici, j'irai certainement encore une fois dans le bar *Bei Heinz*.

17 mars 1955

Je n'ai pas réussi à aller à *Bei Heinz*, mais j'ai eu mon prix. Il me faut expliquer ce prix pour que je puisse m'y retrouver quand je serai vieille, car je risque d'avoir oublié.

Il existe plusieurs revues de cinéma qui jouent un rôle important parce qu'elles sont lues par tous les propriétaires de salles. Et ces messieurs décident finalement si, par exemple, ils passeront dans leur salle un film avec Romy Schneider.

Une de ces revues s'appelle *Le Dernier Film*. Elle fait tous les ans des sondages pour savoir auprès des propriétaires de salles de cinéma qui seront « les stars de demain ». Nous avons été choisis, Karlheinz Böhm et moi, comme favoris de « La nouvelle génération des stars ».

Barbara Rütting, Walter Giller et Claus Biederstaedt, par contre, sont de « La nouvelle génération des acteurs ». La nuance est subtile, mais elle existe!

Le rédacteur en chef de la revue, Horst G. Feldt, nous a remis nos prix. J'ai reçu une jolie diligence en porcelaine de Meissen, qui a au moins cent cinquante ans. Enormément de photographes étaient présents.

J'étais heureuse de revoir Claus. Depuis *Feu d'artifice*, nous ne nous étions pas rencontrés.

Le soir, nous avons fêté l'événement près du lac de Starnberg. Mammi et Daddy se sont amusés autant que moi. J'ai dansé avec Kai Borsche et j'ai fait la connaissance d'un tas de collègues, Hans Albers, Fita Benkhoff, Winnie Markus, Margot Hielscher, Renate Mannhardt — tous ceux et celles qui participaient à la soirée.

Ce fut très gai. Margot Hielscher est venue avec son chien, Karlheinz Böhm était accompagné de sa femme; une vraie fête de famille. Les prix ont été décernés dans les studios de Geiselgasteig, dans le hall nº 2, où Martine Carol tournait avec Max Ophuls *Lola Montez*. Ça, j'aimerais bien le jouer aussi un jour.

20 mars 1955

J'ai l'impression de retourner à l'école. Je connais bien ce paysage! Nous tournons les extérieurs de *Die Deutschmeister* à Golling, tout près de mon ancien internat. Il n'y a qu'un saut d'ici à Goldenstein! Hier, deux élèves habitant Golling sont venues me voir. Je les avais peu connues à l'époque, car elles n'étaient pas dans ma classe. Malgré ça, c'était sympa. Il y a si peu de temps que j'étais encore sur ces bancs d'école, et maintenant ça me semble si loin!...

26 mars 1955

Doris habite avec sa mère à Strobl. Nous avons fait un saut à Berchtesgaden pour prendre le café et des pâtisseries.

10 avril 1955

Lorsque nous avons commencé à tourner à Vienne *Die Deutschmeister* en couleurs, il y a trois semaines, j'ai eu un léger chagrin. Le scénario veut que j'arrive de Salzbourg à Vienne, chez ma tante, accompagnée d'un chien. J'avais pensé que notre basset Seppl pourrait tenir ce rôle. Mais Ernst, le producteur, auteur du scénario et metteur en scène, nous a préparé une déception. Selon lui, Seppl serait beaucoup trop bien pour le rôle. Il avait plutôt pensé à un croisement de griffon, de bouvier et de berger allemand. Finie la carrière de Seppl. Dans le film, mon chien, trouvé après de patientes recherches, semble être un croisement de chacal afghan et de hamster doré californien ; n'empêche que nous nous sommes bien habitués l'un à l'autre ; même sans pedigree, c'est une gentille petite bête.

Ma tante — c'est un peu compliqué car elle est interprétée par ma mère, Magda Schneider — est donc propriétaire d'une boulangerie à Vienne, au Burgring, où passe la sentinelle du château. C'est ainsi que je fais la connaissance du caporal Jurek (interprété par Siegfried Breuer Junior). L'intrigue part de là. Dans le scénario, je dois apprendre le métier dans la boulangerie de ma tante. Mammi sait bien faire les gâteaux et la pâtisserie de Noël, comme toutes les ménagères. Mais confectionner les petits pains et les bretzels salés ?... Alors Ernst Marischka a engagé deux véritables boulangers d'une grande boulangerie viennoise qui veillent à ce que tout se passe professionnellement très bien dans notre boulangerie de studio. Je me demande si je risque de me trouver un jour dans une situation où des connaissances en boulangerie seront exigées ; Mammi prétend qu'on n'apprend jamais assez.

A propos d'apprendre, il s'est révélé utile que j'aie joué la Reine Victoria. Ç'a été une occasion de me familiariser avec le cérémonial de la cour, en particulier avec la révérence. Dans notre film *Die Deutschmeister*, j'ai de nouveau affaire à la cour, seulement comme une fillette qui vient de Salzbourg à Vienne.

Je serai reçue en audience par l'Empereur François Joseph, interprété par Paul Hörbiger, qui accueille en plus l'Empereur Guillaume de Berlin en visite à Vienne. La révérence me sera toujours utile car, encore cette année, nous tournerons le film en couleurs *Sissi*. Il s'agit de l'histoire d'amour de la jeune impératrice Elizabeth, dont l'existence se déroule entre le lac de Starnberg et le Danube, pour être exact, entre Possenhofen et Vienne. Je me réjouis beaucoup de ce rôle ; moi-même je vais et viens entre la Bavière et l'Autriche, sans toutefois m'attendre à être un jour épousée par un empereur.

20 juin 1955

Je tremble encore de tous mes membres. Il est arrivé quelque chose d'affreux !

Hier nous nous sommes baignés longuement. Le temps était merveilleux. Tout était si beau, presque irréel ! C'est toujours dans des situations pareilles qu'on reçoit une chiquenaude pour mieux apprécier son bonheur.

Nous étions invités chez Hans Albers. Je joue avec lui dans mon nouveau film *Le Dernier Homme*.

Auparavant, nous avions fait des essais de tournage à Geiselgasteig. Tout avait marché à merveille. J'ai eu le rôle.

Nous nous trouvions donc chez la famille Albers, en bavardant agréablement. Ils ont une ravissante maison de campagne sur le lac de Starnberg, c'est vrai. Le lendemain, une course de hors-bord devait avoir lieu. Daddy y participerait.

Me voilà dans le vif du sujet.

Daddy a une passion, c'est-à-dire il en a beaucoup, mais aucune n'est aussi dangereuse que celle-là. Mammi et moi nous ne nous doutions de rien jusqu'à ce jour. Maintenant nous savons. Nous avions toujours cru qu'il ne pourrait pas arriver grand-chose à quelqu'un qui sait nager sur le lac de Starnberg — comparé à l'Adriatique, par exemple. Et c'est exact, à moins de se trouver dans un hors-bord. C'est ce que Daddy a fait aujourd'hui. Il s'agissait des championnats européens, et il a pris le départ. Nous étions au bord du lac, contents ; il a un bon bateau, il pilote bien... que craindre ? C'est ce que nous pensions. Hans Albers était là aussi. Mammi et moi nous espérions que Daddy gagnerait, ainsi sont les femmes.

C'est arrivé peu après le départ. Daddy devait foncer à quatre-vingts à l'heure.

Soudain il fut tamponné par un autre bateau, projeté la tête en avant pour disparaître, couvert de sang, dans l'eau. Notre cœur s'arrêta de battre ! Mammi poussa un cri et moi je pensais : il s'est tué, la mort était au rendez-vous !

Un Italien l'avait tamponné, Simontacchi, à cause d'une défaillance mécanique !

Un canot de sauvetage arriva immédiatement sur les lieux et repêcha Daddy.

C'était moins grave qu'on n'aurait pu supposer. Mais ça suffisait pour nous, et surtout pour Daddy : un bras et des côtes cassés, des contusions, le nez abîmé.

Il fut transporté à l'hôpital de Starnberg. Ça paraît tout simple, mais l'hôpital était complet. Heureusement, le Ministre des Transports, M. Seebohm, avait assisté à la course ; il est venu à l'hôpital arranger cela et Daddy a eu un lit. Par ce beau temps, il devra rester couché et souffrir, le pauvre !

Mammi a dit : « Le hors-bord, c'est fini une fois pour toutes. »

25 juin 1955

Nous habitons l'hôtel *Elizabeth* à Feldafing, tout près de Possenhofen, où a grandi la Princesse Sissi que je jouerai prochainement. Le château abrite actuellement la fabrique de moteurs *Rex,* et il est de ce fait moins beau qu'il ne l'était à l'époque de Sissi avant qu'elle devienne impératrice d'Autriche. Mais il reste intéressant. Je me réjouis de ce rôle !

30 juin 1955

J'ai passé quelques jours merveilleux à Salzbourg lors du

festival. Nous avons assisté à une représentation de la pièce *Intrigue et Amour.* Elle restera à jamais gravée dans ma mémoire.

J'ai aussi revu, enfin, Margit et Monika. J'avais imaginé une surprise à leur intention.

D'abord nous avons eu un chic dîner au *Gabler Bräu* à Salzbourg avec tante Marianne. Ensuite, nous sommes allées, toujours ensemble, au cinéma voir *Les Jeunes années d'une reine.* Combien de fois avions-nous été au cinéma *Mirabelle* dans le temps, pour nous laisser emporter par un monde magique et étrange ! Tout autour de nous s'évanouissait, l'internat à Goldenstein, les bancs d'école, tous nos petits ennuis.

C'était comme si l'on se faisait arroser par une douche délicieusement chaude qui emporte tout ce qui vous gêne. Plongée dans la même atmosphère, douce et familière, je sentais ces souvenirs remonter en moi, et je comprenais à quel point j'étais heureuse, parfois aussi un peu fière.

La publicité. Les actualités. Et puis mon nom scintillait là-haut, sur l'écran du cinéma *Mirabelle.*

Je ne trouve pas de mots pour dire ce que je ressentais. Tante Marianne et mes deux amies à mes côtés, j'aurais pu pleurer de joie. Ce n'était pas un rêve. C'était une réalité vivante.

Je n'ai évidemment rien laissé paraître. J'ai fait quelques remarques stupides et des commentaires quelconques sur le film, en pensant que cela pouvait intéresser Margit et Monika. Je les regardais en douce pour voir comment elles appréciaient les différentes scènes.

Mais une chose avait disparu : je n'arrivais plus, comme à l'époque de la pension, à me laisser envoûter par le monde féerique du cinéma. A chaque scène, je voyais dans ma tête le cameraman, Ernst Marischka, le metteur en scène, ou un ouvrier entre les coulisses, les câbles et les projecteurs.

L'illusion était perdue.

Et je la pleure encore aujourd'hui.

1er juillet 1955

Baden-Baden. Avec Hans Albers, je m'entends à merveille. Vraiment, je l'aime bien. Il existe déjà un film, *Mon premier amour,* où Emil Jannings tenait le rôle que joue aujourd'hui Hans Albers.

Il joue un maître d'hôtel de classe, un véritable seigneur ! Mais hélas, sa patronne qui lui devait tant et qui lui avait promis une situation à vie, meurt subitement et tout change brutalement. Albers, le seul Maître « après Dieu », est détrôné et se range, comme gardien des toilettes, à la queue du personnel. Pour Albers un personnage épatant, et pour moi un rôle merveilleux, mon premier grand rôle moderne. Jusqu'alors je ne jouais que des princesses, des reines ou bien des filles vivant il y a bien longtemps, quand personne ne pensait à la petite Romy. Cette fois-ci, enfin, un rôle qui se situe à l'époque où nous vivons.

J'ai une envie folle de me rendre au Casino de Baden-Baden, mais Mammi ne m'y autorise pas, et pourtant, je le jure, ce n'est pas pour jouer, c'est uniquement l'ambiance qui règne dans les casinos qui m'intéresse, qui m'attire.

10 juillet 1955

Entre-temps a eu lieu la première de *Deutschmeister,* dans beaucoup de villes à la fois. Moi, pour ma part, j'ai une bonne critique. De toute façon, les critiques, ce sont des gens à part. Le critique d'une ville démolit ce qui plaît tout particulièrement à celui d'une autre, et vice versa. Comprenne qui peut. Enfin, on le sait, les goûts ne se discutent pas.

12 juillet 1995

Les prises de vues d'intérieur de *Mon Premier amour* se passent à Geiselgasteig. Au fait, je dois me marier avec Joachim Fuchsberger. Je viens d'essayer ma robe de mariée, elle est vraiment sublime ! Au moment où je me suis regardée dans ma glace, j'ai eu peur, cela me semblait si réel, et pourtant ce n'est qu'un jeu. Selon le scénario, mon mariage a été empêché à la dernière seconde... Si moi un jour, je me marie, ce sera une fête magnifique. Je m'imagine déjà, rien que la préparation doit être grandiose. Et mon appartement, très chic. Moderne, avec des meubles anciens et, aux murs, des tableaux encore plus anciens. Pas de ces meubles super-modernes, où on se sent en permanence comme invité et avec des fauteuils où on ne sait comment placer ses bras.

C'est pour quand, mon mariage ? Et surtout avec qui ? Je m'imagine déjà quelque part un homme, qui travaille ou qui flâne, mais qui vit et qui m'est destiné, sans pour autant le savoir ; ça me donne une drôle d'impression.

20 août 1955

De retour à Vienne, encore une fois à l'hôtel *Sacher*. Ici, je me sens presque comme chez moi. Tous, dans l'hôtel, sont si gentils avec moi. Et leur cuisine est vraiment fantastique. Tellement fantastique qu'on a envie de chanter pendant les repas. Seule la célèbre tourte Sacher n'est pas à mon goût. Elle doit être faite pour des connaisseurs, pourtant, en ce qui me concerne, il reste assez d'autres gourmandises.

Dans les studios à Sievering, ma loge est la même que celle que j'occupais pour le tournage des *Jeunes Années d'une reine*. Je connais le portier, beaucoup des figurants ; à chaque film, on se sent plus à l'aise. C'est Karlheinz Böhm qui, cette fois-ci, est « l'empereur de mon cœur ». Je m'entends très bien avec lui. Dans le film je l'attrape comme à la pêche, dans le sens propre du mot. Je pêche le long d'un ruisseau et, au moment où l'Empereur passe sur la route, je lance ma ligne et vlan, je l'attrape, mon hameçon s'accroche au revers de sa vareuse.

1er septembre 1955

Aujourd'hui, j'ai eu la surprise de voir Joachim Fuchsberger. Il arrivait en Porsche de Munich. J'ai été heureuse de le revoir. Finalement il a été, au cinéma, presque mon époux.

24 septembre 1955

Je viens d'avoir dix-sept ans. S'il faut en croire les auteurs de scénarios, c'est à cet âge que la vie commence. On verra bien ! De toute façon, c'était merveilleux. Toute l'équipe était présente autour d'un « vin nouveau ». Le vin nouveau est, à Vienne, une véritable institution. Au moment où il fait son apparition, ce mois-ci, les rues du centre de Vienne sont désertes. Les gens se rendent dans une des nombreuses brasseries et boivent leur carafe de vin nouveau. Nous, nous sommes allés chez Anton Karas, le cithariste du *Troisième homme*. Il possède un local au Grinzing. Toute la salle était décorée, pleine de lampions, une ambiance fabuleuse.

Mammi m'a offert un assortiment de valises, de couleur bordeaux et avec monogramme « RS ». Pour mes seize ans, j'avais reçu un poudrier en or orné de rubis, cette fois-ci, on m'a offert le tube de rouge à lèvres assorti. M. Tischendorf, le distributeur du film, m'a offert un poste de radio — sensationnel !

26 septembre 1955

Je me sens toute torturée... Sissi, dans sa jeunesse, portait les cheveux longs ; mes cheveux devraient être plus longs qu'ils ne le sont actuellement. J'aurais bien voulu les laisser pousser, mais on s'est moqué de moi. Comme si, pour un film, on pouvait s'amuser à attendre que les cheveux soient assez longs ! Je suis donc obligée de porter une perruque et je ne me sens pas à l'aise. Je ne suis pas habituée, et puis elle est lourde et me fatigue. C'est un sacré poids que je traîne en permanence avec moi ; si on n'a pas l'habitude, on attrape vite un torticolis comme quand, au cinéma, on se trouve assis au premier rang.

30 septembre 1955

Les prises extérieures sur le Danube. Ernst les a organisées d'une façon merveilleuse. Je descends le fleuve à bord d'un vapeur de la compagnie des bateaux du Danube ; le peuple, amassé sur les rives, ovationne sa future impératrice — donc moi. Il faut se l'imaginer : tout ce monde, représenté par des figurants, rassemblé, qui crie et qui gesticule ! Réunir cette foule est déjà un exploit, car les gens ne seraient pas venus, à moins qu'une véritable impératrice, Soraya par exemple, n'ait été annoncée.

2 octobre 1955

Le tournage, cette fois-ci, dure une éternité, mais c'est à cause du temps. Chaque jour de tournage coûte un argent fou. Rien que l'éclairage absorbe des sommes énormes. Quand on entend les spécialistes parler d'argent, des sommes astronomiques, on attrape une peur monstrueuse : quelques heures seulement coûtent de véritables fortunes. Enfin, ce ne sont pas mes sous, ni ceux de Mammi ou Daddy. Ce qui nous revient, à Mammi et moi, n'est qu'une partie infime de la somme que la production du film absorbe. Mais l'argent seul ne fait pas le bonheur... Cependant, en avoir tranquillise énormément.

Moi, du moment que j'ai mon argent de poche, ça va. Dernièrement Mammi me l'a encore augmenté. Je suis contente, toutes ces histoires d'argent ne me touchent pas. De toute façon elles ne créent que des ennuis.

3 octobre 1955

A Vienne, le temps est particulièrement mauvais et froid. Le *Beau Danube bleu* n'est pas bleu, plutôt gris et ridé comme un vieux nain. Le Steffel (la flèche de la cathédrale Saint-Etienne) se camoufle derrière les maisons, comme s'il se gelait.

Depuis que les troupes d'occupation ont quitté Vienne, la ville a bien changé. On sent qu'elle reprend conscience d'être la capitale de l'Autriche. Le *Burgtheater* rouvre ses portes, la *Staatsoper* également. Pour aujourd'hui, je m'arrête. Il faut encore que je sorte mon petit Seppl, et demain nous avons une dure journée. J'aimerais bien savoir quand nous retournerons aux studios !

Plusieurs fois, alors qu'on devait venir nous chercher à sept heures du matin, Mammi et moi, personne ne s'est présenté. Le début du tournage était reporté d'heure en heure, et l'après-midi nous voyait encore traîner à l'hôtel *Sacher*... Journée fichue, aucune scène tournée, et pourtantt j'aurais bien aimé dormir une heure de plus !

15 octobre 1955

Hier, à Düsseldorf, a eu lieu la Première de *Mon Premier amour*. Je n'avais pas beaucoup de temps, il a fallu que je prenne l'avion à Munich pour être vite de retour à Vienne afin de pouvoir continuer le tournage.

Prendre l'avion me semble moins dangereux que de traverser un boulevard à Cologne, à l'heure de la fermeture des boutiques. Mais une assurance considérable a été, à mon insu, souscrite pour le cas où l'avion s'écraserait. Un million de marks pour ma vie ! J'ignorais cette affaire, sinon je n'aurais pas pris place dans l'avion avec autant d'insouciance. C'est plus tard qu'on m'a tout expliqué : jusqu'à présent, le film a déjà coûté une forte somme d'argent, et si je n'avais plus été là pour le terminer, tout ce qui a été tourné aurait été bon pour la poubelle, donc une perte énorme.

17 octobre 1955

A propos de *Mon Premier amour,* un journal a écrit : « Harold Braun a engagé le meilleur de ses vieux chevaux, Hans Albers, et amène la jeune et fraîche Romy Schneider enfin jusqu'à la limite de l'art théâtral. D'un coup, il fait jaillir la lumière des profondeurs. »

Et puis un autre : « C'est à l'âge de seize ans que Romy Schneider vit son premier printemps d'amour avec toutes ses aberrations et tous les égarements de son cœur. »

C'est comme ça que cela se passe en moi.

Cette année, pas de voyage en Italie. Pourtant je l'aurais bien mérité, encore plus que les années passées. Par contre, et en compensation, quelques jours à Paris.

Je ne puis que dire : « Paris rêve de l'amour. »

2 novembre 1955

Nous sommes toujours à Vienne. Ernst a décidé de tourner encore quelques scènes complémentaires pour *Sissi,* des scènes qui, selon lui, manquaient dans le scénario et qu'il voulait absolument ajouter. Nous continuons donc le tournage. Si on avait pu le deviner ! Normalement, Mammi et moi aurions dû être de retour à Cologne et, pour cette raison, nous n'avions pas prévu de nous réserver des billets pour la grande réouverture de l'Opéra d'état (*Staatoper*). Comme c'est maintenant, nous aurions pu y aller mais, hélas, toutes les places sont vendues, vraiment idiot ! Les prix, par contre, sont salés. Le prix d'une place est d'environ mille marks, et même les moins chères sont vendues au marché noir à dix fois leur prix réel.

On murmurait que Greta Garbo devait venir, mais ce n'est pas vrai.

C'est Karlheinz Böhm qui vient de me l'apprendre, son père est directeur du *Staatoper.*

A l'instant, j'apprends que les Marischka ont réussi à me procurer un billet ! Pas pour la première mais pour la seconde représentation, j'en suis ravie !

3 novembre 1955

L'hôtel *Sacher* est plein à craquer. Le public est international, même des Américains sont venus pour assister à l'ouverture de l'Opéra.

Aujourd'hui j'ai reçu une offre fantastique.

Le directeur Rott, du célèbre *Burgtheater* à Vienne, m'a proposé de jouer chez lui ! Je pourrais tenir un premier rôle, dans une pièce de Priestley peut-être !

4 novembre 1955

Nous avons réfléchi. Pour le *Burgtheater,* je ne suis pas encore assez mûre, et pourtant j'aimerais de tout mon cœur y jouer. Si j'acceptais ce rôle, je viserais peut-être un peu trop haut. Qu'il s'avère que je suis mauvaise, et ce sera un échec complet ! Aujourd'hui j'ai dix-sept ans, pas encore l'âge pour jouer un rôle de vedette au *Burgtheater,* mais dans quelques années, je ne me déroberai plus, je jouerai !

Encore une surprise agréable : un magazine vient d'organiser un sondage pour déterminer qui est la meilleure actrice allemande. En lisant le résultat, je suis presque tombée dans les pommes : j'occupe la seconde place, immédiatement après Maria Schell et avant Ruth Leuwerik !

C'est incroyable ! Si, il y a deux ans, quelqu'un me l'avait prédit, je lui aurai répondu : « Ou bien tu es amoureux ou bien complètement malade ! »

5 novembre 1955

C'est la scène du mariage qui a été tournée en dernier. Ils ont créé pour moi une robe de mariée : un véritable rêve ! Exactement celle que j'aimerais porter pour danser lors de mon propre mariage !

8 novembre 1955

Enfin de retour à la maison ! Même si Vienne est une ville merveilleuse, plus belle que Cologne, la maison c'est la maison, et pour moi ce sera toujours ainsi. Pour le moment, je suis en vacances, bientôt c'est Noël et puis le Jour de l'An, le temps s'enfuit avec rapidité. Je pourrais être heureuse et me reposer, me détendre, cependant je continue à penser, à m'enthousiasmer pour de nouveaux projets, de nouveaux films à tourner. Pourquoi est-on toujours mécontent du présent, de ce qui a été atteint ?!?

12 novembre 1955

J'ai un tel mal aux cheveux qu'en me réveillant j'avais à peine le courage d'ouvrir les yeux, de peur de voir des souris blanches courir sur la moquette. Heureusement j'ai un chat, si jamais les souris blanches se pointent, je le lâche pour qu'il les bouffe toutes. Hier c'était le début du Carnaval, ce qui constitue pour Cologne un véritable événement. Dans les établissements de Daddy on s'en donne à cœur joie. Pour fêter la naissance du Carnaval, nous, c'est-à-dire Mammi et moi, sommes allées au *Kaiserhof*. C'est seulement ce matin que je me rends compte que j'avais une légère cuite. Hier soir, je me sentais bien et fraîche, ce matin par contre... Je vais mettre ma tête sous le robinet d'eau froide, je crois que ça va m'aider.

22 novembre 1955

Daddy a fêté son « cinquantenaire ». Une fête monumentale avec des centaines d'hôtes. Beaucoup de célébrités : Max Schmeling, Anny Ondra, Harry Hermann Spitz, Joachim Fuchsberger, les fabricants de vins mousseux Henkell et Hasslacher et puis beaucoup d'autres. Daddy a été comblé de cadeaux, il a fallu vider une chambre entière pour tous les placer.

23 novembre 1955

Je viens de faire une énorme bêtise. Hier soir, dans une espèce d'étourderie de mon âge, j'ai promis de céder mon journal intime à la *Deutsche Illustrierte*. Probablement parce que j'avais trop bu de citrons pressés. Le citron pressé a, pour moi, le même effet que le champagne; dès que j'ai bu un verre de trop, je deviens joyeuse et espiègle. Je regrette presque d'avoir écrit ce journal, et maintenant il doit être publié ! Et si je leur disais : « J'ai caché une partie des cahiers à Berchtesgaden dans une armoire, et je ne me souviens plus où ? »

24 novembre 1955

Non, non et non, je ne le donne pas. Je viens de relire tout ce que j'ai écrit, je le trouve stupide et ennuyeux, ça ne peut intéresser personne. Je crois qu'il vaut mieux que je le jette au feu, sinon je risque de me ridiculiser à mort...

10 janvier 1955

Je vais être honnête, ça fait déjà une demi-heure que je suis assise là et je n'ai pas le courage d'écrire un mot. Mon journal n'a donc pas été mis au feu, et pourquoi ? Eh bien, dans un premier temps, cela aurait été dommage pour tout le temps que j'y ai consacré ; et puis, chose promise, chose due, j'ai donné ma parole, alors il faut la tenir !

Tous les lundis j'ai, en tremblant, ouvert la *Deutsche Illustrierte* pour voir et lire ce que j'ai encore pu raconter, et j'avoue que quelques fois, ce qui en résultait était plutôt pénible pour moi. Heureusement j'ai effacé quelques pages. Soit elles étaient trop mauvaises, soit elles racontaient des événements un peu trop personnels — personne ne peut me le reprocher, si ?

Depuis j'ai reçu beacuoup de lettres de lecteurs de la *Deutsche* et je me rends compte que je me suis trompée, trompée à mon avantage. Le « Journal d'une jeune fille de dix-sept ans » semble plaire, ce qui me rend heureuse.

Maintenant je dois leur raconter encore ce qui s'est passé ces derniers temps. Enfin, je vais essayer. Mais ayez pitié de moi, j'écris aussi bien qu'une vache danse la valse !

Au mois de décembre, nous sommes allés à Paris. Le soir même de notre départ, nous étions encore, avec des amis, au restaurant *l'Atelier*, un des établissements de Daddy, et notre train partait peu après neuf heures. Paris. Une ville merveilleuse, tous ceux qui la connaissent m'approuveront : la Tour Eiffel, l'Arc de Triomphe, le Louvre, on ne sait pas par où commencer. Ce qui m'impressionne le plus, c'est l'aménagement grandiose des espaces verts et promenades, les larges artères, la circulation disciplinée et, surtout, pas de tramways.

Ce sont les tramways qui gâchent l'image d'une ville et gênent la circulation. Ça fait plus de vingt ans que Paris a supprimé ses tramways, chez nous, personne encore n'a eu une aussi bonne idée.

A Paris, on se déplace en bus ou en métro. Le métro, c'est une ligne souterraine, pas trop belle, même sale, mais c'est un moyen de circulation très commode et rapide.

Je risque d'entrer trop dans les détails, en bref, Paris est merveilleux.

Un des plus grands quotidiens français, le *Figaro,* me donne une importance telle que sa rédaction m'invite pour une interview. Dès le lendemain, texte et photos paraissent en première page !

Et enfin le clou de notre visite à Paris : Luis Buñuel, un metteur en scène très connu qui travaille au Mexique, voulait absolument m'engager comme vedette de son film *La Mort en ce jardin.* Malheureusement, en raison de nos autres obligations, nous avons dû refuser. Quoi qu'il en soit, la proposition qui m'a été faite constitue en elle-même un succès.

Un bonheur sans faille n'existe sans doute pas. Dans un restaurant sur les Champs-Elysées, Mammi a perdu une merveilleuse broche sertie de diamants. C'est seulement dans la rue que nous nous en sommes rendu compte, et nous sommes immédiatement retournées dans la salle... trop tard, la table à laquelle nous étions était déjà occupée.

C'était Ali Khan avec deux de ses amis. Nous nous sommes mis tous ensemble à la recherche du bijou, mais hélas en vain, la broche avait disparu. Mammi était déçue et je partageais son chagrin. Le fait que j'aie été élue, au restaurant *La Table du Roi,* reine de la soirée, ne nous a pas rendu notre bonne humeur. Heureusement, la broche était assurée, et trois semaines plus tard, Mammi a été remboursée.

Le second événement qui mérite d'être relaté, c'est la Première du film *Sissi* à Munich. Mais auparavant, encore une petite anecdote. Cela s'est passé lors de mon voyage de Vienne à Düsseldorf pour me rendre à la Première de *Mon Premier amour.* Jusqu'à Francfort j'avais une place dans un wagon-lit, puis il a fallu que je change de compartiment. Dans mon compartiment se trouvait un vieux monsieur, très gentil. Au bout d'un moment il me proposa une cigarette. Non, merci. Puis il me passa des journaux. Encore une fois, non. Enfin il me proposa de l'accompagner au wagon-restaurant pour y prendre le petit déjeuner. Bien qu'ayant une petite faim, je ne pouvais accepter, et je refusai encore une fois.

C'est à Cologne que Daddy, pour m'accompagner jusqu'à Düsseldorf, me rejoignit dans mon compartiment. Lui, il connaissait mon compagnon de voyage : il s'agissait du compositeur Rudolf Nelson, auteur de nombreuses chansons et opérettes. Alors, j'ai regretté mes refus persistants. Rudolf Nelson avait tout de même soixante-dix-sept ans. Nous avons déjeuné tous ensemble et tout est rentré dans l'ordre.

La Première de *Sissi.*

Mammi et moi, nous nous sommes rendues à Berchtesgaden quelques jours plus tôt. C'est à Berchtesgaden, dans notre maison de *Mariengrud,* que nous passons traditionnellement Noël et le Jour de l'An. Une fois par an au moins, toute la famille doit être réunie, et si cela se passe sous le sapin de Noël, tant mieux.

Jour de la Première. La Première se passait à guichets fermés, et moi j'étais, comme d'habitude, affreusement tendue. J'ai l'impression que ce que l'on ressent à ce moment-là, c'est toujours la même chose, qu'il s'agisse de la sixième Première, comme *Sissi* en ce qui me concerne, ou, dans « x » années, de la cinquantième.

Dès que la lumière se fut éteinte dans la salle, nous nous sommes faufilés à l'intérieur. Quelques places des avant-derniers rangs nous étaient réservées.

Voir le film était pour moi secondaire, je l'avais déjà vu et revu cinq ou six fois, et maintenant je commençais déjà à critiquer, trouvant que l'une ou l'autre des scènes aurait pu être tournée autrement, différement, ou mieux. Il y a toujours une scène ou un geste qui, après réflexion, aurait pu être meilleur.

Le moment était venu de grimper sur la scène et de faire des révérences. Les distributeurs n'aiment pas Munich, pour eux le public est trop froid, trop avare de ses ovations, plus que celui d'autres villes. Cependant, la *Herzog-Film,* le producteur de *Sissi,* voulait prouver le contraire et laver Munich de cet anathème, et... ils ont eu raison, car les ovations et les bravos furent nourris.

Nous avons salué le public et avons été, Mammi, Karlheinz et moi, couverts de fleurs. C'était un très grand succès, j'en étais très heureuse.

Ensuite, réception au *Bayerschen Hof*. La *Herzog-Film* avait convié des journalistes de tous les coins du pays. En flânant autour des buffets couverts de glaces et de champagne, j'ai rencontré beaucoup de vieilles connaissances.

On m'avait, à l'occasion de la Première, offert une merveilleuse broche que j'avais épinglée en haut à droite sur ma robe, spécialement créée pour cette soirée, et qui dégageait largement mes épaules. Ma première valse était, évidemment, pour Karlheinz. Nous n'étions plus le couple impérial, nous étions, en civil et très discrets, seulement des collègues.

Au moment où l'orchestre faisait une petite pause, j'ai constaté que la broche m'avait blessée au bras, ce qui prouve, une fois de plus, que le bonheur n'est jamais très loin de la douleur. Peu après minuit, Karlheinz disparut. Il était impatient de revoir sa femme et sa fille Sissi. Sissi n'a que quelques mois, et Karlheinz lui a donné ce prénom parce qu'au moment de sa naissance, nous tournions le film. C'est tout à fait par hasard que son épouse se nomme également Elizabeth, donc le prénom Sissi avait une double signification. Après les festivités, Mammi et moi sommes encore allées au bar *Chez Heinz*. Moi, j'avais une petite cuite, c'était très rigolo.

Ni à Noël ni au Jour de l'An nous n'avons mis le nez dans la forêt.

Hier, il y avait encore quelque chose : le Bal du Cinéma 1956 à Berlin. L'année commence bien. Reste à espérer que cela continuera, que nous resterons en bonne santé, et que nos vœux s'accompliront. Les petits vœux secrets comme chacun en a...

1956-1958
Je ne suis pas si naïve !

Sissi Impératrice, Kitty, Un Petit Coin de paradis, Monpti, Mademoiselle Scampolo, Sissi face à son destin, Jeunes Filles en uniforme.

Sissi Impératrice *est créé en 1956, avec sensiblement le même faste que* Sissi. *Romy est contre cette suite, mais elle est finalement obligée d'accepter, et, en 1957, un troisième volet :* Sissi face à son destin *voit le jour. En raison de l'énorme succès, même à l'étranger, personne ne tient compte des objections de la jeune vedette ; Romy n'a alors que dix-huit ans. Sans cesse on lui propose des rôles du même genre, d'un style déjà dépassé. Dans la même année elle tourne encore* Kitty *et* Un Petit Coin de paradis — *la vie d'une jeune fille dans l'Angleterre du XVIIIe siècle l'impressionnait depuis longtemps, et elle convoitait ce rôle. Son partenaire est Horst Buchholz, le même avec qui, en 1957 à Paris, elle tourne* Monpti. *Son désir d'indépendance, d'avoir la liberté de décider elle-même de sa personne, de choisir ses rôles, devient de plus en plus fort. Elle reçoit des propositions du monde cinématographique international, et, à la fin de l'année 1957, commence sur l'île d'Ischia et dans le golfe de Naples, le tournage de* Mademoiselle Scampolo. *Romy joue, encore une fois, une jeune fille de son âge. Immédiatement après son voyage en Amérique, en 1958, le rôle de Manuela dans le film* Jeunes Filles en uniforme *devient pour elle la pierre de touche de sa carrière. A côté de Lilli Palmer et de Thérèse Giehse, elle donne le meilleur d'elle-même. Lors du tournage à Berlin et à Hamburg, elle travaille jusqu'à l'épuisement.*

Dans le chapitre « Je ne suis pas si naïve ! », elle se bat avec le problème du choix des rôles, des offres de films, et contre le fait d'être à la merci de la production et des producteurs.

Après le tournage du film *Sissi*, je me suis rendu compte que je venais de terminer mes années d'apprentissage, et que le compagnonnage commençait. Cela se manifestait par une quantité d'obligations, il y avait les bals où il fallait que je sois présente, même si je n'en avais pas envie. Ces bals étaient obligatoires, ou bien avaient un but purement et simplement représentatif. Enfin, je remarquais de plus en plus qu'il ne m'était plus possible de vivre comme les autres jeunes filles de dix-sept ans. Je l'ai compris lorsque j'ai fait la connaissance de Tony Sailer. Cela s'est passé durant le Carnaval 1956 à Munich, lors d'un bal, le *Hunters Treibjagd,* organisé par le journaliste Hannes Obermayer. A ce bal, qui a eu lieu au *Bayrischen Hof,* tout le monde était présent, tous ceux qui coyaient avoir une certaine importance ou qui s'occupaient, d'une façon ou d'une autre, de cinéma.

Mammi, Daddy et moi y étions allés également, ne serait-ce que pour faire plaisir au distributeur de *Sissi*. Et puis, j'aime bien être à Munich, et, dans l'après-midi, j'ai rencontré Hunter qui me dit : « Romy, j'ai pour toi une surprise formidable ce soir. »

La « surprise » était Tony Sailer qui, quelques jours plus tôt, avait gagné au ski trois médailles olympiques et que des agents tentaient d'engager pour un tournage — je crois me souvenir, pour le film *Geyerwally*.

Le soir, après la fête et au moment où Hunter présentait toutes les stars, je me trouvai à côté d'un Tony Sailer complètement désemparé et embarrassé. Il ne disait rien, il faisait son petit salut, et... toutes les femmes se précipitaient, c'est bien connu.

Plus tard, beaucoup plus tard, Tony Sailer vint me chercher pour danser. En dansant, personne ne nous prêtait attention, nous avons discuté. Lui, il me parlait de ses bouts d'essais, et moi de ce que mon expérience me permettait d'y ajouter. Nos conclusions se résumèrent dans une phrase : « Surtout, ne jamais s'énerver ! »

L'orchestre continuait à jouer, une danse après l'autre, et nous continuions à danser. Au bout d'un moment, un photographe nous découvrit et prit des photos, puis d'autres le suivirent. Ils nous firent sortir, vers les stands de tir forain, et nous obligèrent à tirer avec eux. Pourquoi pas ? Nous étions toujours au Carnaval, on s'amusait, et les gens autour de nous s'amusaient également.

Le lendemain, nous avons déjeuné encore ensemble, puis nous, nous sans Tony, sommes partis faire une croisière sur la Méditerranée, vers Gênes. Un point c'est tout. Le reste n'est qu'une vaste mystification, des blagues, une combine, inventée par quelqu'un pour se remplir les poches. Je commence déjà à avoir l'habitude : une fois je suis amoureuse de tel partenaire, une autre fois je suis l'amie de tel ou tel autre.

Je ne sais pas si cela fait partie du métier, mais ces gens n'ont sûrement pas rendu service à Tony. A la maison, on plaisantait à ce sujet, et lorsqu'il courait et perdait, c'était moi la fautive. C'est complètement stupide.

Il n'était pas entraîné, et par conséquent ne pouvait pas gagner. Il l'avouait lui-même. Je viens de le revoir, à Kitzbühel, il est toujours aussi gentil et simple, pas une star, aucun air de grandeur. Il me dit : « Mon Dieu, Romy, je ne mache pas avec ces idioties, tous ces gens ne cherchent qu'à profiter de moi. »

Le surlendemain, la presse en parlait, comme si je ne

pouvais faire, au moins une fois, un voyage tranquille et paisible.

Ces jours-ci, je me suis disputée avec un journaliste qui prétendait qu'il fallait que ça se passe ainsi ; le public voulait être informé de mes faits et gestes.

Je ne suis pourtant pas un personnage si important. J'ai eu la chance d'avoir de beaux rôles, des metteurs en scène intéressants et, surtout, des sujets qui collaient à ma personne. Que j'aie eu, je touche du bois, de la chance avec mes neuf films, et cela malgré mon jeune âge, ne m'a pas rendue mégalomane.

Evidemment, j'aimerais bien devenir une grande actrice. Une actrice comme Maria Schell ou Hildegard Knef, ou toutes ces stars, quelles qu'elles soient, des stars auxquelles je n'arrive pas à la cheville. On me reproche toujours de n'avoir pas suivi une formation d'art dramatique. Suivre des cours d'art dramatique n'a été, en ce qui me concerne, jamais programmé, et maintenant, c'est le temps qui me manque : l'année dernière, j'ai tourné trois films, *Kitty* sous la direction d'Alfred Weidenmann, *Sissi Impératrice* avec Ernst Barischka, et enfin *Un Petit Coin de paradis* avec Josef von Baky. C'était tellement épuisant que je suis heureuse de pouvoir me reposer quelques jours.

Et malgré toutes ces obligations, j'ai appris l'anglais et j'ai fait des exercices de prononciation. Un cours d'art dramatique, par contre, je n'ai jamais réussi à en suivre. Mammi et moi, nous voudrions bien, mais les dates fixées pour les tournages l'ont toujours empêché.

En 1957, je dois jouer *Il était une fois Anna Sedlmayer*, l'histoire qui se déroule entre la belle Munichoise et Louis Ier, roi de Bavière, avec Karlheinz Böhm comme partenaire. Puis, Helmut Käutner envisage de tourner avec moi une mise en scène du roman de Gabor von Vaszary *Monpti*, avec Horst Buchholz à mes côtés.

Et puis nous avons encore beaucoup d'autres projets en vue.

L'autre jour, le producteur berlinois Artur Brauner m'a proposé pas moins de cinq scénarios, tous plus beaux les uns que les autres. Mais aucun de ces films ne pouvait s'intégrer à mon programme. En somme, toujours des problèmes, tantôt côté délai, tantôt côté sujet.

En ce qui concerne les sujets, il semble que je sois prédestinée pour les grandes histoires d'amour historiques. Depuis que j'ai tourné *Sissi*, et selon leur désir, je devrais jouer toutes les histoires d'amour des huit derniers siècles. Mais Daddy est vigilant ; il renvoie les scénarios qui ne se prêtent pas vraiment au tournage d'un film. Puis arrivent les histoires suivantes : « Romy, l'enfant naïve. » Si, en réalité, j'étais aussi naïve, aussi stupide que certains auteurs me voient dans leurs scénarios, il vaudrait mieux que j'arrête immédiatement de tourner des films. Et enfin le troisième groupe, en permanence sur la brèche, celui des distributeurs et des producteurs, ceux qui voudraient se servir de moi pour se remplir les poches. Pour eux, seuls les films populaires comptent, toujours copiés sur le sujet du précédent, à condition que les recettes soient bonnes. Mais on peut se tromper !

Je ne voulais pas tourner *Sissi II ;* j'avais la nette impression, Mammi le disait aussi, que ce genre de « suite mal ficelée » se dirigerait fatalement vers un échec. Même mon père, Wolf Albach-Retty, l'avait déjà pronostiqué, au moment où nous tournions, à Vienne, *Sissi I,* et où on me disait : « Si ce film est un succès, une suite est indispensable. »

Mais moi j'avais dit NON, et au printemps 1956, il n'était plus question de produire une *Sissi II.*

Lors d'une visite chez mes parents, qui faisaient une cure de repos en Haute Bavière, j'ai appris que *Sissi II* était quand même prévu, tout de suite après le tournage de *Kitty*.

J'étais furieuse. A ma question, on a répondu que le distributeur en avait décidé ainsi. J'ai demandé Herbert Tischendorf au téléphone et, tandis que Mammi et Daddy écoutaient silencieusement, j'ai rassemblé tout mon courage et j'ai déclaré calmement, posément : « Je ne jouerai pas *Sissi II* ».

Je commençais à en avoir assez qu'on prenne des décisions sans tenir compte de moi. Mais, malgré mon comportement courageux, très courageux même, c'est Herbert Tischendorf qui, finalement, a été le plus fort. Il a commencé par me remettre en place : « Comment oses-tu me parler sur ce ton ? » puis il a prétexté qu'il avait énormément de travail et a conclu par un laconique : « Je n'ai pas le temps de m'occuper de ces futilités. »

Alors j'ai repris moi aussi un peu de courage : « Donc pour toi, ce sont des futilités ! Tu me dis toujours que tu as trop de travail. D'un côté tu prétends que je suis, pour les recettes, un véritable aimant, de l'autre côté, tu n'as jamais de temps pour moi. Si j'ai pour toi une telle importance, alors s'il te plaît, occupe-toi de moi et ne me dis pas toujours que tu as à faire... »

Il commençait à rouspéter, et en disant : « Tiens, parle-lui », j'ai passé le téléphone à Daddy. Bref, Herbert Tischendorf a persisté, et moi, je me suis évidemment soumise.

Il est encore heureux que grâce à *Sissi II,* j'aie réussi à imposer le sujet qui me tenait à cœur : *Un Petit Coin de paradis,* avec Horst Buchholz.

Pourtant, j'avais l'impression que l'on tentait constamment de retarder le début du tournage, mais l'accord m'ayant été donné par écrit, je suis restée pour la première fois de ma vie ferme et résolue. J'étais décidée à tourner ce film, même au prix des efforts les plus pénibles. Ces efforts commencèrent au mois de mai à Munich avec le tournage de *Kitty.* J'avais une peur monstre d'Alfred Weidenmann, celui-là même qui tourna *Canaris* et *Alibi,* lauréat d'un prix fédéral et de qui on disait que sa force consistait en des mises en scène foncièrement masculines.

Dès le début, et comme par miracle, nous nous sommes entendus à merveille.

J'ai fait, avec Karlheinz Böhm, un tour sur le lac de

Genève : Veyey, Montreux, Evian. Vraiment unique ! A Genève, personne ne me connaissait. C'est seulement au bout de trois semaines de tournage, au moment où la presse parlait plus souvent du film, que ce merveilleux anonymat s'est achevé.

C'est ici, à Genève, qu'Alfred Weidenmann m'a expliqué combien il était important de jouer un rôle adapté à son personnage : « Un seul rôle mal adapté peut suffire, ma fille, pour que tu sois à nouveau au bas de l'échelle, que ta réputation soit détruite. Tu peux te mettre sur la tête et pédaler avec les jambes, rien à faire, tu ne te rattrapes pas. Pense à Hannerl Matz. »

Le destin de Hannerl Matz m'a souvent été cité en exemple. Elle a eu un énorme succès dans le rôle de *Försterchristel*, et on peut dire que c'est grâce à elle que les recettes sont montées en flèche.

Deux, trois mauvais rôles, et elle s'est retrouvée sur le pavé. Je savais parfaitement combien elle souffrait. Peut-être son bébé l'aide-t-il à passer le cap. Je l'ai bien compris.

Au cours de ces semaines laborieuses, je commençais à comprendre quelle direction prendre, comment m'engager dans les travaux de tournage. Nous tournions *Sissi II*.

J'ai senti que la voie qu'Alfred Weidenmann m'avait tracée me faisait du bien. Il m'a redonné du courage : « Défends-toi si ça ne te plaît pas », voilà la devise qu'il m'a inculquée et que je me suis efforcée de suivre, même si parfois les gens disaient de moi : « Tiens, Romy a elle aussi une araignée au plafond ! »

Le tournage de *Sissi II* était terriblement fatigant. Pour commencer, à Insbruck, il a fallu attendre durant des jours que le soleil apparaisse, et au moment du tournage, dans la montagne, à une altitude de plus de deux mille mètres, rien ni personne ne me ménageait.

A Vienne, c'était beaucoup plus facile — si je n'avais pas à nouveau souffert de cette stupide conjonctivite. Le tournage se termina fin octobre.

Sans attendre une minute, nous prîmes le train pour

Munich et aussitôt, direction les studios : *Un Petit Coin de paradis,* avec Horst Buchholz, était au programme.

Je savais que Julien Duvivier, metteur en scène français réputé, l'avait engagé pour le film *Marianne,* puis qu'Helmut Kaütner lui avait confié le rôle du soldat Mischka dans le film *Ciel sans étoiles.* Son N° 3 était *Regine* sous la direction de Harald Braun, ensuite *les Blousons noirs,* et au moment où j'ai fait sa connaissance, il venait de terminer *Souverain sans couronne,* avec O. W. Fisher et Odile Versois.

Dès le début, nous nous sommes, Horst Buchholz et moi, très bien entendus. Son courage pour s'engager à fond m'a énormément plu. Toujours dire ouvertement ce que l'on pense, même si cela ne plaît pas aux « chers adultes ». J'ai assisté à plusieurs querelles où il vidait son sac sans ménagement.

Il est pour moi l'image exacte d'un révolutionnaire. Jamais il n'a oublié la vie qu'il a menée étant enfant, puis jeune garçon, et plus tard adolescent. Il me disait souvent : « Ça, Romy, tu ne peux le comprendre, ta vie a été trop facile. » Un jour, je l'ai vu bouillir de rage quand un type a sous-entendu qu'il avait des idées communistes.

Il était blanc de colère, refusant farouchement d'être considéré comme un communiste simplement pour n'avoir pas les mêmes idées que les autres. « Que savez-vous de la vie, espèce de gros tas ? » S'il n'y avait pas eu quelques amis pour le calmer, je crois bien que Horst lui aurait tapé dessus.

On me pose souvent la question : « Lequel de tes partenaires aimes-tu le plus ? » Logiquement, mon affection est la même pour tous mes partenaires. J'ai bien appris et retenu que pour un film, c'est le contrat qui prime. Quant à Horst Buchholz, il a tout juste vingt-deux ans, et en conséquence le plus jeune de la troupe est forcément aussi le plus proche de moi, mis à part Siegfried Breuer Jr. Mais Breuer est viennois et Horst Buchholz berlinois, d'où la grande différence.

Un Petit Coin de Paradis était le premier rôle où je pouvais être un personnage tout à fait différent : une jeune fille en guenilles, avec de toutes petites nattes, et de surcroît, une pauvre gosse. Josef Von Baky était sublime. Il avait fait ma connaissance avant même que je sois née : Mammi tournait à l'époque avec Hans Söhnker, et dans une scène, celui-ci devait, pour sortir d'une embarcation, la porter dans ses bras. Ayant peur que Hans Söhnker ne laisse tomber Mammi et me blesse, moi qui n'étais pas encore née, Josef Von Baky était, il me l'a raconté, terriblement nerveux. Hans Söhnker par contre, plutôt agacé par toutes ces précautions, menaça finalement de laisser effectivement tomber sa partenaire, si ces éternelles mises au point ne cessaient pas. C'est donc grâce à moi que cette scène fut rapidement « mise en boîte ».

C'était comme si nos relations de jadis avaient influencé notre bonne entente d'aujourd'hui. Ce fut, et c'est toujours, un film merveilleux : en ce qui me concerne, il sort complètement de mon contexte, et les gens de la distribution avaient des sueurs froides : le film risquait de tourner à l'échec pour la seule raison que je ne jouais pas une « reine de rêve », et que son décor était moins luxueux.

Moi, je pensais que si j'étais incapable de jouer autre chose que des rôles de reine, alors autant arrêter immédiatement, cela n'avait plus de sens ; il n'existe pas dans le monde assez d'impératrices pour que je sois occupée à temps complet, je dois être également capable de tenir d'autres rôles.

Pendant le tournage, nous nous sommes, Matthias Wiemann, Erich Ponto et une douzaine d'autres garçons, bien amusés ensemble. Mammi aussi, d'ailleurs.

Lors de la première projection de *Sissi II* à Munich, j'étais assise avec Karlheinz Böhm, aux premiers rangs du grand palais de *Stachus*, très anxieuse toujours à l'idée que les experts puissent avoir eu raison, et que la deuxième partie soit un échec.

Nous nous sommes trompés tous les deux, Karlheinz et moi. Nous avions les mains moites, tellement nous étions angoissés. Mais tout se passa bien. Mammi me disait toujours : « Avoir peur des critiques fait partie de la vie d'artiste, en constitue tout le tragique et, sans cette peur, la vie perdrait tout sens. »

L'année 1956 m'a donné trois films... et trois amis. C'est maintenant que les problèmes surgissent. Comment continuer, quels rôles accepter ? Dois-je aller à Hollywood ? Quel est mon destin ?

J'ai souvent réfléchi et je réfléchis toujours : comment tout cela a-t-il pu arriver ? J'ai tourné neuf films dont trois grands succès financiers : *Les Jeunes Années d'une reine,* les deux *Sissi,* et *Mademoiselle Scampolo* étaient bien. *Mon Premier Amour* fut une déception, et pourtant je ne peux donner plus que le scénario ne m'autorise à donner. Je suis d'avis cependant que le cliché de « la reine sentimentale » ou de « l'impératrice déçue » est une idée tout à fait insensée.

Il me reste encore un contrat avec Ernst Marischka, où je dois jouer le personnage de la Munichoise Sedlmayer, une des plus superbes créatures — avec Lola Montez — parmi la collection de maîtresses de Louis Ier de Bavière. Ernst Marischka me disait : « C'est le film qui se prête le plus à toi et à Karlheinz. »

Ma réponse fut : non !

J'ai expliqué à Ernst Marischka qu'il ne fallait pas que je rejoue avec Karlheinz, quoique je l'aime bien, mais qu'Oskar Wernar serait le partenaire idéal pour moi. Oskar Wernar, je l'ai vu pour la première fois à Vienne où il jouait au théâtre, dans la pièce *Lola Montez,* de Max Ophüls. Il m'avait alors énormément plu et à mon avis se rapprochait, davantage que Karlheinz Böhm, du personnage de l'intellectuel roi de Bavière. De toute façon, on doit changer souvent de partenaire.

J'ai toujours été contre cette conception-cliché du couple d'amoureux au cinéma : c'est le souvenir du couple Lilian Harvey et Willy Fritsch qui, dans ce cas, laisse espérer un succès financier.

Willy Fritsch lui-même m'a mise en garde contre ce genre de série : « Tu deviendras l'esclave de la série, et rien que cette impression d'être la moitié du couple-qui-remplit-les-caisses peut se révéler un véritable cauchemar. »

Ce que j'ai appris, au cours de ces trois années, c'est que le sujet du film doit modeler les personnages, et pas le contraire. Je l'ai ressenti moi-même et cela m'a été démontré dans le film *Mon Premier Amour.* On prétendait que c'était le couple « Hans Albers et Romy Schneider » qui aurait tout l'impact sur le public. Et qu'en a-t-il été ? Le contraire s'est produit : c'est le public qui a fait défaut.

Je ne me suis jamais fait d'illusions. Dès qu'un film n'accroche pas, on perd vite, très vite, la place que l'on occupe dans le cœur de son public. Un film ne peut décevoir que si son sujet est mal adapté : *Kitty* en est un exemple flagrant. Au cours du Bal du Cinéma à Berlin. D. E. Hasse disait que le film aurait certainement été meilleur si l'idée que nous en avions au début avait été respectée. Dans la version qui passe actuellement dans les salles, la romance entre D. E. Hasse, dans le rôle du Ministre anglais des Affaires Extérieures, et moi-même prend fin pratiquement après le premier tiers du film. A l'origine, et selon notre conception, cette romance aurait dû se poursuivre, et seulement à la fin, Karlheinz Böhm devait en provoquer, par la force et à son avantage, la rupture.

Je ne sais pas pourquoi le déroulement a été modifié, je sais seulement que ce changement a enlevé tout son charme au film. Les discussions politico-symboliques ont pris plus de place que le public ne le souhaitait.

Mais comment faire pour bien faire ? Mon dernier film, *Un Petit Coin de Paradis,* n'entre pas non plus dans le schéma. Toutes les conversations tournent maintenant autour de la crise du cinéma, des faillites et des difficultés. Je trouve d'autant plus merveilleux que Herbert Tischendorf, le distributeur et producteur, ait eu tout de même le courage de tourner ce film. Je n'y peux rien ; j'étais tellement heureuse en y travaillant que j'ai oublié toutes mes hésitations. Je suis maintenant arrivée au point où je sais comment les choses doivent continuer.

Seulement, mes idées et désirs ne concordent pas avec les exigences des distributeurs et des producteurs. S'il est vrai que la période qui est derrière moi était mon apprentissage, comme chaque apprenti doit le faire, *Un Petit Coin de paradis* représente mon examen de passage.

C'est tout à fait bien que je prenne désormais une certaine distance vis-à-vis des choses — je vais partir pour l'Inde. Avec quelques autres personnes, nous louons un petit avion spécial. On ne peut emporter qu'une petite valise. J'ai dû me faire vacciner contre le choléra et la variole, et, grâce à ce voyage, tous les problèmes accumulés au cours des mois précédents restent pour l'instant au second plan.

On dit souvent que je suis une vedette sous protection et ce n'est sûrement pas dans une intention blessante. Mais si je lis quelque chose à ce sujet (souvent même écrit par des reporters qui n'ont encore vu aucun film de moi), je voudrais avoir une chance de prouver que je peux « y arriver » seule, sans protection et sans publicité, ce qu'on m'a fréquemment reproché. Je ne suis plus un enfant, ni une jeune fille.

Le travail qui m'est demandé est le même que celui de n'importe quel acteur de cinéma adulte. Au studio, personne ne demande mon âge ni qui je suis : il faut que je sois là du matin au soir, et que je tourne mes scènes.

Si je pouvais, mais c'est impossible actuellement, je choisirais la voie suivante : tourner chaque année un film commercial — car j'obtiendrais ainsi l'accord des distributeurs et, beaucoup plus important, la conviction des propriétaires de salles que l'on peut gagner de l'argent avec moi. Je tournerais ensuite volontiers quelque chose de joyeux, peut-être un film musical moderne, ou une comédie effrontée et impertinente, mais pas autant que celle d'Otto Preminger, *La Jeune Fille sur le toit,* que Hannerl Matz a faite à Hollywood avec Hardy Krüger et Johannes Heesters.

Enfin, je ferais volontiers comme troisième film quelque chose de dur, réaliste, comme Horst Buchhloz dans *Les Blousons noirs.*

Dans l'intervalle, des cours d'art dramatique, et peut-être du théâtre dans deux ans.

Mais ce que je ne sais pas encore, c'est comment réagir aux nombreuses propositions provenant de l'étranger.

Déjà, après *Les Jeunes Années d'une reine*, les agents américains se sont signalés. Ils voulaient conclure avec moi des contrats de longue durée dont la plus courte était de trois ans, la plus longue de sept ans. Jusqu'à présent, je n'ai accepté aucun de ces contrats. Finalement, j'ai tourné en Allemagne et je suis devenue quelqu'un en Autriche et en Allemagne grâce au film. Je ne peux donc pas disparaître sans rien dire. Mais les Français veulent aussi tourner avec moi, et les Espagnols, et les Italiens. Je ne sais cependant pas si je le peux — j'ai certes appris l'anglais, et je le parle assez bien. Mais en France, mon français scolaire suffira à peine, et en Espagne, mes films ont connu un grand succès, cependant je ne sais pas encore l'espagnol. Une coproduction peut-être, avec l'Italie...

L'un dans l'autre, j'ai l'impression que la porte est ouverte. Maintenant il faut sans doute que je m'exprime : dois-je dire oui ou non ?

Entre-temps, j'ai appris, à force de lire des scénarios, à imaginer ce que le film donnera une fois terminé. J'en ai tant que si je devais les tourner j'aurais à peine fini à cinquante ans !

Dois-je toujours jouer les jeunes filles ?

Mammi dit, à juste titre : « Joue les rôles qui correspondent à ton âge ! » Cela me paraît la bonne solution. Une bonne actrice comme Maria Schell a une grande ampleur de jeu ; je ne peux certainement pas encore l'avoir et ce serait une parfaite sottise que de prétendre pouvoir jouer de vrais rôles dramatiques. Mais je peux m'y exercer. C'est ce que je veux. Il y a des gens qui disent que le succès de mes films provient du fait que les spectateurs voient en moi une sorte de miroir de la jeune fille traditionnelle, et Mammi s'exprime ainsi : « Tu es ce que les autres jeunes filles voudraient être. » Je crois pourtant que c'est autre chose — les rôles que j'ai joués jusqu'à présent ont tous été positifs et charmants. Je représente les filles de seize ou dix-sept ans qui n'ont pas de problèmes particuliers, pas d'obstacles dans leur vie, pas d'opposition insurmontable.

Mais les jeunes filles *ont* des problèmes, des problèmes souvent importants, difficiles, qui, la plupart du temps, n'ont pas de solution. Dans les films où j'ai joué, toutes les difficultés ont été éliminées ; c'était cette belle innocence, l'accomplissement des beaux rêves qui m'ont aidée à obtenir l'accord du public.

Ce n'est pas un raisonnement de principe. J'y ai pensé au cours des nombreuses tournées de promotion, quand j'ai vu le public pour lequel je jouais. Mais cela s'est aussi développé à partir des très nombreuses conversations auxquelles j'ai assisté ou que j'ai eues moi-même avec les distributeurs, producteurs, metteurs en scène, auteurs et journalistes quand ils parlaient de films qui devaient être des succès assurés.

Voilà le problème N° 1, inchangé : Quels films, quels sujets ? De nouveau, nous avons eu une grande discussion à ce propos, Mammi, Daddy et moi. Daddy, en tant que restaurateur possédant de nombreuses entreprises, fait depuis des dizaines d'années des études de marché, comme il dit. Il sait très exactement quand une entreprise est rentable et quand elle ne l'est pas. Il m'a clairement montré qu'une observation attentive des films que nous tournons nous donne la même certitude pour apprécier « la situation du marché ».

— Il suffit d'acheter une seule fois un mauvais vin, uniquement parce qu'il est bon marché, pour que toute l'affaire soit gâchée, dit-il.

Il me compare à un mauvais vin ? Mammi lui donne raison.

Moi aussi.

Je m'épanouis dans cette vie, dont Daddy et Mammi sont les deux facteurs déterminants. Beaucoup des choses dont je ne me souciais pas il y a un an me plaisent aujourd'hui, et beaucoup de celles qui m'ennuyaient et auxquelles je n'étais pas habituée, comme les tournées de promotion ou les soirées, me font aujourd'hui plaisir. Car j'ai appris une chose que je tenais pour totalement exclue il y a un an : je peux parfaitement oublier où je suis. Je ne remarque plus du tout que je suis dévisagée, que les gens se bousculent pour me toucher et se demandent combien a coûté ma robe. A présent, je suis joyeuse et gaie comme n'importe quelle fille. Au premier bal de cet hiver, le Bal du Film de Berlin, je me suis amusée sans arrière-pensée.

Nous étions tous si joyeux et détendus que ça ressemblait à un bal de cours de danse — comme je n'en ai d'ailleurs jamais connu.

On me demande souvent ce que je souhaite... Il m'est difficile de répondre.

Pourtant, il y a une chose que j'aimerais faire et qui se réalisera peut-être, seulement je ne sais pas encore quand : je désirerais partir pendant une semaine quelque part où personne ne me connaisse, et où je puisse faire ce que je veux sans être photographiée.

Un journaliste pensait que l'on devrait un jour trouver un endroit où encore aucun film de moi ne serait passé. Mais si moi je dis quelque chose de ce genre, on déclare tout de suite que je suis prétentieuse.

Je suis peut-être tout, mais pas ça. Car j'ai vu trop d'acteurs — rien qu'au cours des trois années passées dans cette profession difficile — qui se sont cassé la figure. Et ça, je n'y tiens pas. C'est une bonne leçon, quand on voit des gens qui se trouvaient auparavant au sommet de l'affiche disparaître.

— Ton prix est déterminé par ton dernier film ! dit toujours Ernst Marischka.

Et je crois qu'il a rudement raison. Ainsi, pensées et paroles tournent toujours en rond, on en revient toujours au problème central. Un petit exemple : un jour arrive une proposition. On voulait me faire tourner le film *La Guerre des Valses,* dans le style d'Ernst Lubtisch.

Le scénario devait seulement être modernisé. Je me suis insurgée, j'ai cité tous les exemples qui démontrent combien les reprises peuvent être dangereuses et, après des discussions passionnées, l'offre a été repoussée.

Mais Daddy m'a fait clairement comprendre que mon point de vue était fou, parce que la valeur marchande d'un tel film serait aussi finalement déterminée par mon film précédent. Donc, exactement la même chose que ce que me sort toujours Ernst Marischka en dernière conclusion.

J'ai alors déclaré :

— Le mieux, ce serait tout simplement que je disparaisse sur une île, que je vienne pour tourner un film, et que je m'éclipse à nouveau rapidement. Alors, il ne se passerait rien. J'ignorerais la valeur marchande, et les autres idées qui sentent fâcheusement le marché aux bestiaux !

Mais je ne peux pas m'imposer avec de tels arguments !

La plupart du temps, on se moque même de moi. Surtout mes frère et sœurs. Wolfi, mon frère, et les trois demi-sœurs qui ont été amenées dans la famille par Daddy. Parfois le combat est si acharné que nous avons besoin d'un pôle d'apaisement, et c'est Mammi. Bien qu'elle exerce aussi cette profession de fou, elle arrive à ne jamais « se laisser tourner en bourrique ».

Mais que devient une fille si elle ne s'enthousiasme pas ?

On a déjà écrit interminablement sur Mammi et sur moi. Si tout ce que l'on a inventé était vrai, ça irait mal pour nous. Je crois que les gens qui se montent la tête à notre propos oublient deux choses : ma mère était sur scène à dix-huit ans, et elle a fait ses premières armes comme chanteuse d'opérette à Ingolstadt et Munich, Augsburg et Vienne. Elle avait vingt-deux ans lorsqu'elle a tourné son premier film en 1931.

Mammi a donc gravi tous les échelons, et elle ne connaît pas seulement la scène, mais aussi le cinéma sous tous ses aspects. Je ne suis pas assez naïve pour ignorer le rôle que joue ce que l'on appelle « le caractère » au théâtre, et davantage encore au cinéma. Déjà au cours des trois dernières années, pendant lesquelles j'ai été préoccupée par mes propres soucis et problèmes, j'ai observé qu'un caractère faible — ou, plus exactement, influençable — est la pire chose qu'il puisse y avoir dans un film.

Mammi est un caractère fort, affirmé, et elle connaît bien le métier avec ses faiblesses. Elle veille à ce que les racontars de studio n'arrivent pas jusqu'à moi.

Ainsi, Mammi me protège de deux manières — grâce à son expérience du cinéma, et par ses efforts pour écarter de moi ce qui n'est pas agréable.

Le fait d'avoir travaillé ensemble sur six de mes neuf films nous a rapprochées d'une façon peu commune. Les problèmes quotidiens qu'apporte chaque film, du coiffeur au costume, du maquillage jusqu'aux longs essayages de toilettes et de coiffures — tout cela donne lieu à des conversations qui vont bien au-delà de celles qu'a généralement une fille de dix-huit ans avec sa mère. Dans notre cas, en plus du rapport parent-enfant, il existe une relation de comédienne confirmée à actrice débutante.

Je sais que Mammi doit prendre beaucoup sur elle à cause de moi : les désagréments, le travail, les ennuis, depuis la lecture des scénarios jusqu'aux disputes à propos de nos toilettes. Nous en avons constamment, car nous ne pouvons pas porter deux fois la même robe en public.

Par exemple, si j'avais été à Madrid sans Mammi, je n'aurais pas supporté ce vacarme qui m'a donné plus d'une fois l'impression que j'étais un taureau et que dix mille toreros voulaient m'égorger au milieu de l'arène.

Je trouve beaucoup de critiques trop négatives en ce qui concerne mes rapports avec Mammi. Car il doit y avoir pour une actrice, parfois, un sentiment pénible, un peu amer, à voir une jeune la supplanter. Bien plus encore si c'est sa propre fille !

Souvent — ce n'est pas étonnant — je ne suis pas d'accord avec ce que me demande Mammi. Mais je finis toujours par y réfléchir. Après tout, je ne peux pas me priver de sa grande expérience. J'ai souvent à m'entretenir avec des journalistes. Après les premières questions : « Quel est le film que vous aimez le mieux ? », « Quel parteniare préférez-vous ? », « Dans quelle ville vous sentez-vous le plus à l'aise ? » etc. ont souvent lieu de très agréables conversations, mais je n'aurais certainement pas l'assurance qu'il faut sans la présence de Mammi.

J'ai vu récemment, dans un grand magazine, des photos sur lesquelles je suis avec Mammi. Visiblement, elle me gronde. Naturellement, c'était le cas.

Il s'agissait de Horst Buchholz.

Nous nous sommes liés d'amitié lors du film *Un Petit Coin de Paradis*. C'est un type épatant, avec toutes ses faiblesses et toutes ses qualités. Nous avions décidé de danser ensemble au Bal du Film de Berlin. Nous n'avons même dansé qu'ensemble et cela a fait beaucoup jaser !

Horst danse magnifiquement et j'adore danser. Mammi m'a grondée à cause de cette histoire. Plusieurs messieurs se sont plaints auprès d'elle de n'avoir pas pu danser avec moi. Peut-être ne tenaient-ils pas réellement à danser avec moi, mais les photographes de presse qui étaient là voulaient faire des photos qui ne soient pas toujours les mêmes : Horst Buchholz et moi.

Voilà tout.

Mammi était mécontente parce que je n'avais pas tenu compte des obligations qui, je m'en aperçois, étaient des obligations professionnelles.

J'ai d'abord fait la tête. Puis j'ai cessé de bouder. Chez moi, ça va très vite. Pour Horst, il a fallu plus de temps. Mais quelle est la jeune fille qui, quand elle va au bal avec sa mère, passe réellement une bonne soirée ? On commet toujours une faute ! Manque de chance, la mienne a été vue et photographiée.

Ce qui m'embête, c'est que je ne peux pas agir librement. Si je vais avec Mammi aux bals organisés par les gens de cinéma, on dit : « Ah, la petite de Geiselgasteig ne peut pas voyager seule. » Mais si je voyage seule et me rends à un bal sans mes parents — comme l'année dernière au Bal du Cinéma à Francfort — on dit : « Maintenant, elle voyage seule ! Voyons un peu avec qui elle danse, avec qui elle boit, avec qui elle sort ! »

Je trouve ça terrible ! C'est dans ce cas Mammi qui me console : « Il faut le supporter. C'est dû à ton succès. Si tu n'en avais pas, personne ne s'occuperait de toi, ce ne serait pas bon non plus. » Et elle a parfaitement raison.

Ce qui met toujours une fille en colère, c'est la litanie permanente : « Fais ci, ne fais pas ça, tiens-toi droite, ne fume pas autant. » Mais il n'y a finalement pas de quoi en faire une tragédie grecque !

Mammi me donne du courage :

— Tu dois dire non quand quelque chose ne te convient pas ! Proteste, ne te laisse pas faire.

Que je n'aie pas le courage, la plupart du temps, de me comporter en personne responsable tient finalement au fait que les deux-tiers des personnes à qui j'ai affaire ont l'âge de mes parents — c'est un problème, et non le moindre ! Horst Buchholz, Alfred Weidenmann, Herbert Reinecker, Helmut Käutner, pour ne citer qu'eux, sont plus proches de moi par l'âge. Mais un homme comme O.E. Hasse, que j'aime sincèrement, pourrait être mon père ! Josef von Baky, Ernst Marischka, Harald Braun sont d'une autre génération. Et je ne peux pas me permettre avec eux de faire la forte tête.

Mammi m'aide alors, dans ces cas-là. Ces derniers mois, j'en ai supporté beaucoup... Une fois, les larmes me sont montées aux yeux, quand j'ai lu que les sociétés de cinéma payaient pour Mammi et moi moins que si j'étais seule engagée.

J'avais déjà quelques fois participé à des négociations de contrats. Les distributeurs ou les producteurs cherchaient à nous persuader, Mammi et moi, de tourner ensemble. Nous ne le voulions pas. Discussions, arguments, exigences. Nous avons continué à déclarer qu'il n'en était pas question.

Pour *Kitty,* Mammi a obtenu gain de cause. Mais c'est la seule fois.

Mais nous vivons désormais « en vitrine », à cause de notre profession. C'est pourquoi je comprends que nous soyons critiquées. Ce qui plaît à l'un déplaît à l'autre — et si l'on prétend, par exemple, que j'appelle chaque jour les journalistes à ragots pour leur donner les toutes dernières nouvelles, seulement pour que mon nom figure le matin suivant dans les journaux, je ne peux que me boucher les oreilles !

Il m'est arrivé beaucoup de choses dans ma vie, il m'en arrivera encore davantage. Certaines sont oubliées, d'autres resteront dans ma mémoire. Mais je suis heureuse, malgré ma jeunesse, grâce à Mammi qui me guide, et à Daddy qui m'a aidée, d'être arrivée à quelque chose : distraire les gens, leur changer les idées, les rendre heureux.

Les neuf films que j'ai tournés jusqu'à présent m'ont ouvert la voie. Il sera dur, au cours des années à venir, de conserver la position acquise dans les rôles justes. C'est ce dont je m'occupe le plus actuellement.

Les échocs de mon dernier film *Un Petit Coin de Paradis* m'ont montré que la voie était juste. J'avais peur que le public ne me suive pas pour ce film ! Je suis donc contente que même les critiques les plus redoutés n'aient pas eu grand-chose à me reprocher, cette fois-ci. Ma joie, le jour de la Première à Cologne, était cependant un peu troublée par quelque chose de grave : le jour où nous devions tous être si heureux, Erich Ponto était enterré à Stuttgart, lui qui avait été tellement gentil avec moi quand nous tournions le film à Munich.

Mes prochains projets sont sur le point de se réaliser. Depuis le 20 avril, nous tournons à Munich *Monpti,* dans lequel Helmut Käutner assure la mise en scène ; Horst Buchholz y est à nouveau mon partenaire. Je suis très contente de ce film. Heureusement, nous ne tournons que dix jours en studio. Toutes les autres prises de vue se font en extérieur, à Paris.

Dans un autre film, que je ferai aussi en 1957, à nouveau avec Alfred Weidenmann, je m'appelle Scampolo. Scampolo a un tempérament fantastique — je n'ai encore jamais rien joué de semblable. Dans le rôle de Scampolo, je vis sur l'île d'Ischia une merveilleuse aventure. Bien que je sois une jeune fille très pauvre, sans attaches, qui gagne sa vie en promenant des étrangers, un homme superbe tombe amoureux de moi. (Paul Hubschmid joue le rôle.) Lui non plus n'a pas beaucoup d'argent, mais il m'aime. Et c'est l'essentiel.

Le tournage commence fin 1957, sur l'île d'Ischia.

11 février 1957-5 mars 1957
Beaucoup trop d'impressions

Le voyage aux Indes et à Ceylan

Le programme du voyage auquel participent Romy, sa mère Magda Schneider et son beau-père Hans-Herbert Blatzheim, ainsi que neuf autres personnes, dure quatre semaines. C'est une suite continue de nouvelles impressions que Romy ne peut pas assimiler en si peu de temps. Le plan strictement minuté la chasse de ville en ville, d'hôtel en hôtel, d'une curiosité à l'autre ; visites de villes, excursions, visites de temples, voyages circulaires, aéroport, à nouveau une ville. A Calcutta, à peu près à la moitié du voyage, Romy doit faire une pause pour des raisons de santé. Elle souffre que son beau-père, en tant que restaurateur, concentre son intérêt davantage sur les hôtels que sur les curiosités culturelles. Elle passe les quatorze derniers jours à Colombo, dans l'île de Ceylan. Lors du voyage de retour, elle s'arrête à Athènes pour la Première du film Sissi, Impératrice. *Aux reporters, elle dit toujours : « Demandez à Mammi, elle a tout écrit... ».*
Elle rédige cependant de brèves notes de voyage.

Le 11 février de cette année commence le grand voyage. Nous sommes restés trois jours à Bombay. Nous y étions depuis quelques heures à peine que les réceptions commençaient déjà. Mais le plus intéressant pour moi a été la visite des studios de cinéma indiens. Nous avons aussi visionné quelques films indiens, seulement des extraits. Car cinq à six heures — là-bas, c'est la durée normale des films — étaient pour nous, Européens, tout simplement insupportables. En outre, l'action proprement dite est repoussée à l'arrière-plan.

Bénarès. La ville des mille temples. La ville des pèlerins, des mendiants, des fakirs, des saints, des faiseurs de miracles, des pénitents, des mourants, des touristes, des commerçants, des malades, a fait sur moi une profonde impression. Il y a là-bas une étroite ruelle qui conduit d'un temple d'or au temple des singes. Elle est si étroite que l'on peut toucher les maisons à gauche et à droite en écartant les bras. Le sol en est constitué de boue et d'ordures malodorantes. Elle est complètement envahie par les mendiants et les infirmes, étroitement pressés contre les murs des maisons, si bien qu'on doit passer au-dessus des jambes étendues de ceux qui sont assis, entre les membres estropiés, les enfants aux ulcères purulents, les paralytiques, les épileptiques, les idiots. Pire : tous essaient d'accrocher les gens qui doivent emprunter cette ruelle. Pour obtenir une aumône, les mains se tendent, saisissent les vêtements. On doit se frayer un chemin à travers eux, les toucher, et les pieds s'enfoncent dans les détritus... Bénarès. Ce célèbre lieu de pélerinage est sale à un point qu'un Européen peut difficilement imaginer. Pendant des nuits entières, j'ai revu dans mes rêves les visages amaigris, squelettiques de ceux qui vivent là-bas, dans cette crasse.

Darjeeling. Avec une jeep, nous sommes allés sur la Tiger-Hill, à partir de laquelle on a une vue unique sur l'Himalaya. Nous sommes arrivés peu de temps avant le lever du soleil. C'était si incroyablement beau, quand le soleil embrasé s'est lentement élevé au-dessus du sommet, que je ne l'oublierai jamais !

Nous avions une invitation du Maharadjah de Jaipur. Il n'existe de palais de ce genre que dans les contes. Nous avons d'abord traversé un parc magnifique dans lequel d'innombrables jardiniers étaient occupés à soigner les fleurs et les pelouses. Le palais lui-même possède d'innombrables tours, qui rappellent le Japon. De nombreux bâtiments sont en bois.

Sinon, qu'ai-je remarqué ?

Qu'un petit temple de Bénarès est en or pur ; que le Taj Mahal est si beau qu'on ne peut pas le décrire ; que les stars de cinéma indiennes féminines portent toutes une raie au sommet de la tête et qu'elles la teignent en rouge ; que le bijou dans les ailes du nez des dames doit recueillir l'amour de l'homme ; que le riz au curry a un tout autre goût que celui auquel nous sommes habitués ; qu'il faisait très froid à Darjeeling, à une altitude de deux mille mètres ; à Colombo, le thermomètre indiquait quarante à l'ombre, l'eau était à trente. J'ai tout enduré.

Eh bien, je suis bien une enfant sage.

Quand je suis à ces stupides soirées et que je ne dis rien, les gens pensent sûrement que je suis une oie sotte et fade. Mais

Rosa Albach-Retty (1874-1980), la grand-mère de Romy.

Les parents : Wolf Albach-Retty (1906-1967), le père, et Magda Schneider (née en 1909), la mère de Romy.

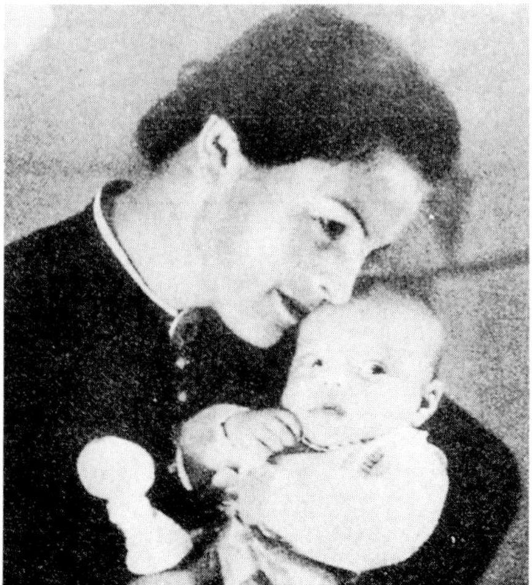

Rosemarie Albach est née le 23 septembre 1938, à Vienne.

Magda Schneider, en compagnie de Romy, âgée de trois ans, à Berchtesgaden-Schönau.

Romy, à 6 et à 8 ans.

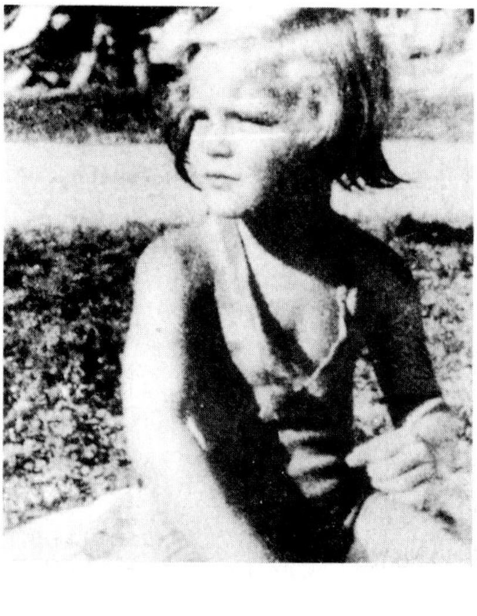

Mariengrund, la maison où Romy a passé son enfance. A l'âge de 10 ans, lorsqu'elle fréquentait (entre 1949 et 1953) l'internat de Goldenstein, près de Salzburg, elle passe ses vacances dans cette maison de campagne bavaroise.

Romy, en compagnie de son grand-père, Franz Xaver Schneider, le père de Magda.

Romy, à l'internat Goldenstein. *A gauche :* déguisée en cow-boy (1952).

Quand fleurissent les lilas blancs (1953), son premier film, avec Willy Fritsch et Magda Schneider. Le tournage commence lorsque Romy a 14 ans.

Feux d'artifice (1954).

Les jeunes années d'une Reine, avec Adrian Hoven (1955).

Page de gauche
Les chevaliers de l'Ordre allemand (1955).

En haut, à gauche : Le dernier homme, avec Hanz Albers (1955).

En haut, à droite : Romy entourée d'admirateurs et de chasseurs d'autographes, à l'âge de 16 ans (1955).

Sissi (1955). Ce film autrichien la rend célèbre dans le monde entier.

Sissi, impératrice, en compagnie de Karl Heinz Böhm (1956).

Page d'avant
En haut : Romy, lors du tournage de *Kitty et le grand monde*, avec Karl Heinz Böhm (1956).

En bas, à gauche : Robinson ne doit pas mourir (1956).

En bas, à droite : Journées de repos, pendant le tournage de *Robinson ne doit pas mourir,* avec Horst Buchholz (novembre, 1956).

A gauche : Romy, en compagnie du champion olympique de ski, Tony Seiler, qu'elle a connu en 1956, au carnaval de Munich.

Romy, en compagnie de Horst Buchholz, lors du tournage de *Monpti,* dans les jardins du Luxembourg (1957).

Scampolo (1957).

Sissi face à son destin, avec Walther Reyer (1957).

Jeunes filles en uniforme, avec Lilli Palmer (1958).

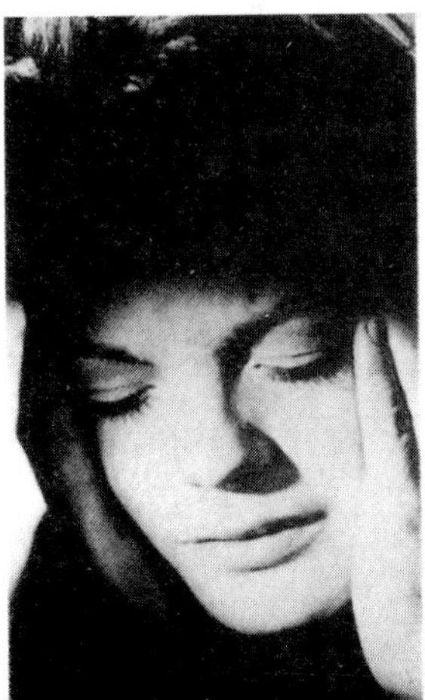

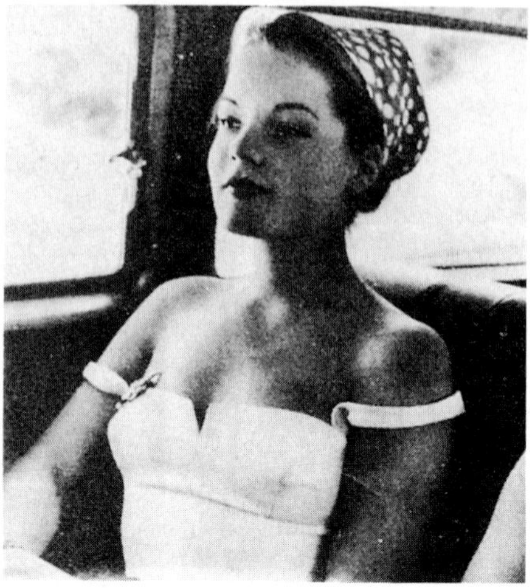

1957 : Romy entreprend, en compagnie de ses parents, sa mère Magda et son beau-père, Hans-Herbert Blatzheim, un voyage aux Indes et à Ceylan.

1958 : elle s'envole, en compagnie de sa mère, à New York, et visite les studios, à Hollywood, ainsi que Disneyland.

Page précédente
Avec sa mère dans *Sissi*.

En haut : Romy et Alain, dans un restaurant, à Rome (octobre 1959).

Le 22 mars, Romy et Alain Delon se fiancent à Morcote, sur le lac de Lugano (1959).

Page de droite
Lors de la répétition de la pièce de théâtre *Dommage qu'elle soit une putain* de John Ford, au Théâtre de Paris. Romy joue le rôle principal, Alain est son partenaire et Luchino Visconti fait la mise en scène. La première a lieu le 29 mars 1961, Romy et Alain, en frères et sœurs amoureux.

La Mission de Lysistrata, son unique rôle à la télévision, avec Barbara Rütting (1960).

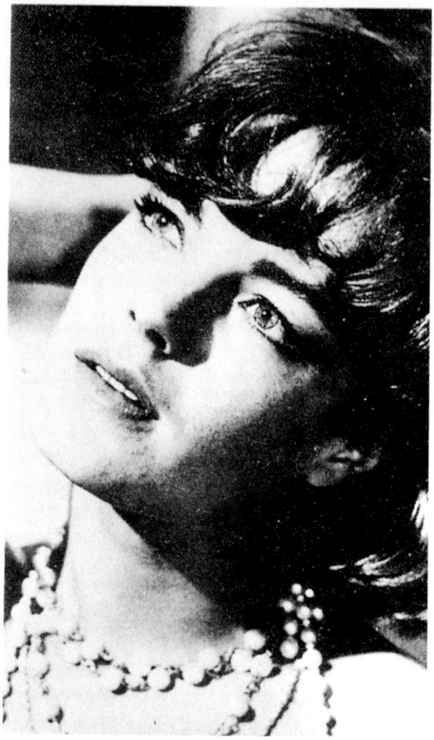

Boccaccio 70 (1961).

Le procès, avec Orson Welles (1962).

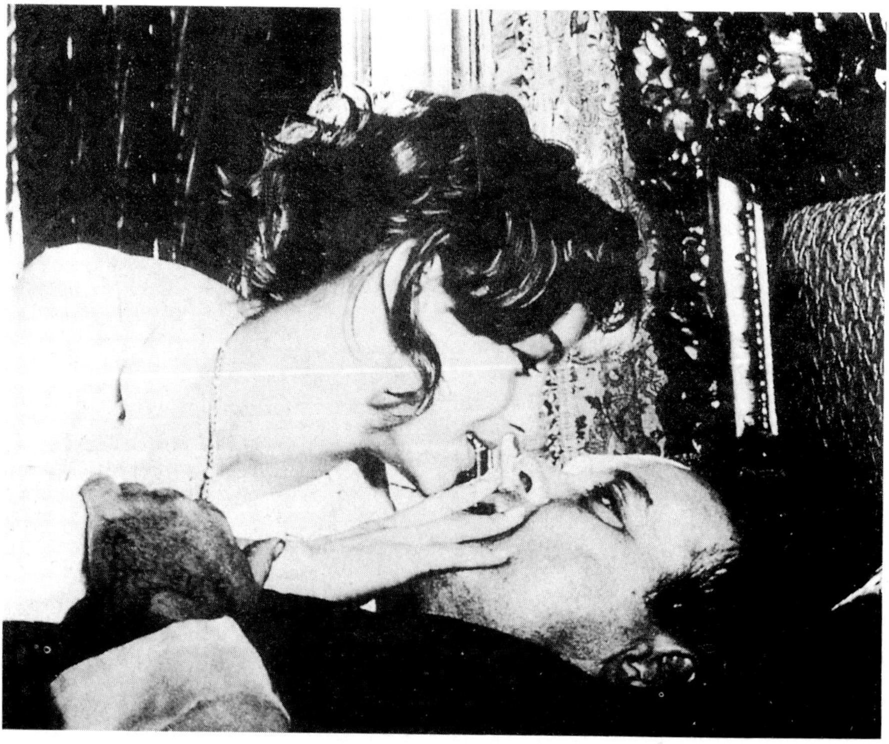

Romy avec son frère Wolfdieter Albach (né en 1941), au Bal de l'Opéra, à Salzburg (août 1964).

Romy, en compagnie de sa grand-mère, Rosa Albach-Retty, ainsi que de sa mère, Magda Schneider et de son beau-père, Hans-Herbert Blatzheim (1905-1968), en janvier 1964, à Innsbruck.

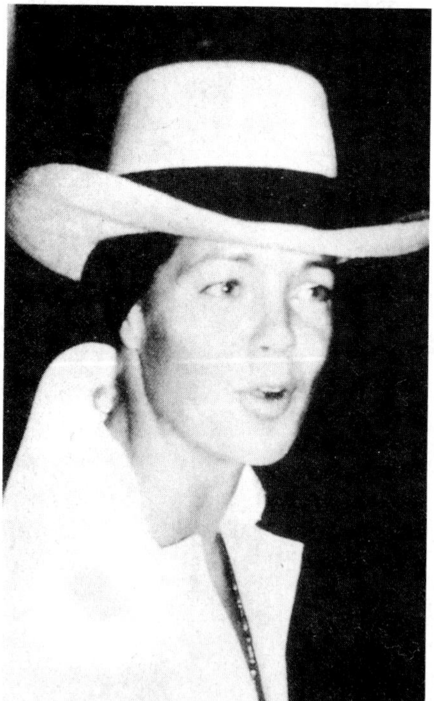

Page de gauche, ext.
Photos personnelles (1962 et 1964).

Page de gauche, haut et bas
Le Cardinal (1963).
Quoi de neuf Pussy-cat ? (1964).

En haut, à gauche : Romy, en vacances.

En haut, à droite : Lors du tournage du film *Prête-moi ton mari* (1963).

Réveillon 1963, à Monaco.

Après sa séparation d'Alain Delon, en décembre 1963, Romy rencontre l'acteur et metteur en scène Harry Meyen (Haubenstock, 1924-1979), en avril 1965, à Berlin. Ils se marient le 15 juillet 1966.

Le 3 décembre 1966, son fils David Christopher Haubenstock vient au monde, à Berlin. Il est tout pour Romy.

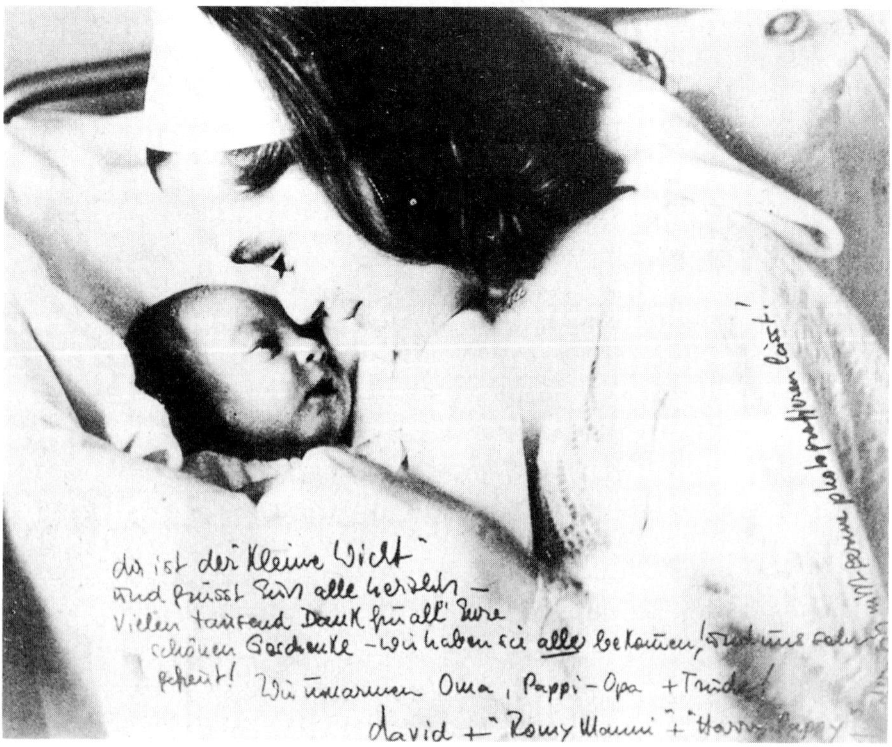

Romy, au printemps 1967. (Écrit à la main : *Black at home. Maman pose - mes photos - on est de nouveau tout à fait mince.)*

Avec David Christopher (1968).

En septembre 1958, Romy tourne avec Alain Delon le film *La piscine*.

Les choses de la vie, avec Michel Piccoli (1969). Il est son partenaire dans 6 films, dont 5 mis en scène par Claude Sautet.

Avec Maurice Ronet, en 1970.

La Califfa, avec Robert Bisacco (1970).

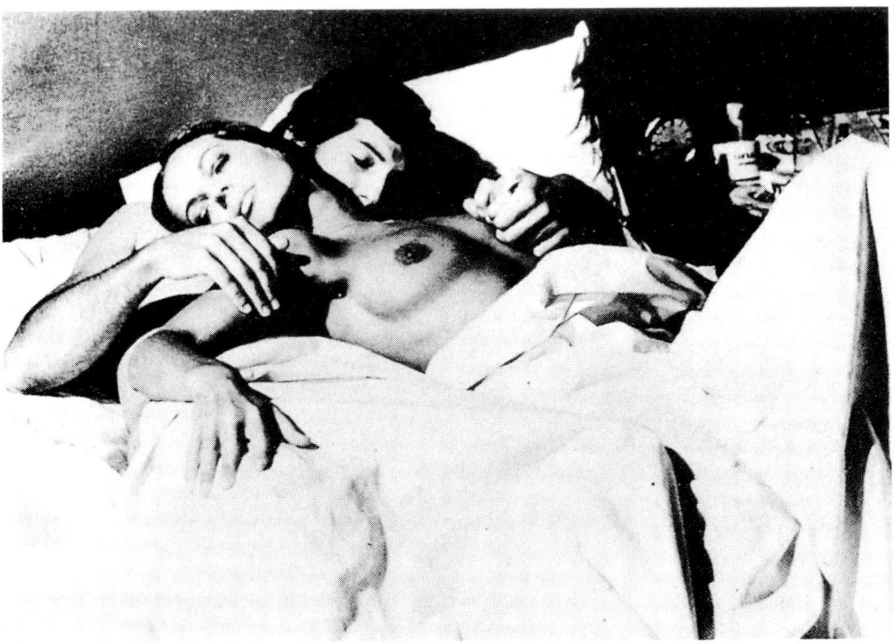

La Fille et le commissaire (1970).

Photo de coll. privée.

Ludwig II, le film où elle joue à nouveau le rôle d'Élisabeth d'Autriche (1972).

César et Rosalie, avec Yves Montand et Sami Frey (1972).

Le train, avec Jean-Louis Trintignant (1973).

Le mouton enragé (1973).

Avec Fabio Testi, en 1974.

Les Innocents aux mains sales, avec Paolo Giusti et Rod Steiger (1974).

Le trio infernal (1973-74).

Dans l'émission de télévision *Star-Gast* (L'invitée-vedette), en juin 1971.

En bas : Photos personnelles des années 1972 et 1973.

Page de droite en haut
Le vieux fusil (1975).

Page de droite en bas
Une femme à la fenêtre (1976).

Le 18 décembre 1975, Romy épouse Daniel Biasini (né en 1947), à Berlin. Elle avait divorcé de Harry Meyen, en juillet 1975. Romy attend un enfant, mais fait une fausse couche, en janvier 1976, à la suite d'un accident de voiture.

Romy et Daniel Biasini, en 1976.

que dire ? Ce que disent les autres ? Comment allez-vous ? *Very glad to see you ?*

Il faut que je réfléchisse.

Les vacances proprement dites ont commencé à Colombo, dans l'île de Ceylan. Nous y sommes restés deux semaines. Nous ne faisions rien, à part nous promener, nager et dormir. L'hôtel est situé au milieu de la jungle. Au cours d'une promenade en voiture, des sauriens géants ont traversé la route. En chemin, nous avons vu d'innombrables singes, qui ne sont pas sauvages du tout. Et il y a là-bas presque autant d'éléphants que de chiens chez nous.

Je reviendrai ici. J'en suis sûre... Mais cette fois-ci sans les autres. Pour mon voyage de noces... pas de si tôt ! Ensuite, je veux retourner à Ceylan, dans l'un des derniers paradis de cette terre. Dans cette île de gens heureux, accrochée au lobe de l'oreille des Indes.

Après un long voyage à travers d'immenses plantations de thé, nous avons quitté l'Inde.

A Athènes, la Première de *Sissi II* a connu un très grand succès. Auparavant, les Grecs avaient prévu pour moi une jolie surprise : ils avaient obtenu de ma couturière munichoise mes mensurations. Peu avant la Première, ils m'ont offert un costume grec. Je l'ai naturellement porté le soir.

La dernière nuit, nous avons admiré l'Acropole sous la pleine lune. Il y a deux ans, je suis déjà venue en Grèce. Je n'y connaissais alors personne...

Je suis plutôt calme, je ne parle pas beaucoup ; j'ai un tempérament très différent de celui de ma mère. Ce voyage était trop rapide, il y avait trop d'impressions. On pourrait passer sa vie entière à remettre ses idées en ordre après. Pour moi, ça durera longtemps, il me faudra des mois pour réfléchir à tout ça, pour le classer dans ma mémoire. Si j'en parlais dès maintenant, je ne dirais que des banalités. Il faut prendre le temps, je l'ai appris durant ce voyage. Nous aurions dû le faire très lentement, ou bien laisser certains sites de côté et visiter les autres à fond. Oui, j'y retournerai... plus tard.

Il y a eu tant de choses au cours des dernières semaines ! En dernier lieu, Athènes. La Première avec le Roi et la Reine. Et puis enfin, la maison. J'aime tellement ma chambre à Berchtesgaden, ma chambre à moi toute seule. Savez-vous ce que c'est, avoir quelque part *sa* chambre, et savoir qu'elle sera toujours là ? On peut s'y cacher, fermer la porte, être seule avec soi, pour soi. J'aime la petite chambre de Berchtesgaden, je peux m'y allonger, lire, réfléchir...

13 janvier 1958-5 février 1958
Mon Journal américain

Séjour à New York et à Hollywood

A l'occasion d'un voyage de trois semaines à New York et Hollywood de Romy Schneider et de sa mère a lieu la Première de son film Les Jeunes Années d'une reine, *que la distribution Walt Disney a lancé à New York et dans de nombreuses villes américaines sous le titre :* The Story of Vicky. *Pendant le séjour de douze jours à New York, Romy passe huit fois à des émissions en direct à la télévision, cinq fois à la radio, et donne aux journalistes et reporters une quantité d'interviews. Elle se rend au* Metropolitan Opera, *danse au bal de l'Opéra de Vienne à l'hôtel* Waldorf-Astoria, *monte en haut de l'Empire State Building. A Hollywood, elle est reçue dans les grands studios, en compagnie de Sophia Loren, Curd Jürgens, Mel Ferrer, Fritzi Massary, Erich Pommer, et de nombreux autres acteurs.*

Dans son « Journal américain », Romy raconte en détail chacune de ses journées aux Etats-Unis.

Mardi 14 janvier 1958

Je suis en Amérique, c'est incroyable ! Exactement à six heures trente, heure de New York, nous atterrissons tous les trois : Mammi, Léo Horster et moi, avec la SAS, sur l'aéroport d'Idlewild. Il fait terriblement froid, et le vent nous souffle aux oreilles. Je ne suis pas très bien réveillée, mais ça ne fait rien, je suis en Amérique ! Je me sens un peu excitée. A peine descendons-nous de l'avion que déjà cinq photographes sont là. L'un deux se précipite sur moi et dit : « Je suis Dennis, je suis votre ami, et je vous suivrai partout. » C'est Dennis Stack, un photographe américain connu, m'explique Léo. Ensuite, tous les photographes crient : « Les jambes, s'il vous plaît ! » Je dois relever ma robe... par ce froid ! Mais je trouve ça amusant. Lynn Farnol et Charles Levis sont également là, comme représentants de *Disney*. Alors que nous arrivons dans le bâtiment de l'aéroport, une chaleur terrible nous saisit, et il me faut une heure, que nous passons à attendre que nos treize bagages soient contrôlés, pour que je me sente à mon aise. Nous allons ensuite à l'hôtel *Plaza*.

Je n'ai encore jamais rien vu de semblable. Ce n'est pas un hôtel, c'est une ville ! Mammi et moi avons les chambres 1632, 1634 et 1636. Elles sont superbes. Je mets une demi-heure pour aller de mon appartement à celui de Mammi. Et il y a des fleurs partout. De Walt Disney, de Paul Kohner, de

Daddy, et de nombreux autres. A neuf heures arrive le premier reporter, et à dix heures un jeune homme avec un appareil photo. Il se présente : Horst Buccholz. Je pense que c'est une plaisanterie ! Mais il s'appelle réellement ainsi, et il est photographe de l'*Associated Press*.

A quinze heures trente a lieu mon premier show télévisé. Pour être honnête, je tremble un peu... mais finalement ça se passe très bien. Ensuite arrivent de nouveau cinq photographes de l'*International News Service*, et le correspondant local du *Stern*. Après, nous flânons un peu à travers New York. Ça glisse. Dans la rue, on voit autant de manteaux de vison que d'imperméables chez nous.

Mercredi 15 janvier

Je dois me lever à cinq heures trente. Et je n'ai pas le droit d'être fatiguée, je me rends à ma première interview pour la télévision. Elle a lieu à sept heures, mais je dois y être au moins vingt minutes plus tôt pour le maquillage. Toutefois, je préfère me préparer moi-même ; les gens de la télévision sont très gentils, ils me laissent tout faire comme je le désire. A sept heures vingt, j'interviens quatre minutes, et à neuf heures quarante-huit minutes. Mon anglais est déjà un peu meilleur. On doit cependant faire très attention. Les questions pleuvent, et il faut répondre avec exactitude.

A onze heures, nous devons être chez Peter von Zahn ; il fait avec nous une interview radiodiffusée qui passera le soir même en Allemagne sur la Radio du Nord-Ouest. J'espère que Daddy l'entendra. A midi, encore des journalistes. J'ai juste le temps de jeter un coup d'œil au miroir et de me laver les mains. Puis, nous déjeunons avec le représentant de l'*United Press*, Jack Gaver. Une demi-heure de repos dans ma chambre avant la reprise. Dormir une heure serait merveilleux. Mais je ne suis pas venue en Amérique pour dormir ! Rouge à lèvres, poudre, mascara, passons à la prochaine interview ! Mammi m'aide magnifiquement pour tout. Elle n'est pas aussi fatiguée que moi. Je la trouve éblouissante.

A quinze heures, nous sommes à la rédaction du *Ladies Home Journal ;* je dois à nouveau montrer mes jambes et afficher mon plus rayonnant sourire. Après, j'ai envie de voir quelques boutiques, et non plus de répéter que je tournerais volontiers en Amérique. Nous allons donc faire un peu de shopping. Les photographes sont toujours derrière nous. Chez *Bergdorf-Goodman,* je vois un ravissant tailleur bleu pas tellement cher : soixante-huit dollars. Il me va, à merveille. Je le garde sur moi.

A seize heures quarante-cinq, rendez-vous avec Paul V. Beckly du *Herald Tribune.* Il est charmant, mais il ne demande pas grand-chose de plus que les autres journalistes. Mon anglais s'améliore. Cependant je suis souvent obligée de demander : « *Speak slowly please.* » Après cette dernière interview, je suis K.O. Epuisée. Si l'Empereur de Chine venait me demander une interview, je le ferais attendre. Maintenant, Romy a besoin de repos.

Léo et Mammi sont adorables. Ils appellent un taxi et nous retournons au *Plaza.* Ces chauffeurs de taxi sont aussi pour moi une énigme ! Comment arrivent-ils à conduire dans ces embouteillages ? A côté de la Ve Avenue, le Stachus de Munich à cinq heures est un vrai cimetière ! C'est tout dire...

Jeudi 16 janvier

Se lever à nouveau au chant du coq. Bien que je doute qu'il y ait des coqs dans cette mer d'immeubles. Mammi reste à se reposer. Je suis heureuse de pouvoir laisser mes affaires, de ne pas être obligée de tout ranger. Greta s'en occupe. Léo a engagé pour Mammi et moi une vraie femme de chambre, qui est remarquable. Tout se trouve toujours à sa place. Et ce n'est pas facile, avec tout ce que nous transportons !

Léo et moi allons à une interview télévisée après le petit déjeuner. A huit heures du matin, je dois mettre une robe du soir, mais qu'importe ! Sur l'écran, on ne peut pas voir que c'est le matin ! A dix heures, retour à l'hôtel. Un saut sous la douche, se changer rapidement. Fred Hift du *Variety* nous attend déjà.

Onze heures trente. Enregistrement d'une bande pour une station de radio allemande. L'interview, avec moi et Mammi, doit être diffusée le dimanche suivant. Mammi parle remarquablement anglais. Mais nous avons encore toutes les deux un peu l'accent viennois ! Prochaine étape du programme : interview et lunch avec Mike Mackay de *Newsweek* à l'hôtel *Algonquin.*

Quinze heures trente, exactement, à la minute près, émission de radio pour *Monitor RCA.*

Seize heures trente : interview avec M. Bald pour le grand Syndicat Nana.

Dix-huit heures trente : dîner au très exclusif *Club 21.*

Vingt heures quarante : *My Fair Lady.* Fantastique ! Malheureusement, mes yeux se ferment.

Il est tard, plus de minuit, quand je tombe enfin dans mon lit. Je suis morte ! Demain, je dois aller chez le coiffeur. On m'a tellement coiffée pour les différentes interviews — je ne peux plus entendre ce mot ; interview ! — que j'ai les cheveux complètement abîmés. On dirait des queues de rats !

Vendredi 17 janvier

Enfin dormi suffisamment. Maintenant, deux heures chez le célèbre coiffeur Antoine de chez *Saks.* Je me sens renaître. Ensuite, Mammi et moi allons avec Léo Horster au théâtre *Translux.* Avec M. Richard Brandt, propriétaire du théâtre, et M. Léo Samuels, directeur de la *Société de Distribution Buena-Vista-Disney,* je dois signer un contrat pour la Première de *Les Jeunes Années d'une reine,* qui doit démarrer ici sous le titre *The Story of Vicky,* dans les immeubles Translux des 52e et 85e rues, à proximité du quartier allemand. Ensuite vite chez *Sardi's.* Un restaurant superbe ! Irène Thirer du *New York Post* déjeune avec nous. Elle me recommande de goûter un cracker avec du ketchup. Flac ! Il y en a aussi sur mon tailleur clair ! Mais le serveur, qui parle couramment allemand, arrive tout de suite avec de l'eau chaude et une serviette. A peine ai-je avalé la dernière bouchée que je suis de nouveau dans un taxi ; je me rends à une séance assez fatigante : pendant trois heures, je fais des photos au *Ladies Home Journal*.

Peter Basch s'efforce de tirer la meilleure image de ma modeste personne. J'ai l'impression que mon sourire se fige dans mes efforts pour être « glamourous ». Et il répète toujours : *more legs !* C'est l'Amérique. A dix-sept heures, je suis enfin de retour à l'hôtel. Deux heures de repos sont prévues au planning. Dehors, la circulation de la Ve Avenue fait rage.

A dix-neuf heures, Greta m'apporte une merveilleuse robe de soirée blanche. Pour la première fois de ma vie, je vais à un bal en Amérique. Au bal de l'Opéra Viennois. Avec deux limousines Cadillac gigantesques, nous nous rendons au *Waldorf-Astoria*.

A la porte, le Consul Général d'Autriche, M. Schiller, nous attend ; il nous remet le programme de la soirée. Dans le hall trône une grande photo de moi en Reine Victoria. Les invités sont incroyablement élégants, et je danse beaucoup.

Il est plus de minuit quand je m'écroule enfin sur mon lit. J'ai horriblement mal aux pieds... et je crois que j'ai un peu trop bu.

Samedi 18 janvier

Mammi doit se reposer un peu, aujourd'hui. Je vais seule à onze heures trente chez Peter Basch. De nouveau quatre heures de photos.

Dix-huit heures quinze, M. Farnol vient nous chercher pour nous emmener dîner au restaurant nouvellement ouvert du Forum. Ensuite, c'est le *Metropolitan Opera*. Le père de Karlheinz Böhm, le Professeur Karl Böhm, dirige la représentation du *Chevalier à la Rose*. Je suis enthousiasmée.

A l'entracte, champagne au foyer. Ensuite, nous allons à *El Marocco*. Mammi a de la chance, elle peut enfin aller dormir, alors que je dois encore accompagner M. Farnol et Léo Horster à une interview radiodiffusée pour le *Barry Gray Show*.

Je suis terriblement nerveuse. Car ce n'est pas un studio bien tranquille, mais une salle de théâtre. Des milliers de spectateurs sont là quand on vous amène jusqu'à l'avant de la scène.

Dimanche 19 janvier

Je me suis réveillée tard, même très tard. Presque treize heures ! Aujourd'hui, seulement deux impératifs au programme : repos, et une conversation avec Daddy à Cologne.

A quatorze heures, Mammi, Léo et moi nous rendons en taxi, par le West-Side Drive Way, à la pointe sud de Manhattan, la Battery. De là, un ferry-boat nous fait traverser le port vers Staten Island. La vue sur New York que l'on a du port est indescriptible. C'est tellement beau ! Peu avant seize heures, nous sommes de retour à l'hôtel. La voix de Daddy au téléphone est aussi claire que s'il parlait dans la pièce voisine. Ensuite, sieste pendant deux heures. Nous l'avons bien méritée ! Mais finalement, je ne terminerai pas la journée sans être de nouveau dérangée. De vingt heures à vingt et une heures, je suis assaillie de questions par les journalistes du *Ed Sullivan Show*. Cette fois, je dois me comporter particulièrement bien : quarante millions de spectateurs voient cette émission en direct. Après le spectacle, à vingt-deux heures, nous grimpons au sommet de l'Empire State Building. C'est une nuit froide et claire ; nous voyons plus bas des millions de lumières multicolores, et les navires dans le port. Mammi s'étonne de mon silence. Je suis tout simplement incapable de parler. C'est trop merveilleux. Léo dit qu'il n'a rien vu de semblable depuis dix ans. Il habite cependant aux Etats-Unis depuis une éternité. Maintenant, je pourrais aller dormir, mais je ne suis plus fatiguée du tout. J'entraîne Mammi et Léo au *Rendez-Vous,* un joli petit restaurant français qui fait partie du *Plaza.* Nous nous installons avec René Bittel, dont nous avons fait la connaissance ici il y a quelques jours. Il est gentil, il est beau, et il danse divinement la valse viennoise. Il s'adresse tantôt à Mammi, tantôt à moi, pendant que Léo commande plusieurs bouteilles de Veuve Cliquot.

Lundi 20 janvier

Aujourd'hui, je vais voir pour la première fois la version américaine des *Jeunes Années d'une reine ;* c'est la présentation à la presse. Je suis stupéfaite de constater à quel point, chez *Disney,* ils ont synchronisé les voix américaines de Mammi et moi. On croirait réellement qu'il s'agit de nous. Léo Horster raconte qu'il a cherché ces voix pendant des mois.

L'après-midi, il y a déjà des critiques sur le film dans différents journaux. Les articles du *Motion Picture Herald,* du *Motion Picture Daily* et de *Variety* sont excellents. En ce qui concerne le *Motion Picture Daily,* le voici exactement : « Il y a beaucoup à dire sur Romy. Elle tourne quatre films par an ; cette jeune fille de talent, âgée de dix-neuf ans, a déjà joué dans dix grands films à succès. C'est la descendante d'une longue lignée de célèbres acteurs. Le film *The Story of Vicky* sera sûrement un grand succès en Amérique. » Je suis très heureuse dc ces quelques phrases.

A midi, je dois me changer à nouveau. A treize heures, nous sommes invités par le Consul Général d'Autriche à New York, Eduard Schiller, à l'hôtel *Park Lane.* L'Ambassadeur autrichien auprès des Nations Unies, le Dr Franz Matsch, le Professeur Karl Böhm et sa femme sont également présents. C'est un peu guindé, mais très agréable.

A quinze heures quinze, nous partons pour le *Daily News,* le plus grand quotidien d'Amérique. Je fais aujourd'hui la connaissance du reporter le plus fou de New York, Jimmy Jemail, que l'on appelle « le photographe qui pose des questions ». La journaliste Loretta King, que nous connaissons déjà, est là aussi.

A seize heures trente, première interview avec Fred Hift, correspondant du *Nouveau Film* à Wiesbaden, et en même temps reporter de *Variety.* Pour ce soir, nous avons un superbe projet : nous allons voir *Time Remembered,* avec Helen Hayes. Auparavant, nous dînons avec son fils, James McArthur, au restaurant *Brussels.* Et ensuite, la pièce avec Helen Hayes. Un événement ! C'est une actrice formidable !

Après la représentation, nous nous rendons avec elle et son fils au *Witney's,* pour prendre un verre. Puis nous rentrons à l'hôtel. Je vais repenser à la représentation. Quand j'éteins la lumière, il est presque une heure. Demain, j'irai au lit plus tôt, je me le promets. Et je me demande ce qu'en dira notre Léo !

Mardi 21 janvier

A peine Mammi et moi avions-nous terminé notre petit-déjeuner que déjà un homme avec bloc et crayon se trouvait devant la porte. Et j'avais auparavant reçu de nombreux coups de fil. Des jeunes gens et des jeunes filles qui se présentent simplement par les mots : « Romy, ici un admirateur. » Ça me fait toujours rire quand j'entends ça. Le reporter est un certain Dr Robert Prick, du journal new-yorkais de langue allemande *Staatzeitung*. Chic ! je peux à nouveau parler allemand avec un reporter autant que je le désire. Le Dr Prick est charmant, et on ne remarque pas du tout sa façon de « tirer les vers du nez » à quelqu'un.

Maintenant, j'ai encore envie de voir les boutiques. Mammi et moi allons faire une heure de shopping. Il y a des choses tellement magnifiques ! Mais c'est un peu trop bariolé pour mon goût. Et les femmes ici sont déjà maquillées à l'heure du déjeuner comme chez nous le soir. Elles sont belles, sophistiquées, couvertes de bijoux et de fourrures.

Nous sommes convoqués à quatorze heures au bureau new-yorkais de *Disney*. David Berger me fait enregistrer une bande magnétique pour l'émission d'une radio, *La Voix de l'Amérique,* qui est diffusée en l'Allemagne. On nous montre ensuite les grandes photos et l'annonce que la *Société Disney* a sortie pour notre voyage en Amérique. Je vois alors, sur une photo géante à peu près cinq fois plus grande que nature, un visage de moi tout autre que celui que je connais d'après les films et les photos. Je ne me reconnais pas du tout, avec les cheveux fous rejetés en arrière et les yeux fermés. Pour cette photo, on a rédigé une légende : « L'actrice la plus excitante de l'année

1958. » Eh bien, je ne sais pas... Mais l'Amérique est bien le pays des superlatifs.

A seize heures, nous dégustons des *shrimps ;* c'est ce qu'il y a de meilleur au *Oak Room* de l'hôtel *Plaza.* Après une bonne douche, Greta nous habille et nous allons à un cocktail chez M. Lynn Farnol. Il reçoit chez lui les plus importants représentants de la presse de New York. C'est la première fois que je me trouve dans une habitation privée américaine. Tout est clair. Il y a beaucoup de bois, et la vue, à travers les larges baies, sur le cœur de la ville est tout simplement merveilleuse. Les journalistes m'assaillent encore de questions. Ma plus grande joie est de les entendre me dire très sincèrement que mon anglais est formidable.

Mercredi 22 janvier

Hourrah ! Un spectacle télévisé est annulé au dernier moment. Je peux dormir autant que je veux ! Mammi et moi n'avons besoin que d'être à midi chez *Sardi's* pour déjeuner avec Alice Hughes, du *King Feature Syndikat.* Lorsqu'elle s'en va, elle est remplacée aussitôt par Harry Milliken, reporter de l'*United Press.* Mon anglais coule facilement ; cette nuit, j'ai même rêvé en anglais.

Quatorze heures. De nouveau au studio, chez Peter Basch. Il nous montre les premières photos de l'autre jour. Elles sont remarquables, mais ça m'a coûté beaucoup de peine et de sueur. Cependant, l'immobilité a payé. Je me reconnais à peine sur ces magnifiques photos en couleur !

Jusqu'au prochain point du programme, deux heures de repos dans la chambre, puis Greta se présente à nouveau. « C'est l'heure, Miss Romy. » Nous nous faisons monter une collation. A vingt et une heures quinze, nous sommes invités par le directeur du *Radio City Music Hall,* M. Russel Downing, dans son gigantesque théâtre. Nous voyons d'abord le programme de Noël, ensuite le film *Sayonara* avec Marlon Brando. Mammi doit me secouer deux fois avant que je m'aperçoive que le film est terminé. « Tu es vraiment plongée dans tes pensées, ma petite fille », dit-elle en riant. Léo nous conduit ensuite à travers le gigantesque immeuble, nous marchons pendant des heures et pourtant nous n'avons rien vu.

Je me glisse enfin, mortellement fatiguée, dans mon lit.

Jeudi 23 janvier

Sincèrement, je ne suis pas encore tout à fait réveillée quand Greta frappe à neuf heures. Aujourd'hui, studio du *Sunday News*. En une heure et demie, trente-quatre photos en couleur sont prises, et ce n'est pas si dramatique. Tout se passe vite, sans heurts, et les gens sont si aimables que le temps file.

A treize heures, déjeuner avec M. John McDonald de *Life-Magazine* au *Rockefeller Center Lunch Club*, tout là-haut, au soixante-cinquième étage. J'arrive à peine à manger, je regarde constamment en bas.

De quatorze heures trente à seize heures trente, interview avec Ben Somoroff, le photographe de *Look-Magazine*. Je dois revêtir un costume de l'époque victorienne, une somptueuse robe de mariée.

C'est assez fatigant, mais finalement on en vient à bout. Pendant ce temps, Mammi se promène en ville ; dommage, j'irais si volontiers avec elle faire des achats !

Le soir, à dix-neuf heures trente, nous sommes invitées chez le Consul d'Allemagne, le Dr Reifferscheidt, dans sa résidence privée. A vingt-trois heures, nous sommes de retour ; mes yeux se ferment tout seuls. Durant la soirée, Mammi n'a pas arrêté de me faire des signes avec une boîte d'allumettes... J'aurais dû mettre des allumettes pour empêcher mes yeux de se fermer constamment.

Vendredi 24 janvier

Aujourd'hui encore, nous sommes en représentation. A dix heures, conférence de presse pour les journalistes allemands et européens à New York. Nous avons convié tous les clients du premier étage de l'hôtel. A onze heures, encore une journaliste, la représentante du *Journal American*. Elle renvoie

Mammi et Léo parce que ça l'agace de ne pas être seule avec moi. Et elle m'interroge ensuite sur le mode humoristique. Je ne suis pas impressionnée par son charme.

A midi, je suis délivrée. Il n'est que temps, car nous sommes attendues pour le spectacle de télévision *Joe Franklin.* Joe Franklin est rayonnant. Il ne cesse de poser des questions amusantes. J'en arrive à me sentir devant la caméra aussi à l'aise qu'à la maison.

Ensuite, en vitesse chez le coiffeur ; nous devons nous faire belles pour Hollywood. Car il ne nous reste plus que deux jours avant de quitter New York. Je suis tout excitée. Comment cela se passera-t-il à Hollywood ? Les gens là-bas seront-ils aussi amicaux qu'à New York ?

Mais ce soir, à vingt-deux heures, je dois encore une fois me montrer. J'apparais pour la dernière fois à New York sur l'écran de télévision, dans la *Greenwich Village Party.* Quand la caméra se met en route, je suis parfaitement calme, tout marche à merveille. Et demain, nous n'avons presque rien. Enfin pouvoir dormir à satiété !...

Samedi 25 janvier

Dormi presque onze heures. Je ne pouvais plus me réveiller. Au déjeuner, Mammi et moi rencontrons Curt Riess. Il nous raconte des choses prodigieusement intéressantes sur l'Amérique. Ensuite, de nouveau une brève promenade à travers la ville. Il y a maintenant douze jours que je suis à New York, mais je n'ai pas encore vu la millième partie de cette ville fantastique. Léo explique sans cesse, et à chaque fois je suis étonnée. Le soir, grand dîner de gala au *Leone's Restaurant.* Ensuite, vite au lit ! Demain, c'est le grand jour ; demain, nous nous envolons pour Los Angeles.

Dimanche 26 janvier

Le salon à l'arrière, dans l'avion de la SAS, est réservé pour nous. A dix heures, nous décollons de l'aéroport d'Idlewild. Le confort dans l'avion est fantastique ! Avec un bar, et tous les raffinements ! J'ai envie de boire un cognac. Mais le steward refuse. Les moins de vingt et un ans n'ont pas le droit de boire. A quoi pensent les Américains ? A mon âge, on peut se marier et avoir des enfants, pourtant avec mes dix-neuf ans révolus, je ne peux même pas boire un innocent cognac ! Je ne suis pas une alcoolique, mais j'ai quand même parfois envie d'une goutte d'alcool. Je ne peux même pas boire dans le verre de Mammi, le steward me surveille attentivement ! Il y est obligé, explique Léo. S'il était pris en faute, on lui retirerait sa licence. Bon. Même sans alcool, le voyage est magnifique. Temps très clair.

Quand nous atterrissons à Los Angeles, l'air est merveilleusement chaud et doux, comme chez nous au printemps. A l'aéroport, le Consul Général d'Autriche, le Dr Waller, accompagné de son épouse, nous attend avec des messieurs de la *Société Disney*. Ils m'ont réservé une surprise : le Prince d'une tribu indienne, « Œil d'Acier », qui vit à Disneyland, me déclare solennellement Membre d'Honneur de sa tribu et me pose une couronne de plumes sur la tête. Tous les photographes se précipitent. « Œil d'Acier » et moi devons recommencer quatre fois l'opération. Je suis très fière : me voici désormais une véritable Indienne.

Nous allons ensuite à l'hôtel *Beverly-Hills*, un établissement superbe, avec une piscine et des jardins magnifiques. Nous n'avons plus Greta, qui nous aidait si gentiment, mais une certaine Claire, moins habile et moins amicale. Nous avons à peine commencé à ranger nos affaires qu'arrivent Helmut Käutner et sa femme. Nous dînons ensemble à l'hôtel, et ensuite Mammi et moi allons visiter leur maison. J'ai mal aux yeux à cause de tout ce soleil, de toutes ces nouvelles impressions.

Une fois au lit, je descends une bouteille entière d'eau minérale, tant ma gorge est desséchée.

Lundi 27 janvier

Quand on pense qu'actuellement il neige en Allemagne et que ce matin, quand je regarde par ma fenêtre, c'est l'été ! ça me semble tout à fait irréel. Je suis infiniment heureuse que nous ayons pu faire ce voyage !

A dix heures, un chauffeur en livrée vient nous chercher et nous emmène aux studios *Disney*. Nous marchons interminablement à travers les nombreux ateliers, halls et laboratoires. Je vois pour la première fois la difficulté que représente la réalisation d'un dessin animé. A de longues tables sont assis des dessinateurs et dessinatrices avec des gants blancs qui peignent pendant des heures pour un unique geste de la souris Mickey... Je m'entretiens longuement avec une Japonaise (en anglais, naturellement) qui m'explique tout en détail. Ensuite nous continuons. De douze heures trente à quatorze heures, grand lunch dans la salle à manger de la direction aux studios *Disney*, avec environ vingt journalistes.

De quatorze à quinze heures, on prend de moi des photos en couleur pour le *Churchill Syndikat*.

De quinze à seize heures, Bert Reisfeld nous interviewe pour les télévisions allemande et autrichienne.

A seize heures juste, essayage d'un costume que je dois porter les jours prochains pour une prise de vue aux studios *Disney*.

Retour ultra-rapide au *Beverly-Hills*. Le planning doit être suivi exactement, la *Société Disney* a organisé chaque minute avec précision.

De seize heures quarante-cinq à dix-sept heures trente : interview avec Lee Belser de l'*International News Service* dans notre appartement. Ensuite, rapide changement de toilette. Léo nous attend, montre en main, au salon. Nous fonçons à un cocktail donné pour des journalistes et gens de chez *Disney* sur le toit en terrasse des studios. Des flashes éclatent de tous les côtés. Retour à l'hôtel. Dîner avec Léo Samuels, Ray Keller et Roy O. Disney. Mammi me fait à nouveau des signes discrets avec sa boîte d'allumettes. Un peu plus tard, tout à fait épuisée je m'écroule sur mon lit.

Mardi 28 janvier

Aujourd'hui, pas question de dormir longtemps. Je ferai la grasse matinée de retour en Allemagne.

A huit heures quinze — pas une seconde plus tard — départ de l'hôtel vers le studio de télévision *KTLA*. Larry Finley me prend dans ses filets journalistiques, mais il est si joyeux et charmant que je ne lui en veux pas. Sur le chemin du retour, j'admire une fois de plus la splendeur du paysage.

Dix heures trente, interview avec Don Baylor du *Herald Express*.

Déjeuner.

Treize heures quinze, encore un plateau de télévision. C'est une émission en direct, et Mammi voit tout sur un écran à côté. Elle me dit ensuite : « Si ça allait mal, tu pourrais faire carrière à la télévision. Tu as été excellente ! »

Evidemment, Mammi est partiale. Cependant, les autres le disent aussi. Je suis vraiment heureuse. Surtout pour mon anglais, qui ne me cause plus aucune difficulté.

De quinze à seize heures : enregistrement de bandes magnétiques, avec Frédérik Porges, en allemand, pour les stations de radio allemandes et autrichiennes.

A seize heures, encore une interview. Léo pense que le reporter, Joe Hyams, est particulièrement important, et je fais tout mon possible pour qu'il ait une bonne impression de moi. Je me change rapidement — je me demande si je pourrai encore me changer calmement une fois dans ma vie ? — et nous allons ensuite à un cocktail chez le Consul Général d'Allemagne, Eduard Schneider... Des Schneider tout autour de lui. Le soir, Mammi et moi allons à *La Rue*, restaurant tout à fait agréable, où nous rencontrons Curd Jürgens. Il est rayonnant et parle anglais comme un Américain de naissance. Ici non plus, je ne peux pas boire d'alcool, les serveurs y font très attention. Mais j'ai bien mieux que ça, et gratuitement. Sans cesse, des stars mondialement connues arrivent dans le restaurant. Sophia Loren, Kim Novak, Frank Sinatra, et autres célébrités. Je trouve que Sophia Loren est mille fois mieux en réalité que dans ses films. Elle est tout simplement parfaite. Curd les connaît tous, et nous présente à quelques-uns. Ensuite, il est vraiment très tard, retour à l'hôtel. Il faudra tout de même que je voie un peu plus de Los Angeles et de Hollywood. Léo nous a proposé un tour de la ville.

Mercredi 29 janvier

Une déception. Il pleut. Non : la pluie tombe à verse, et il faut renoncer à la promenade projetée. Mais Léo n'est jamais dans l'embarras, il a rapidement organisé autre chose. Peu après le petit-déjeuner, nous voilà dans les studios de la *Metro-Goldwyn-Mayer*. Quelles dimensions impressionnantes ! A midi, j'ai un hôte célèbre pour le déjeuner : Mel Ferrer. Le temps passe bien trop vite. Et de nouveau, une interview chasse l'autre.

Quatorze heures trente à quinze heures trente : enregistrement de bandes magnétiques avec Shirley Thomas.

Quinze heures trente à dix-sept heures : interview avec Paul Elbogen.

Dix-sept à dix-huit heures : interview avec Lydia Lane du *Los Angeles Times* et ensuite, vite à la villa de Louella Parsons, la plus féroce des célèbres commères de Los Angeles. Si je ne lui plais pas, tout est fichu. Sa maison est magnifique, et elle est extraordinairement aimable avec moi. En tout cas, j'arbore mon sourire du dimanche, cela ne peut pas nuire.

Jeudi 30 janvier

Mammi me réveille gentiment en me disant que je peux me rendormir. La pluie tombe à verse derrière ma fenêtre. La visite prévue à Disneyland, dont je m'étais tant réjouie, doit être annulée. Je suis pour quelques jours à Los Angeles, et il faut qu'il tombe des trombes d'eau ! Malgré tout, nous allons un peu nous promener en voiture après le déjeuner avec Mme Haber, dont nous avons fait la connaissance ici. Nous nous retrouvons à Santa Monica, au bord de la mer. Malheureusement, nous ne pouvons même pas descendre de voiture, sinon nous serions trempées jusqu'aux os.

A seize heures, interview avec Mme Traub, qui représente ici le magazine allemand *Film et Femme.*

De dix-sept à dix-neuf heures, interview avec Peggy Harford de *Mirror.* Ensuite, Léo arrive et me montre ce que Louella Parsons a écrit sur moi dans le *Los Angeles Examiner.* On y trouve quelque chose comme : « Romy Schneider a été désignée par huit des critiques les plus connus d'Amérique comme la plus jolie fille de toute l'Europe. » Quel honneur de la part de Louella ! Je trouve cependant que c'est pur bavardage. Je ne suis pas une reine de beauté et je ne tiens absolument pas à entrer en compétition sur ce plan avec d'autres filles. Je m'y refuse même catégoriquement !

Le soir, nous dînons avec Hazel Johnson de l'*United Press* à l'hôtel. Plus tard, Léo nous apporte une biographie de moi, qui a été écrite chez *Disney.* Là, je change immédiatement quelque chose. On y lit : « Romy reçoit chaque jour trois mille lettres de fans. » C'est risible ! Il y en a au maximum six cents.

Et il est tout aussi faux de raconter que j'ai reçu plus de dix mille demandes en mariage ! J'en ai déjà eu quelques-unes, mais jamais par écrit.

Vendredi 31 janvier

Il faut à nouveau se lever de bonne heure... De toute façon, je ne pourrais plus dormir, car aujourd'hui on fait les premières prises de vue de moi aux studios *Disney.* Je suis un peu nerveuse, en chemin. Mais quand je me trouve enfin dans le studio, je me calme comme par enchantement, grâce à l'atmosphère intime, pareille dans tous les studios du monde. Mais comment cela marchera-t-il avec mon anglais ? Pour converser, ça suffit, mais une actrice ne doit-elle pas en savoir beaucoup plus ?

A douze heures trente, c'est enfin terminé. On m'a maquillée, coiffée, mise sous le feu des projecteurs. Tout cela m'est familier. Je connais bien le texte de ma scène, et mon partenaire également, le gigantesque et gentil Jerome Courtland. C'est Charles Barton qui règle la mise en scène. Après une heure, Barton arrête. Cela a-t-il été bon, comment était mon anglais ? Cette pensée me poursuit toute la journée...

A dix-neuf heures, la star de *Disney,* Fess Parker, vient nous chercher à l'hôtel et nous conduit au *Moulin Rouge.* D'après mon estimation, le restaurant comporte environ mille cinq cents places, mais il y a au moins deux mille personnes. Nous sommes serrés comme des harengs. En outre, la première partie du spectacle est plus bruyante que bonne. Mais ensuite Martin Devis chante. C'est un beau Noir, avec une silhouette sensationnelle.

A vingt-trois heures, nous sommes de retour à l'hôtel. Mais je n'arrive pas à m'endormir ; je n'arrête pas de penser à mes essais.

Samedi 1er février

Magnifique soleil ! Et si chaud ! Après le déjeuner, nous nous rendons à Disneyland dans une limousine à huit portes — je n'ai encore jamais rien vu de pareil ! Toute une pléïade de photographes nous entoure. Comme c'est délicieux, ici ! Nous montons dans le petit train et nous admirons toutes les constructions, toutes les attractions.

C'est seulement à dix-sept heures que, exténués mais ravis, nous rentrons à l'hôtel, toujours avec la limousine à huit portes. Mammi s'allonge sur mon lit, moi sur le sofa, et nous bavardons et rions jusqu'à ce qu'il soit temps de se préparer. Au dîner, nous rencontrons des Allemands connus au *Beachcomber,* un restaurant élégant de Hollywood. Il n'y a de nouveau autour de nous que des stars de cinéma. Nous mangeons des plats hawaiiens, qui ont une saveur un peu particulière mais sont vraiment bons.

Au lit de bonne heure.

Dimanche 2 février

J'ai très bien dormi. Je me sens détendue et optimiste. Pouvons-nous dès aujourd'hui connaître le résultat des essais ?

Après le déjeuner, nous nous rendons à Marineland, un merveilleux aquarium placé directement dans la mer, à l'extrême pointe de Los Angeles. Malheureusement, il recommence à pleuvoir, et nous ne pouvons assister à la présentation des dauphins et des cétacés. Ensuite, nous avons un cocktail chez Paul Kohner. Nous y rencontrons Helmut Kaütner, Lilo Pulver et Curd Jürgens. C'est très sympathique mais nous devons malheureusement partir à vingt heures : nous avons promis de passer chez Erich Pommer. Il pleut encore *cats and dogs* comme on dit ici. A vingt et une heures, nous sommes de retour à l'hôtel. Mammi et moi mangeons un yaourt, des oranges de Californie et buvons du jus de fruits frais. Léo, en bon chevalier servant, nous commande aussi une « Veuve ».

Lundi 3 février

C'est le dernier jour. Je suis triste que tout se termine déjà.

A neuf heures trente, on vient nous chercher pour la visite des studios *MGM,* que nous connaissons déjà. Le chef de production, Benjamin Thau, nous accorde un entretien d'une heure ; c'est un grand honneur ! Léo nous raconte qu'il laisse rarement arriver jusqu'à lui les célébrités ou seulement pour quelques minutes. Au moment de partir, il parle un instant à l'oreille de Mammi, qui me dit plus tard : « Sais-tu ce que M. Thau a dit de toi ? Que tu parais seize ans, mais que tu as l'intelligence d'une personne de trente-cinq ans. » Enfin arrive le résultat des essais. Barton déclare que ça s'est passé remarquablement. Et de mon anglais, il dit : « En quelques mois, Romy peut parvenir à parler tout à fait sans accent. » Ce n'est pas possible, je n'ose pas y croire ! Je suis aux anges ! A midi, nous nous occupons de notre *sailingpermit*, autorisation de quitter les Etats-Unis. Ensuite, nous déjeunons une dernière fois d'un plat de poissons au *Beverly-Hills*. Puis Mammi et moi allons chez le coiffeur. Enfin c'est le dîner. Un vrai repas de condamné ! J'ai la gorge affreusement serrée. Claire emballe nos affaires, l'orchestre joue *Ce n'est qu'un au revoir* et nous partons lentement — à nouveau dans la limousine à huit portes — vers l'aéroport.

Notre avion décolle à minuit et demi. Je regarde tristement par le hublot. Les flashes éclatent encore une fois. L'avion fonce sur la piste. Adieu Los Angeles, adieu l'Amérique. Après quatre heures et demi, escale à Winnipeg. Mammi et moi restons dans nos couchettes. Après encore dix heures de vol, à l'escale du Groënland, nous descendons. Un froid glacial nous saisit. Nous protégeons nos visages dans des châles et marchons dans la neige vers le restaurant de l'aéroport. Il fait très clair ici, sur cette côte de glace. La lune brille... une image incroyable. Après le départ du Groënland, je déguste le plus délicieux repas qui m'ait été servi de ma vie. Un excellent gigot d'agneau, des champignons et d'autres mets délicats. Nous nous allongeons de nouveau sur nos couchettes. En sept heures, nous sommes à Copenhague, et heuf heures plus tard, à Munich. J'arrête ici mon journal. Mais j'écrirai encore sur ce que j'ai pensé de ce voyage : je suis infiniment heureuse et reconnaissante de ce que j'ai vécu. Quand je dis ça, personne ne me croit. Dans les journaux, on écrit que je suis affectée et arrogante. Mais je pense réellement ainsi. Je suis heureuse de revoir Daddy — j'espère qu'il montera à bord à Francfort — et je me réjouis de pouvoir réfléchir à tout cela tranquillement à la maison. C'était merveilleux... Mais j'ai hâte de me retrouver chez nous.

[illegible]

[illegible] — [illegible]

Nous avons [illegible]

par le [illegible]

lance sur la [illegible]

[illegible]

1958-1965
Après tous ces mensonges

Christine – Eva – Mademoiselle Ange – La Belle et l'Empereur – Katia – La Mission de Lysistrata – Dommage qu'elle soit une putain – Boccace 70 – Le combat dans l'île – La Mouette – Le Procès – Les Vainqueurs – Le Cardinal – Prête-moi ton mari – Quoi de neuf, Pussy Cat? – L'Enfer – Dix heures et demie du soir en été.

Romy saisit avec joie l'occasion de tourner de nouveau, à Vienne et à Paris, Christine, *d'après la pièce* Liebelei *d'Arthur Schnitzler. Alain Delon, alors âgé de vingt-trois ans, est son partenaire. Il en résulte un amour passionné. Romy quitte la maison de ses parents ; elle décide de vivre à Paris. Le 22 mars 1959, elle fête ses fiançailles avec Delon à Lugano sur les instances de la famille. La même année, elle signe les contrats pour* Mademoiselle Ange, La Belle et l'Empereur *et* Katia. *Elle souffre de ne pas recevoir de nouvelles offres de films et d'être tenue à l'écart par le cinéma allemand et autrichien. En France, elle est encore inconnue. Le film* La Mission de Lysistrata, *sous la direction de Fritz Kortner en 1960, est pour elle une lueur d'espoir. En 1961, elle joue sous la direction de Luchino Visconti la pièce de théâtre* Dommage qu'elle soit une putain, *avec Alain Delon comme partenaire, au Théâtre de Paris. La même année, elle tourne* Boccace 70 *avec Visconti et* Le Combat dans l'Ile. *Au début de 1962, elle relève un nouveau défi au théâtre : le rôle de la Nina dans la pièce de Tchekov* La Mouette. *Elle part pour une tournée de trois mois dans la province française. En mars 1962, commencent les prises de vues pour* Le Procès *d'Orson Welles, d'après Kafka. Travailler avec Kortner, Orson Welles et Visconti l'aide à s'améliorer, forme sa personnalité. Un contrat de la* Colombia *à Hollywood la met en contact avec les metteurs en scène internationaux. Elle tourne en 1963* Le Cardinal, Prête-moi ton mari. *En 1964* Quoi de neuf, Pussy Cat ?, L'Enfer *(non terminé) et, en 1965* Dix heures et demie du soir en été. *Bien qu'elle soit installée dans une villa luxueuse à Beverly Hills, Romy n'est pas heureuse. Ses rapports avec Delon souffrent de ses fréquentes et longues absences. La séparation après six ans, en décembre 1963, dont s'empare la presse à sensation, est un terrible choc pour Romy. Elle se sent à bout, sur le plan privé et sur le plan professionnel. Elle est déçue, désespérée.*

Dans Après tous ces mensonges, *elle réfléchit à ces années sans indulgence. Elle ne dissimule pas les dures contraintes de sa profession, rend compte de sa passion, de ses sentiments, de son attrait pour la vie du cinéma international et de ses efforts désespérés pour obtenir des rôles sérieux.*

Tout a commencé il y a longtemps. Peut-être aurais-je dû lutter plus résolument.

Cependant, ce que les gens pensaient de moi, écrivaient sur moi me paraissait sans importance.

Je voulais vivre, aimer, me développer sur le plan artistique, devenir un être nouveau : mais surtout être libre.

Toute jeune fille cherche un jour, tôt ou tard, à être indépendante, à se détacher de la maison, de ses parents, à mener sa propre vie.

Je recherchais cet essor, depuis l'âge de dix-huit ans. Mais je n'ai l'ai pas trouvé.

Je n'étais pas une jeune secrétaire qui peut changer de situation, changer de ville. J'avais des obligations, des contrats. De nombreux conseillers réfléchissaient à ma place.

J'étais ambitieuse. Je ne voulais pas seulement accéder humainement à mon indépendance, je brûlais aussi de gagner un nouveau domaine artistique.

Pour le public, je m'appelais « Sissi », pour les producteurs j'étais l'incarnation de la douce et innocente Altesse Impériale. Les metteurs en scène, les critiques, mes collègues en Allemagne, en France, partout, ne voyaient en moi que Sissi. Ils me traitaient en conséquence... on m'a rarement proposé d'autres rôles.

J'étais la seule, apparemment, à savoir que je n'étais pas

Sissi. J'avais joué le rôle, mais je ne ressemblais pas du tout dans la vie à cette figure de rêve.

Déjà à seize ans, je n'étais pas Sissi ; et quand j'en ai eu dix-huit, je lui ressemblais encore moins. Au fond, au pensionnat, je voulais déjà être actrice, une véritable actrice. A quatorze ans, j'aurais quitté ma mère si elle ne m'avait pas donné une chance de faire du cinéma.

Mais Sissi ? Je ne l'ai jamais été.

Cela ne doit pas paraître une hérésie.

Il ne faut pas mal interpréter mes paroles. Je suis reconnaissante. Pour le succès. Pour la période merveilleuse passée avec le metteur en scène Ernst Marischka, et avec son épouse qui a été pour moi comme une seconde mère. Pour l'argent aussi, qui a constitué le début de ma fortune et m'a rendue indépendante. J'ai joué le rôle de Sissi avec plaisir, c'est indéniable. Malgré tout, je ne voulais pas que l'on m'identifie au personnage. Je me sentais étiquetée, et rien n'est plus dangereux pour une actrice que de porter une étiquette au front.

Mon étiquette s'appelait Sissi.

Personne ne voulait croire que je puisse être quelqu'un d'autre.

Dans ce film, je jouais le rôle d'une princesse, et j'ai continué. *Sissi N° 1, Sissi N° 2,* et finalement *Sissi N° 3.* Je m'étais déjà défendue contre la deuxième Sissi — et j'ai quand même joué la troisième.

Pourquoi ?

J'essaierai d'expliquer cela plus tard.

En tout cas, je ne savais tout simplement pas comment me libérer de tous ces liens personnels et professionnels. J'étais désespérée.

Ensuite est arrivé Alain Delon.

Je me rappelle chaque détail. Nous avions signé auprès d'une production française le contrat pour le film *Liebelei* (*Christine*), alors que je tournais à Munich, avec Hans Albers, *Mon Premier Amour.*

Dans le studio voisin, Max Ophüls travaillait sur *Lola Montez*. Ma mère avait tourné le premier film *Liebelei* vingt années plus tôt, avec Ophüls.

Elle lui a demandé :

— Referiez-vous ce film, Max ?

— Jamais, a-t-il répondu. Je ne pourrais pas faire mieux aujourd'hui.

Cela m'a causé un choc. Non seulement je devais jouer à nouveau le rôle d'une douce jeune fille viennoise, mais en plus je n'avais pas une chance de réaliser quelque chose de meilleur que ma mère ! Ça aurait été difficile : elle était une merveilleuse Christine ! La remarque des critiques et des connaisseurs serait : « La mère avait de la classe. »

Ensuite, nous nous sommes envolées pour Paris.

La production du film avait arrangé pour la presse une rencontre avec mon partenaire, Alain Delon, à l'aéroport.

Je déteste ces réceptions d'aéroports. La porte est ouverte, on marche sur un tapis, Mammi se tient derrière moi et quelqu'un me murmure à l'oreille : « Souriez, maintenant... »

Cette fois-là, c'était pareil.

Sourires. Eclairs de flash. Les yeux grands ouverts.

En bas de l'escalier roulant se tenait un jeune homme trop beau, trop jeune, trop bien coiffé, habillé comme un gentleman, cravate et costume trop à la mode. Alain Delon.

Même le bouquet de roses qu'il avait à la main était trop rouge.

J'ai trouvé l'ensemble de mauvais goût et le garçon sans intérêt. Lui m'a trouvée à vomir. C'est ainsi qu'il s'est exprimé plus tard.

Une jeune et douce Viennoise, sotte, poseuse, sans charme. Et c'était une star en Allemagne ! Et il devait maintenant tourner avec elle pendant six semaines !

Il ne parlait pas anglais, je ne parlais pas français. Nous nous entretenions en un mélange de langues.

Le soir, nous sommes allés au *Lido* et nous avons dansé pour les photographes. Il avait appris les mots *Ich liebe dich* et trouvait visiblement comique de me les dire en permanence avec un mauvais accent.

Tout cela était horriblement banal, pas du tout drôle, et nous ne l'étions pas non plus. Nous ne nous aimions pas.

Le jour suivant, je me suis envolée pour Ibiza, où je possédais une propriété. Là-bas, j'ai lu le scénario.

Alain m'a écrit une lettre parfaite, ennuyeuse à mourir, à Ibiza ; je lui ai répondu tout aussi correctement et avec fadeur. C'est seulement à Paris que j'ai appris à connaître le véritable Alain. Un fou. Un tout jeune garçon en blue-jean et chemise de sport, mal peigné, parlant vite, sauvage, qui arrivait toujours en retard au studio, filait à travers Paris dans sa voiture de sport, brûlait les feux rouges — un Alain au sujet duquel se racontaient des histoires inouïes.

Je ne l'aimais toujours pas.

Notre partenaire, Jean-Claude Brialy, qui est resté l'un de mes meilleurs amis, a dû supporter notre hostilité. Un état de guerre permanent régnait entre Alain et moi. Nous nous disputions avec rage — et Jean-Claude, entre nous deux, essayait en vain de nous réconcilier.

C'est à cette période qu'est tombé le Bal du Film à Bruxelles. Mon beau-père possède un restaurant à Bruxelles (auquel je n'ai d'ailleurs jamais participé financièrement, comme on le prétend). Je devais y rencontrer mes parents.

Avec Alain, je suis allée par le train de Paris à Bruxelles. Et, pour la première fois, nous ne nous sommes pas disputés. Nous avons même flirté. Comme je descendais du train à Bruxelles, ma mère m'a jeté un rapide coup d'œil et elle a dit : « Ah ! Tu es amoureuse... »

Ce n'était pas la première fois. Avec presque tous les partenaires de mes films, j'avais outrageusement flirté. J'étais toujours tombée très vite amoureuse. Cela évolue — le rythme, en tout cas — mais je tomberai toujours amoureuse... espérons-le. Pourtant, la remarque de ma mère m'a agacée. C'était mon flirt, ça ne regardait que moi.

— Il faut toujours que tu râles ! lui ai-je crié avec insolence.

Ce soir-là, je me suis disputée avec ma famille. Ce conflit a malheureusement été monté en épingle et déformé, si bien qu'une réconciliation était pratiquement impossible. Je l'ai regretté. Des gens ont voulu prendre parti pour moi, et ils ont fait du mal à ma famille.

Je sais aujourd'hui que ce conflit faisait nécessairement partie du processus de séparation — et ma famille le sait aussi. J'accepte la famille comme la famille m'accepte. C'est ainsi que je suis. En vérité, le premier roulement du tonnerre s'était fait entendre pendant le film *Monpti* au sujet de mon flirt avec Horst Buchholz. Daddy avait alors prononcé des paroles dramatiques : « Choisis entre lui et moi. »

Mais je ne pouvais pas. J'étais beaucoup trop sotte, trop jeune et trop fortement liée à la famille. Je ne pouvais tout simplement pas me représenter une vie en dehors de cette communauté.

Je n'ai pas choisi. J'ai plus ou moins cédé.

A Bruxelles, c'était le second coup de tonnerre, et il était beaucoup plus violent.

Alain était assis à table avec des Français, au bal, et moi avec mes parents à une table d'Allemands. Alain m'a invitée à danser. Pendant la danse, il m'a priée de venir à sa table. Mais je me sentais encore une sage petite fille : je suis retournée avec ma famille.

J'ai bu une gorgée de champagne et j'ai réfléchi. J'ai soudain compris que la tutelle devait prendre fin. Quelque chose en moi s'est révolté.

Je me suis levée et j'ai dit :

— Maintenant, je vais à la table d'Alain.

Si j'avais déclenché un extincteur d'incendie au milieu de la table, la réaction n'aurait pas été pire : indignation sur toute la ligne.

— C'est impossible ! Tu fais partie des nôtres. Tu ne peux pas aller vers un homme. Que penseront les gens ?

Ce soir-là, je me suis encore laissé convaincre. Une crise

se préparait. Mais elle n'éclaterait pas encore en public.

Nous tournions en extérieur à Vienne. Ma mère et moi habitions à l'hôtel *Sacher*. Alain aussi. Après le dernier jour de tournage, j'ai emmené Alain à l'aéroport de Schwechat. Grâce à une autorisation spéciale, j'ai pu l'accompagner jusqu'à l'avion. Je me tenais sur la piste. Il m'a embrassée pour me dire au revoir, il s'est ensuite retourné et a monté la passerelle.

La porte s'est fermée sur lui, j'ai encore vu son visage une fois derrière le hublot. L'avion s'est alors dirigé vers la piste. Je ne l'ai pas vu décoller. Je ne voyais rien : trop de larmes dans les yeux.

A l'hôtel, je me suis jetée dans les bras de ma mère et j'ai pleuré. Alain lui avait laissé une lettre pour moi. Elle me l'a donnée. Mais je ne pouvais pas la lire. Les lettres dansaient devant mes yeux.

Le jour suivant, je devais prendre l'avion pour aller me reposer à Cologne, à la maison, jusqu'au prochain film. Je mènerais une vie calme, je me promènerais, je signerais des autographes, je lirais des scénarios...

Je ne pouvais pas.

Je ne suis pas partie pour Cologne.

J'ai pris un billet Vienne-Paris. D'Orly, j'ai appelé Alain.

Après avoir posé le combiné sur l'appareil, j'ai compris ce qui m'étais arrivé : un film était terminé... seulement un film. J'étais libre.

Je m'étais détachée de mes parents.

J'avais définitivement rompu le lien qui m'avait jusque-là attachée à la maison de mes parents.

J'étais heureuse car, sur un point, je ne m'étais pas trompée : mon amour pour Alain Delon n'était pas à sens unique. J'ai appris à Paris qu'il lui était arrivé exactement la même chose qu'à moi. Pendant que j'étais à Vienne en pleurs, dans les bras de ma mère, Alain faisait fondre le cœur de son ami Georges Beaume. En pleurant, comme moi.

Nous n'avions pas supporté la séparation. Nous étions faits l'un pour l'autre — et nous nous retrouvions ensemble. Tous les deux jeunes, tous les deux exaltés. Le premier mois, j'ai vécu avec Alain chez Georges Beaume. Un fait qui contraignit tous les fabricants de potins à faire des heures supplémentaires.

N'existait-il pas entre Alain et Georges plus que de l'amitié ? Et la pauvre Romy, cette innocente jeune personne viennoise, devait assister à ça !

Mensonges !

Cela a été entre nous trois le début d'une amitié qui s'est poursuivie pendant des années, qui a continué après le mariage d'Alain. Et il n'y avait rien de plus.

C'était une face de la médaille : amour, passion, et un sentiment de liberté indomptable.

J'ai découvert l'autre face plus tard. Quand la première ivresse fut passée.

J'avais surestimé mes forces. Extérieurement, j'étais libre, naturellement. J'avais coupé les ponts derrière moi, j'étais partie pour Paris contre la volonté de ma mère et de mon beau-père, je vivais avec un homme auquel je n'étais pas mariée. Mais intérieurement ?

On dit trop facilement : « Je me moque de la famille. Je vis enfin ma vie. »

En moi, deux univers s'affrontaient.

D'abord, le monde dont je venais : bourgeois dans le bon sens du terme, aisé, ordonné ; un monde où tout est dominé par les conventions, les contrats, les délais, les paiements... et le souci constant de moi et de mon bonheur.

— Enfant, me disait mon beau-père, que j'avais baptisé Daddy, même si le rôle ne te convient pas, même si tu en as par-dessus la tête des princesses, tu joueras encore Katia, tu ne serais pas assez bête pour refuser sept cent cinquante mille marks...

Mais il y avait aussi un autre monde, un monde que je voulais conquérir : Paris, le théâtre, les films artistiques, les grands metteurs en scène avec leurs plans fantastiques, et les jeunes qui se vouaient au diable pour de l'argent. Un monde où tout ce que l'on voit est en même temps troublant et fascinant.

Et il y avait l'amour.

Les premiers mois, à Paris, j'étais un paquet de nerfs. Crispée, désespérée, un navire sans gouvernail dans la tempête. Chaque jour, j'étais bombardée d'appels. Ma mère, mon beau-père, même mon frère Wolfi. Il avait toujours eu tant de compréhension pour mes problèmes... Maintenant, lui aussi paraissait ne plus me comprendre. Durant ces semaines, j'en suis presque venue à le rayer de ma vie.

Ils refusaient tous Alain, ils me mettaient en garde contre lui, me fournissaient des informations désagréables à son propos pour me détacher définitivement de lui.

Mais quand personne n'appelait plus pendant quelques jours, j'étais aussi désemparée.

En fait, ma conscience me tourmentait. La loi de la famille dans laquelle j'avais été élevée vivait en moi. Je me disais malgré moi : peut-être ont-ils raison, peut-être fais-tu réellement une sottise monumentale, peut-être seras-tu extrêmement malheureuse, comme ils te le prophétisent...

Ne te laisse pas affaiblir, et essaie d'être heureuse.

Entre les appels, nous nous déchirions par courrier. Tout ce que je ne pouvais pas dire en le criant au téléphone, je le mettais dans mes lettres.

Des lettres terribles, que je regrette aujourd'hui.

Mais des lettres tout aussi terribles arrivaient d'Allemagne. Aujourd'hui, nous en rions ensemble, mais c'était alors terriblement sérieux. Comme un drame familial au temps d'Elizabeth : au tableau final, des cadavres jonchent la scène.

Avant l'entracte de ce drame, nous étions aussi tous morts.

A l'entracte, c'était la réconciliation entre nous — provisoirement. Pour une courte période, la tragédie s'est transformée en comédie.

Cela s'est produit ainsi...

En mars 1959, j'ai rencontré ma mère et mon beau-père

dans notre maison de Morcote, près de Lugano. Hans-Herbert Blatzheim s'était visiblement accommodé de mes rapports avec Alain Delon.

En fait, il ne s'en était peut-être pas accommodé, mais il avait reconnu qu'il ne pouvait pas me « décrocher ». S'il n'y avait pas moyen de changer, il fallait au moins respecter les convenances.

Aujourd'hui, je comprends le point de vue de Daddy. D'après ses origines, son mode de vie, il devait penser et agir ainsi. Une fille de bonne famille, sa belle-fille, ne pouvait pas vivre avec un homme sans régulariser la situation.

Ainsi, Hans-Herbert Blatzheim décida d'arranger des fiançailles.

Je suis allée à Lugano, et j'y ai appris de la bouche de Daddy : « Demain ont lieu vos fiançailles. J'ai déjà informé la presse. Alain viendra ici. »

Aujourd'hui encore, je ne comprends pas comment Daddy est parvenu à persuader Alain d'assister à ces fiançailles !

Pourquoi ce Français non bourgeois céderait-il à une telle farce ? Je le connaissais... Et, jusqu'à la dernière minute, je me suis demandé, ce 22 mars 1959 à Lugano, s'il viendrait réellement. Il est venu.

Nous avons « fêté » les fiançailles. La famille semblait unie aux yeux des photographes, chacun prononça quelques paroles vigoureuses. Par exemple, Mammi dit :

— Pour l'instant, il ne faut pas penser à un mariage. Les enfants doivent d'abord apprendre à bien se connaître.

Les enfants se connaissaient déjà parfaitement bien. Ils connaissaient en particulier le fossé qui les séparait. Entre Alain et moi, il y avait un monde.

Dans son livre, Alain s'exprime ainsi :

« Elle vient de la classe sociale que je hais le plus au monde. Elle n'y peut rien, mais malheureusement elle en est marquée. En cinq ans, je n'ai rien pu effacer de ce qui lui avait été inculqué pendant vingt ans.

« De même qu'en moi il y a deux, trois ou bien quatre Alain

Delon, il y avait en elle toujours deux Romy Schneider.

« Cela, elle le sait aussi.

« J'aimais l'une des Romy plus que tout au monde, je haïssais l'autre Romy tout aussi fort. »

Je vois les choses de la même façon. Personne ne peut se renier. Peut-être ne peut-on tout simplement pas faire tomber en se secouant toutes les influences qui ont marqué une enfance. Alain ne le pouvait pas, je ne le pouvais pas non plus.

C'est pourquoi, dès le début de nos rapports, la fin était inévitable.

Seulement, à ce moment-là, nous ne le savions pas encore.

Ou bien nous ne voulions pas en convenir — en tout cas, pas moi.

Nous nous sommes installés dans la maison d'Alain, avenue de Messine. Il n'a pas été question de mariage. Cela ne nous paraissait important ni à l'un ni à l'autre. Une formalité, rien de plus. C'était mon mari, j'étais sa femme, nous n'avions besoin d'aucun papier.

Pas encore.

D'abord, tout alla bien. D'une certaine façon, j'étais réconciliée avec la famille, je me trouvais bien à Paris, j'apprenais la langue, j'avais des amis. En outre, je travaillais. J'honorais les contrats que j'avais conclus avant : *Katia, La Belle Menteuse* et *Mademoiselle Ange*.

Ensuite, il ne s'est plus rien passé.

En Allemagne, j'étais rayée, en France, je n'étais pas encore « inscrite ».

Je n'existais pas comme actrice. J'étais connue comme la joyeuse compagne de la future star mondiale Alain Delon.

Alain courait d'un grand film à l'autre. Je restais à la maison. Le vent avait tourné : quand j'avais connu Alain, c'était lui le débutant prometteur, j'étais déjà une actrice à succès. Ou plutôt, j'avais plus d'expérience professionnelle que lui. Je n'étais probablement pas encore une comédienne, une véritable et sérieuse comédienne comme — j'ose le prétendre — je le suis maintenant.

Nous rencontrions le soir, au restaurant de *L'Elysée-Matignon*, les grands metteurs en scène — ils s'entretenaient avec Alain de leurs projets. Pour moi, ils avaient quelques paroles amicales.

J'étais déprimée, agacée, enthousiasmée, je réagissais mal à tout nouveau succès, à chaque beau contrat qu'obtenait Alain.

Je vivais avec lui. Mais je n'étais finalement pas une mère, dont un homme comme lui aurait peut-être eu besoin, ni une femme pour repriser ses chaussettes, faire la cuisine et l'attendre à la maison.

J'étais une actrice, et je voulais travailler. Pour la première fois de ma vie, je devins jalouse, jalouse de son succès.

Je me disais : « Je pourrais faire quelque chose si on me donnait une chance. Pourquoi ne me donne-t-on pas ma chance ? Suis-je réellement à ce point étiquetée en tant que Sissi ? »

En été 1960, j'ai passé un week-end à Ischia avec Alain.

Il y tournait avec René Clément le film *Plein Soleil*. Je me rappelle très exactement ces deux jours, ils ont représenté un tournant dans ma vie professionnelle.

Alain et moi étions assis dans un bistrot du port. Nous parlions ensemble. Plus exactement, Alain parlait. Alain parlait et parlait et parlait. Sur un sujet, un homme, un metteur en scène : Luchino Visconti. J'avais déjà entendu à Paris tant de choses merveilleuses sur cet homme merveilleux que c'en est lentement devenu trop. Et Alain a fait déborder la coupe en deux heures et demie sur le port d'Ischia. Quel homme ! Quel metteur en scène ! Quel grand seigneur ! Ses façons d'être et d'agir, sa merveilleuse direction des acteurs, ses idées enthousiasmantes !...

Je ne pouvais plus écouter.

Je devenais folle rien qu'en entendant son nom.

— Maintenant, arrête avec ton Visconti ! ai-je crié.

— Tu dois faire sa connaissance, ensuite tu parleras autrement !

— Je renonce. Je refuse de le connaître...

Nous nous sommes violemment disputés. Et nous sommes partis chacun de notre côté.

J'ai repris l'avion pour Paris.

Après avoir tourné les scènes en extérieur à Ischia, Alain partit pour Rome. De là il m'appela, conciliant : « S'il te plaît, viens. Il faut que tu fasses la connaissance de Luchino. C'est très important pour moi. »

Je n'oublierai jamais comment j'ai rencontré Luchino. Cet homme a plus fait pour moi que n'importe quel autre après la période difficile.

Je me revois encore dans le hall de sa maison somptueuse dans la Via Salaria, sotte et timide comme une petite fille.

Alain à mes côtés, je me dirige vers Luchino. Il est assis au salon, dans un gigantesque fauteuil de cuir, près de la cheminée, et il me regarde, l'air de dire : « Ah, la petite amie d'Alain ! Je saurai bien lui enlever ses illusions... »

C'est l'un des hommes les plus beaux qu'il m'ait été donné de connaître. Dès le premier quart d'heure, dès les premières phrases, je suis enthousiasmée. Mais il montre assez clairement qu'il me résiste. J'enregistre : il est probablement jaloux. Alain est son protégé, il veut en faire quelque chose, il ne souffre pas que quelqu'un puisse distraire Alain.

A cette époque, comme maintenant, les gens ont beaucoup parlé des relations entre Alain et Visconti. Mais je crois qu'il n'y a jamais rien eu d'autre à voir dans leurs rapports que ceci : Luchino aimait Alain parce qu'il flairait en lui la matière brute du grand acteur. Il entendait donner forme à cette matière, et ce de façon tyrannique, avec une prétention à l'exclusivité.

Il caressait alors le projet de monter une pièce à Paris pour et avec Alain.

Nous nous sommes rencontrés trois ou quatre soirs de suite. La réticence de Luchino à mon égard paraissait tomber. J'en étais très heureuse et je le trouvais décidément aussi fascinant qu'on me l'avait décrit.

Le quatrième soir il y eut, comme toujours, un dîner royal. Cet homme de sang princier aime le luxe plus que tout.

Nous parlions de la pièce que Luchino voulait mettre en scène, *Dommage qu'elle soit une putain* de John Ford.

Je portais alors de longs cheveux sombres, avec une raie au milieu. Cela faisait un peu vieux jeu. Peut-être est-ce cette coiffure qui donna une idée à Luchino ? La pièce se situe en effet dans l'Angleterre de la Renaissance.

Visconti me jeta un regard scrutateur.

— Que penserais-tu, Romina, d'être la partenaire d'Alain dans la pièce ? Tu serais l'interprète idéale.

J'éclatai de rire.

— Mon Dieu ! Je ne suis jamais montée sur une scène de ma vie.

Alain ricanait. Je me demandai s'il avait manigancé tout ça pour me ridiculiser. Mais en fait, Visconti n'en avait jamais parlé avec lui.

Une idée absurde. J'essayai de faire comprendre à Visconti combien c'était absurde. Une fille sans aucune expérience de la scène jouer dans une pièce anglaise, en français, avec un metteur en scène italien ?

Les critiques me déchireraient à belles dents.

Et puis, de toute façon...

Visconti ne se laissa pas déconcerter. Il parla délais et demanda si nous pouvions mettre la chose sur pied pour la saison prochaine.

Ma réponse fusa.

— Délais ! Vous êtes devenu complètement fou, ou quoi ? Je ne connais pas le français, je ne sais pas bouger sur une scène... ce serait un suicide du point de vue de ma carrière !

— Tu manques de courage, Romina ?

Il avait touché mon point faible. Je ne suis pas peureuse. Je tiens le manque de courage pour un crime.

— Ce n'est pas une question de courage, dis-je. Je sais seulement que je ne peux pas.

Il m'avait amenée où il voulait.

— Je vais t'envoyer à Paris la semaine prochaine, Romina, pour que tu étudies le langage du théâtre. C'est la première chose à faire. Dès que tu posséderas la langue, nous commencerons les répétitions. Et je te le promets : si au bout de quinze jours on s'aperçoit que tu ne fais pas du tout l'affaire, je te délierai de toute obligation et je donnerai le rôle à une autre.

Je lui répétai encore au moins cent fois que ça n'irait pas. Visconti s'obstinait.

Je frémissais à cette pensée — mais je commençai néanmoins le travail.

Je pris des leçons de phonétique et de diction auprès de Mlle Guyot, à Paris. Je commençai tout au début, comme si je n'avais jamais prononcé un mot de français. Elle me fit travailler jour et nuit, avec un magnétophone. J'enregistrais des fables de La Fontaine. (Bien plus tard, après la Première, je réécoutai ma voix des débuts — et je la reconnus à peine.)

En même temps, je travaillais mon français avec l'acteur et metteur en scène Raymond Jérôme. Avec lui, j'étudiais aussi les dialogues de la pièce que notre ami Georges Beaume avait traduite en français.

Visconti m'avait explicitement interdit de dire les dialogues. Personne ne devait lui gâcher le travail. Mais je me sentais tout de même plus sûre ainsi.

Et puis ma mère eut connaissance de ce « projet insensé ». Elle fut folle de colère.

La pause dans le drame familial était terminée. Sonnerie pour l'acte suivant. De son point de vue, maman avait parfaitement raison. Elle m'avait déjà dit des années auparavant : « Avant de monter sur une grande scène, il faudra d'abord que tu prennes des cours de théâtre et que tu fasses quelques tournées en province. »

Et voilà que je négligeais complètement ses conseils : je débutais sur une scène parisienne, et avec un grand metteur en scène.

Folie.

« Tu cours à ta perte ! Je ne permettrai pas cela », m'écrivit-elle. Je lui répondis, indignée, que je n'avais pas de comptes à rendre, que la tutelle avait une fin, que je pouvais courir à ma perte où, quand, et comme il me plairait.

Et le jeu épuisant des télégrammes, lettres, conversations téléphoniques — qui se faisaient très orageuses — reprit.

Il y avait entre nous non seulement la pièce de théâtre, mais l'homme aussi : Alain qui, en dehors de Visconti, était le seul à croire en moi. Il avait investi de l'argent dans la pièce.

Personne d'autre ne croyait en moi ni en ma chance. A Paris on se moquait : elle devait évidemment ce rôle à Alain, et à lui seul. Comment Visconti aurait-il pu en arriver autrement à choisir une petite Viennoise aussi stupide pour ce rôle féminin prestigieux ?

Ils avaient tous raison — moi seule avais tort.

Il me fallut bien l'admettre après les premières répétitions. Je m'étais effectivement engagée, c'était clair, dans une entreprise qui dépassait mes possibilités.

Affreux, le souvenir de la première répétition au *Théâtre de Paris*...

Alain et moi nous avions traversé Paris à toute allure dans sa Ferrari. Partout des feux rouges. Nous arrivons au théâtre avec dix minutes de retard. Tout le monde est déjà là et nous attend. Tous : la crème des acteurs parisiens, treize en tout. Valentine Tessier, Daniel Sorano, Pierre Asso, etc.

Tout le monde se tait. On nous accueille dans un silence glacial. Ah, les jeunes du cinéma, qui n'éprouvent pas le besoin d'être à l'heure pour un travail important. On connaît ça ! Désinvolture de star. Sans-gêne...

Visconti aussi nous jette un regard furieux. Sans rien dire.

Visconti nous fit répéter autour d'une table, Alain et moi séparés le plus possible. Les comédiens récitaient leurs rôles à haute voix. Quand vint mon tour je fus incapable de sortir un mot.

Ce ne fut qu'un croassement rauque, balbutiant. J'avais

l'impression d'être une écolière qui n'a pas appris sa poésie et qu'on va mettre à la porte. Je n'avais encore jamais rien vécu de semblable.

J'étais morte de honte. Les autres se taisaient, comme si c'était là exactement ce à quoi ils s'attendaient.

Le lendemain, Alain et moi sommes arrivés une heure avant le début de la répétition, pour travailler seuls avec Visconti.

Nous nous sommes excusés du retard de la veille.

— Bien, c'est passé, n'y pensons plus, dit-il. Mais ne recommencez jamais, jamais plus !

L'acteur Pierre Asso — aujourd'hui l'un de mes collègues préférés — se montrait particulièrement méprisant à mon égard. Je n'étais rien, pour lui. Mais après dix jours de répétition, il me fit passer des petits mots sous la table avec des réflexions comme : « Ça va déjà mieux », ou : « Ça, c'était bon. »

Je le trouvais gentil... mais je n'en croyais pas un mot.

Je me rendais compte que je n'y arriverais pas. De désespoir, à la perspective de mon renvoi, je ne trouvais plus le sommeil. Jour et nuit je pensais à l'autre interprète, à la fille que Visconti tenait en réserve depuis longtemps pour me remplacer. Je pensais : quelque part, une jeune actrice réellement douée attend une sonnerie de téléphone, la voix de Visconti lui disant : « Venez, mademoiselle ! Comme prévu, Romy n'est pas à la hauteur... »

Et alors, tous ceux qui m'avaient mise en garde auraient effectivement raison. Tous. Ma mère, Daddy, Wolfi, les journalistes, les collègues. Tout Paris.

Jamais de ma vie je n'oublierai le jour où j'ai vécu pour la première fois la grande aventure, où j'ai eu le sentiment d'être une actrice.

Le chemin jusqu'à cet instant avait été très, très difficile. Rien que d'y penser j'en ai encore froid dans le dos. Ma voix qui défaillait lors des répétitions lues, la voix geignarde, étrangère, d'une sotte petite fille.

En bas, dans l'orchestre du gigantesque *Théâtre de Paris*, mille trois cent cinquante places vides... Une seule place, dans la cinquième rangée, est occupée en ces premières semaines de l'année 1961. Celle du metteur en scène, Luchino Visconti, qui n'est plus un ami maintenant, mais un observateur froid, objectif, dont le silence peut exprimer n'importe quoi : mépris, déception, colère...

Je ne sais pas. Il ne dit mot.

Je n'ose pas lui demander comment il me trouve. Je me sens une ratée. Et ce sentiment se fait plus envahissant de jour en jour, comme un cauchemar.

Alain ne peut pas m'aider. Nul ne le peut, hormis Luchino. Alain est un homme de cinéma ; conquérir la scène le tente, bien sûr, mais il n'a pas autant besoin du théâtre que moi. Je me sens lourde de tradition — et cette tradition comporte des obligations. Je pense à ma grand-mère, la magnifique, l'inoubliable actrice Rosa Albach-Retty qui, à quatre-vingt-cinq ans, fière et digne, tient encore son public sous le charme. Elle a toujours voulu que je fasse du théâtre. Elle me l'a toujours conseillé, mais je n'en ai jamais eu le courage.

Maintenant il le faut — il faut que je fasse du théâtre, et qui plus est dans une langue étrangère.

Je pense à mon père, Wolf Albach-Retty, et à ma mère.

Je pense : tu n'as pas le droit de leur faire honte.

Et je pense : c'est inéluctable. Trop tard. Tu t'es engagée dans une entreprise où tu sombreras...

Pour la première véritable répétition — pendant quatre semaines nous avions seulement répété autour de la table — j'arrive en pantalon. Mais Luchino Visconti exige que j'enfile une crinoline. La crinoline doit m'aider à sentir le personnage d'Annabella. Après toutes les crinolines que j'ai portées au cinéma, ce n'est pas un problème. Je me suis toujours sentie dans la peau du personnage dont je portais le costume. Les « vrais » mouvements viennent alors tout seuls.

Mais maintenant — maintenant tout cela ne servait à rien, à rien. Je traversais lourdement la scène. Etait-elle longue de plusieurs kilomètres ? Je ne savais que faire de mes bras, de mes mains. Ils pendaient, inutiles, le long de mon corps, encombrants, empotés. Je portais des talons hauts, et je devais esquisser quelques pas de danse gracieux en traversant la scène.

Cela je savais le faire pourtant ! Je maîtrisais cette technique !

Pas trace de grâce. J'avais l'impression d'être un bébé éléphant. Et les autres ont dû s'arracher les cheveux !

Dans le deuxième acte, je portais un peignoir rouge en lourd velours. Visconti aime que sur scène tous les décors soient authentiques : c'est un fanatique de l'authenticité. Rien que pour les costumes, il a dépensé une fortune. C'est pourquoi mon peignoir était très lourd. J'avais tous les soirs des marques sur les épaules.

Dans ce peignoir, je devais jouer l'une des scènes les plus difficiles, une scène presque acrobatique : Annabella, qui attend un enfant d'une relation incestueuse avec son frère Giovanni — Alain tenait le rôle du frère, — est torturée par son mari : il veut qu'elle révèle le nom du père de l'enfant. A l'apogée de cette scène, mon partenaire, Jean-François Calvé, doit me prendre par les cheveux et me jeter à l'autre bout de la scène.

Mais je n'y arrivais pas. J'atterrissais à chaque fois au milieu de la scène, par terre. Après d'innombrables essais, je fus couverte de bleus.

Or je savais le faire, ça aussi. J'étais suffisamment entraînée !

Quelque chose me bloquait.

Pendant les répétitions, Visconti s'était gravement blessé au genou en tombant dans l'escalier. Dès lors, il lui fallut s'aider d'une canne pour marcher.

Assis, les mains posées sur le pommeau de la canne, il m'observait. Dans la grande scène de folie de la pièce, mon rire dément devenait un gémissement stupide — je ne passais pas la rampe.

Visconti parlait peu, il disait seulement de temps à autre :

— Je ne t'entends pas...

Je sais maintenant qu'il m'entendait. C'était sa tactique. Il voulait me torturer, m'achever... pour tirer le maximum de moi.

Il allait très loin. Après une longue phrase que je devais dire en italien, il se renversa dans son fauteuil et éclata de rire. Visconti se moquait de moi ! C'était le tunnel.

Mais il y eut pire encore.

Je devais chanter en italien une chanson que j'avais étudiée avec un musicien. Visconti avait toujours interrompu les répétitions juste avant la chanson. Ce jour-là, il dit soudain :

— Continuez...

Je le regardai éberluée.

— Comment ça ? demandai-je. Jusqu'ici tu n'as jamais dit ça.

Un coup de canne sur le sol.

— Allez, j'ai dit !

Je savais la chanson, je la connaissais par cœur — j'insistai pourtant :

— Ne pourrions-nous pas attendre demain? Je ne la connais pas encore.

Un instant de silence paralysant. Puis l'orage éclata :

— Si tu ne chantes pas cette chanson maintenant, tout de suite, tu n'auras plus jamais à la chanter. Plus jamais de ta vie. Tu pourras rentrer chez toi !

— Mais...

— Va-t'en. Ne reviens plus jamais !

La canne indiquait la porte sans méprise possible.

— Au revoir, mademoiselle...

Je peux soutenir le regard de quiconque — mais je ne pouvais soutenir en cet instant celui de Visconti. Je chantai. J chantai d'une voix fluette, étranglée... une enfant grondée et terrorisée.

Et Visconti dit seulement :

— Continuez, continuez !

Pendant la pause habituelle, il expédia tous les autres acteurs, ne retenant que mon deuxième partenaire, Daniel Sorano, et moi-même. J'étais tellement à bout que je ne pouvais même pas boire le champagne qui habituellement me remonte si bien le moral. Cet affreux sentiment d'infériorité...

L'après-midi, je travaillai seule avec Visconti, son assistant Jerry Mack et Daniel. Je recommençai tout depuis le début. Dix fois, vingt fois, Visconti écouta mes balbutiements.

Tout à coup, quelque chose se dénoua en moi. Je retrouve encore parfaitement cette sensation aujourd'hui, dans mes souvenirs.

La pression dans ma tête se relâcha, j'emplis mes poumons, je changeai intérieurement et extérieurement. En l'espace d'une seconde, je n'étais plus Romy Schneider. J'étais Anabella. Seulement Anabella.

Les phrases sortent comme dans un cri. Je chante la chanson à pleine voix, je bouge comme bouge Anabella, je continue après la chanson, je ne m'interromps plus, je dis tout le texte, je suis seule au monde, je ne m'intéresse plus au réalisateur, au partenaire, au théâtre. Je suis libérée.

Puis c'est fini.

Je me laisse tomber sur la scène et je fonds en larmes.

— Nous arrêtons, dit Visconti.

Il traverse le plateau en boitillant, se penche vers moi, me pose la main sur l'épaule.

— Pas mal, Romina...

Un grand compliment de la part d'un homme qui n'a pas l'habitude d'en faire, surtout aux jeunes, aux débutants !

J'allai dans le petit bistro près du théâtre, *Chez Pied,* dans la rue Blanche.

En attendant Alain, qui essayait des costumes, je me soûlai. Je ne sais plus ce que j'ai bu. Champagne, vin rouge, whisky ? J'étais très heureuse et très éméchée. Je le savais : c'était là mon métier. Quelque belles qu'aient été certaines tâches auparavant, le véritable accomplissement c'était le théâtre. C'était clair pour moi maintenant : j'y avais ma place, une place qui me revenait. Si ce n'était pas tout de suite, je la conquerrais par mon travail.

Je voulais retourner sur la scène, continuer seule la répétition, mais le portier était déjà parti. Il me fallut donc attendre impatiemment Alain, pour lui raconter ce qui m'était arrivé.

A compter de ce jour, je ne pensai plus à une autre interprète, je ne pensai plus à la fille qui attendait quelque part dans Paris que Romy Schneider déclare enfin forfait.

C'est seulement après la Première que Visconti avoua :

— Il n'y a jamais eu de remplaçante pour ton rôle. Il n'en a jamais été question...

Bien des choses fausses ont été écrites plus tard sur les événements « dramatiques » de la Première ; les ragots habituels. Ça allait de « l'appendicite diplomatique de Romy Schneider » à la fausse couche.

A Paris, on joue d'abord pendant trois jours devant un public d'invités — artistes, écrivains, professeurs. Puis vient la répétition générale, enfin la Première, le gala.

Les trois premières représentations se sont assez bien déroulées. Visconti était assis dans la loge. Sa confiance et sa force se transmettaient à moi.

Lors de la répétition générale je me sentis pitoyable, malade. Il pensa que c'était le trac.

Dans la dernière scène, ce fut la catastrophe typique d'une répétition générale.

Pour une conversation dramatique entre Anabella et son frère j'étais sur un lit. Alain à mes côtés. Je remarquai dès le début qu'il était assis sur mes cheveux, mais je ne pouvais pas lui faire signe. Soudain, il me frappait sauvagement avec un couteau ; je devais sauter hors du lit pour mourir à genoux sur le tapis.

Quand je bondis, je remarquai que la perruque était restée sur le lit. Sous la perruque, je portais une calotte de soie.

J'ai dû faire une impression très comique : un crâne nu avec des épingles à cheveux. Comment, après cela, faire une belle mort, sans que les gens en bas n'éclatent de rire!

Mais ils furent formidables. Nous avions manifestement gagné le public. Pas un rieur, rien.

Moi seule... je me sentais comme déshabillée.

A peine le rideau tombé je me précipitai au vestiaire, lançai la perruque dans un coin — et la douleur se manifesta pour la première fois. Une sensation singulière dans le ventre.

Visconti arriva et dit :

— Ne t'en fais pas, Romina, ce n'est pas grave.

Simone Signoret et Jean Marais me consolèrent de la mésaventure de la dernière scène.

Pendant que je me démaquillais, la douleur me saisit pour la deuxième fois. J'avais l'impression d'avoir avalé des clous. J'étais pliée en deux.

Ma mère, qui était venue à Paris pour la répétition générale, lança :

— Pourvu que ce ne soit pas l'appendicite!

— Mais non, dis-je. Seulement l'énervement!

Puis nous sommes tous allés prendre un verre au club des artistes, l'*Elysée-Matignon*.

En route, nous nous sommes arrêtés dans une pharmacie pour acheter un antalgique, et une amie me conduisit chez un médecin.

Il me fit une piqûre, mais ne put prononcer un diagnostic.

— Sans doute des coliques hépatiques. L'énervement, la fatigue, vous comprenez... Je vous conseille de ne boire que du jus d'orange!

Nous avions à peine pris place au club que la douleur devint infernale, absolument insupportable. Alain me ramena à la maison. Il dut me porter pour monter les six étages de notre appartement, quai Malaquais.

Je tombai sur le lit. A huit heures du matin, un cri fou me réveilla. C'était moi qui l'avais poussé. Mon corps était brûlant, à l'intérieur, à l'extérieur, partout!

Et avec cela la pensée : « Tu n'as pas le droit de tomber

malade. Ce qui est en jeu c'est la Première la plus coûteuse qui ait jamais été montée à Paris ! » La mise en scène avait déjà englouti soixante millions d'anciens francs.

Alain appela le Pr Millet, qui arriva aussitôt.

Suspicion d'appendicite. Ce pourrait donc bien être ça quand même...

Pendant que les ambulanciers me descendaient sur un brancard, je me sentais mourir.

L'ambulance fonce dans Paris. Alain est assis à mes côtés, je revois encore son visage au-dessus de moi, passant alternativement du vert au blanc. A travers les vitres je voyais un pan de ciel bleu et les façades des maisons qui défilaient. Des bribes de souvenirs. Une infirmière, à l'hôpital, veut me faire une piqûre. Je me défends. J'ai horreur de ça.

L'après-midi, tandis que le Pr Millet m'enlève l'appendice, la radio et la télévision annoncent l'annulation de la Première.

Les jours qui suivirent l'opération j'appris à connaître Paris et mes amis sous un autre angle, que je n'aurais pas soupçonné avant la catastrophe : je fus couverte de fleurs, on me consolait, alors que j'aurais eu moi-même des raisons de consoler les autres... ma maladie coûtait en effet douze millions d'anciens francs au théâtre.

Le plus beau souvenir : Jean Cocteau m'envoya un dessin à l'hôpital.

Cinq jours d'hospitalisation, dix jours de convalescence — la Première étant fixée au 29 mars 1961. J'avais le ventre bandé en prévision de la scène de violence

J'étais plus nerveuse que jamais. Bien que j'aie explicitement demandé que l'on ne me dise pas qui serait présent à la première, un collègue a rompu le silence. J'en devenais folle. Ils étaient tous venus : Ingrid Bergman, Anna Magnani, Jean Marais, Jean Cocteau, Curd Jürgens, les plus célèbres metteurs en scène de France et de nombreux collègues.

Dans les dernières minutes avant mon entrée en scène, il se passa une chose singulière : je me mis soudain à penser à nouveau dans ma langue maternelle, ce qui ne m'étais jamais arrivé pendant les soixante-dix jours qu'avaient duré les répétitions.

Ma mère et mon frère Wolfi étaient aussi parmi les spectateurs. C'était un geste de réconciliation après les querelles sans fin qui nous avaient opposés, d'abord à cause d'Alain, puis à cause de la pièce. Je leur étais reconnaissante de ne m'avoir pas laissée tomber un tel jour.

Maman était encore plus nerveuse que moi. Elle vivait cette Première comme si c'était la sienne. On les avait intentionnellement placés à côté du critique redouté, Jean-Jacques Gauthier, qui étalait son ennui et proclamait qu'il partirait à l'entracte.

Il rédigea effectivement une critique dévastatrice, démolissant la mise en scène, déchiquetant Alain Delon — mais me reconnaissant au moins un certain talent, talent qui n'avait pas nécessairement sa place sur une scène française.

D'autres critiques se montrèrent beaucoup plus positifs. *Paris-Presse-l'Intransigeant* écrivait, après une critique de la pièce et de sa mise en scène : « Seule Romy Schneider, avec son petit accent charmant, réussit à nous faire oublier le vide grotesque du texte. Elle est gracile et pâle, mais dans ses artères bat un sang frais. Sa voix claire a plus de force d'expression que n'en ont les mots qu'elle dit. C'est une actrice remarquable. »

Un autre critique résume ainsi la soirée : « On ovationne Romy Schneider, qui — à peine soustraite aux couteaux des chirurgiens — meurt avec beaucoup de grâce sous celui de son frère bien-aimé. Elle était l'impudeur déchaînée en même temps que l'incarnation de la pureté la plus touchante, jeune, belle, tendre... »

Je me souviens : on entendait aussi des huées au milieu des ovations, mais dans l'ensemble ce fut un grand succès. La lutte qui avait marqué toutes ces semaines, le désespoir, se sont révélés payants.

J'étais très fière de cette soirée, où se résolvaient si

heureusement les difficultés d'ordre professionnel et personnel.

Ingrid Bergman vint me trouver dans ma loge.

— Vous avez été merveilleuse, me dit-elle. Et je sais ce que vous avez dû endurer auparavant. Jeune fille, j'ai fait du théâtre en Suède, puis, bien des années après, j'ai recommencé ici. Je connais le trac...

Je ne savais plus où j'en étais. Je riais, pleurais. Avec ma mère. Il faut bien que les mères pleurent avec leurs enfants.

Puis Alain me rejoignit — Alain qui ne s'entendait pas avec ma mère. Il était trempé de sueur, après la scène fatigante de la bagarre. Mais il se précipita vers Mammi et la prit dans ses bras. D'une main il me montrait fièrement.

— Aujourd'hui, elle est la reine de Paris — ma reine !

J'étais heureuse, heureuse !

Ce fut l'un des très grands moments de ma carrière. J'avais l'impression que le bon Dieu m'avait gratifiée de tout, de tout. En une seule soirée !

Tout ce que je sais de moi-même, c'est ceci : je suis très ambitieuse. En mars 1961, mon ambition artistique trouva à se satisfaire pour la première fois. Pour la première fois, après une longue pause, j'avais à nouveau gagné. Je ne m'en laissais pas accroire pour autant et je ne me suis pas imaginé un instant que j'étais « arrivée ». Je sentais seulement que j'étais enfin sur la bonne voie.

Le jour de la première, les télégrammes pleuvaient de Rome et de New York, de Londres et de Berlin. Il ressortait de tous ces télégrammes et de nombreuses lettres que je pouvais être fière de ce que j'avais accompli.

Je le reconnais volontiers : je continue à en être fière à ce jour.

Je m'attendais à jouer peut-être quatre semaines au *Théâtre de Paris,* pensant que nous ne tiendrions sans doute pas plus longtemps. Il y eut cent vingt représentations.

Ce fut une belle période, une très belle période.

Je me sentais enfin à nouveau bien. J'avais un homme que

j'amais, Alain. Professionnellement je n'étais plus au chômage. On parlait à nouveau de moi comme actrice — et ce dans les milieux les plus importants pour moi.

Il y eut des propositions. D'Allemagne entre autres. Je ne sais combien d'ignominies ont été répandues sur moi parce que je n'acceptais pas ces propositions.

Romy est atteinte de la folie des grandeurs, disait-on. Elle répugne à traiter avec des producteurs allemands (et elle ne parle naturellement que le français avec les intermédiaires !). Romy renie le pays dans lequel elle a grandi...

C'était la vieille chanson sur une nouvelle mélodie !

La vérité est bien plus simple : aucune des propositions n'était à mon goût, car les producteurs et distributeurs allemands ne voulaient pas comprendre qu'après mon premier rôle sérieux sur scène je ne pouvais plus, à aucun prix, jouer les jeunes filles joufflues. Je ne pouvais revenir en arrière, je ne pouvais qu'aller de l'avant.

D'autres le comprenaient mieux...

Fin mars, nous avons fêté le départ du metteur en scène Luchino Visconti. Alain et moi étions attablés avec lui à l'hôtel *Berkeley*, à Paris. Luchino nous parla d'un nouveau film qu'il projetait : il voulait tourner un sketch moderne pour le film à sketches *Boccace 70*, d'après une nouvelle de Maupassant *(Au bord du lit)*. Titre : *Le travail*.

Sujet : une jeune comtesse d'humble origine découvre que son mari, le Comte Ottavio, chef d'un réseau de call-girls, prend aussi à l'occasion son plaisir avec ses filles — et qu'il se laisse exploiter par elles. Désormais la jeune comtesse réclame un important chèque à son mari chaque fois qu'elle se donne à lui... L'histoire me plut.

— Qui doit tenir le rôle principal ? demandai-je à Luchino.

L'ancien mannequin-vedette Bettina, la fiancée d'Ali Khan, était assise à une table voisine.

Luchino la désigna.

— C'est ainsi que je me représente la comtesse, froide, discrète, sachant se dominer, pas trop jeune...

Puis la conversation tomba. Des formules toutes faites pour prendre congé. Appelle-moi quand tu seras à Paris...

Ce que l'on dit en pareille circonstance.

Une semaine plus tard, je recevais un télégramme. « Veux-tu interpréter le rôle de la comtesse dans mon *Boccace?* Luchino. »

Je pensai qu'il s'agissait de l'erreur d'une secrétaire. Je savais que Visconti voulait voir interpréter ce rôle d'une façon tout à fait différente. Je n'étais pas du tout son type.

Je ne répondis donc pas. Autant laisser certaines erreurs se corriger d'elles-mêmes.

Mais deux jours après, Luchino appelait de Rome. Exaspéré. En colère.

— Tu pourrais avoir l'obligeance de me répondre, Romina, quand je t'envoie un télégramme.

Je lui expliquai que je n'y avais vu qu'une erreur ou une plaisanterie.

— Il ne s'agit ni d'une erreur, ni d'une plaisanterie ! dit-il. J'y ai réfléchi. C'est bien plus excitant si le rôle est tenu par une femme jeune...

J'acceptai, naturellement. C'était ma chance de faire aussi une nouvelle percée au cinéma.

Le film fut tourné pendant la relâche du *Théâtre de Paris*. Au studio régnait l'atmosphère authentique qui convient tellement à Luchino. Il avait apporté de chez lui les plus beaux tableaux et tapis pour la décoration. Il avait fait venir exprès de Florence des portes antiques dorées à l'or blanc pour fournir le cadre qui convenait à sa « comtesse ».

Il me plaça dans ce cadre. En habits précieux et aussi sans. Et il me voyait et me photographiait comme aucun metteur en scène avant lui.

Le producteur américain Walter Wanger télégraphia à Visconti, après avoir vu *Boccace 70*.

« Jamais encore une actrice n'a été servie comme Romy

dans ce film, jamais jusqu'ici une actrice n'a été traitée et mise en lumière avec tant de douceur. »

Mais tout ceci ne nous dispensa pas de l'esclandre obligatoire. Cet esclandre en dit probablement plus long sur mes relations avec les hommes que toutes les considérations psychologiques.

Voilà comment nous en sommes arrivés là.

Dans une scène du film, je devais dire sur un ton très acerbe à Butler : « Vous vous ennuyez avec moi, n'est-ce pas ? Manqueriez-vous d'argent ? »

Visconti trouvait que je ne mettais pas assez de mépris dans ma voix. Je n'étais pas de son avis. Une discussion s'engagea.

Soudain il hurla :

— Tu feras exactement ce que je te dis et rien d'autre...

Alain Delon tournait à cette époque à Rome, avec Antonioni, et venait me rendre visite pendant le tournage. Il fut témoin de cette scène (ainsi que notre producteur, Carlo Ponti).

Je pris donc un ton plus acerbe encore pour dire cette phrase — et je vis Visconti se tourner vers Alain et lui adresser un clin d'œil. Cela me suffit !

Toute femme me comprendra. C'était comme s'il avait dit à Alain : tu vois, mon cher, c'est ainsi qu'il faut la traiter. Alors elle s'incline.

J'ai hurlé de colère. Pendant trois jours je ne lui ai parlé que pour le strict nécessaire.

Luchino avait sans doute compris très exactement ce qui se passait en moi. A la fin du tournage il m'invita chez lui. Après le repas, d'un geste infiniment doux, il me glissa au doigt une bague précieuse qu'il tenait de sa mère.

Personnellement, je ne sais pas très bien offrir les cadeaux. En général, je les pose là et je regarde ailleurs.

Luchino sait faire les cadeaux.

Nous n'avons jamais reparlé de cet incident, mais il ne savait que trop bien en quoi il m'avait blessée.

Visconti est l'un de ces réalisateurs, aussi géniaux que redoutés, contre qui les collègues vous mettent en garde !

« N'y touche pas ! Il t'achèvera. Quand le film sera fini, tu seras finie toi aussi... »

Ils m'ont mise en garde contre Visconti et Fritz Kortner, avant que j'aie tourné avec lui *La mission Lysistrata* à la télévision allemande. Ils m'ont aussi mise en garde contre Henri-Georges Clouzot, en comparaison de qui Visconti est un homme doux, bon enfant. Et ils m'ont enfin mise en garde contre Orson Welles.

Je me suis pourtant merveilleusement entendue avec tous ces réalisateurs. Aucun d'entre eux ne m'a « achevée », bien au contraire : ils ont fait de moi ce que je suis aujourd'hui — une actrice, pas seulement de nom.

Paris, 26.5.1961

Très cher monsieur Kortner,

M'avez-vous déjà complètement maudite — et jetée sur le tas de tous les autres « êtres sans foi » ? Ou bien puis-je tout de même me permettre de vous adresser encore quelques mots ? Je suis une optimiste, vous le savez — ce qui fut aussi payant, par ailleurs. Pas seulement l'optimisme, non, ce serait trop facile (et les choses trop faciles je ne les apprécie ni ne les recherche !) — mais je pense qu'être un tout petit peu optimiste aide souvent. Je vous l'ai dit, à Hambourg : « Vous, pessimiste ? » Non, vous étiez, Dieu sait, un des rares à ne m'avoir pas jugée négativement. Ce fut là mon tremplin. Inutile d'en dire davantage.

Mon Dieu, il y a des choses qui se sont faites entre-temps. Si je devais tout vous raconter maintenant, je manquerais certainement mon entrée en scène et je finirais par parler allemand en public... ce qui serait vraiment comique.

Ma peur, ma nervosité, mon trac, mon absurde appendicite, la Première, la Schneiderin (1) a tout bien surmonté. Nous avons déjà joué soixante fois, cela plaît toujours aux

(1) Féminin allemand de Schneider. (N. du T.)

gens et ils viennent effectivement tous les soirs. Mon trac est toujours là — il faut sans doute qu'il en soit ainsi — mais il ne me jette plus à terre... ou plus exactement « à l'hôpital » !

J'ai souvent, souvent, pensé à vous — pendant le temps des répétitions — plus tard — et chaque soir, quand je vois votre télégramme sur ma glace devant ma table de maquillage. Grand merci !

Ah oui, c'est si merveilleux de faire du théâtre ! Pour rien au monde je ne voudrais y renoncer. « La page » s'est tournée en beauté, favorablement pour moi, et je dois dire que je suis très heureuse de tout ! Je referai aussi des films — et du théâtre — selon une ligne nouvelle, telle que je l'ai souhaitée si ardemment ! Une ligne qui aurait plus de sens, plus de valeur, qui serait plus artistique, plus attirante. Tellement plus satisfaisante !

Après le 17 juin je voulais aller passer quelques jours à (Munich), Vienne, Berchtesgaden et Salzbourg — je ne sais pas encore si je pourrai le faire. Seriez-vous à Munich à cette date ? Sinon je ne m'y arrêterai pas. J'irai immédiatement à Berchtesgaden, je n'ai réellement la nostalgie que de Vienne, de Salzbourg et de la maison de ma mère à Berchtesgaden. C'est curieux, Munich ne m'attire plus tellement, je ne sais pas pourquoi !? J'ai une raison d'aller à Munich, c'est vous, parce que je me réjouirais vraiment de tout cœur de vous revoir, vous et votre épouse. Comme je vous l'ai dit, je ne suis pas encore sûre de réussir à trouver le temps ; il faut aussi que je me repose un peu, car ce rôle est terriblement fatigant. Peu à peu, je sens vraiment la fatigue, et je ne cesse de maigrir au lieu de prendre du poids ! Bon, le 17 juin le théâtre ferme jusqu'en septembre. Puis nous reprenons la pièce, mais entre juillet et septembre je fais un sketch avec Visconti à Rome et un film avec Alain ici. C'est pourquoi mes projets de voyage sont un peu difficiles à programmer. Si le temps me manque, j'irai à Monte-Carlo avec Alain, tout de suite après le 17 juin — nous y avons un petit appartement — pour m'y reposer. Je vous donnerai de mes nouvelles. Vous m'en donnerez aussi de votre côté, n'est-ce pas ? S'il vous plaît !... Il faut malheureusement que je vous dise adieu maintenant. J'espère vous revoir bientôt — ne m'en veuillez pas, je vous en prie, d'avoir tant tardé à vous répondre. Mes meilleures salutations amicales à votre épouse. Je vous embrasse de tout cœur. Votre Schneiderin.

P.S. Peut-être pourrez-vous venir à Paris en septembre ? Non ? Ce serait bien !

Si Orson Welles télégraphiait aujourd'hui : « Accepterais-tu avec moi un rôle sans cachet ou un rôle de trois misérables petites journées ? », je laisserais tout en plan et j'accepterais simplement. Sa première proposition m'est parvenue après les mois de tournée théâtrale de *La Mouette* de Tchekhov.

Je n'avais jamais rencontré Orson Welles quand il m'offrit par télégramme un rôle dans *Le Procès* (d'après Kafka). Je pensai aussitôt au rôle de Leni, mais appris par la suite qu'Elsa Martinelli voulait jouer ce rôle.

Orson n'était pas encore très clair quant à la distribution.

Trois jours avant le début du tournage, j'étais attablée avec des amis à l'*Elysée-Matignon,* quand soudain une montagne descendit l'escalier, un homme gigantesque. A ses côtés, svelte, gracile et incroyablement jeune, Marlène Dietrich. Ils s'assirent à une table, face à face.

J'avais des battements de cœur ; j'avais entendu trop de choses abominables sur cet homme, je voulus m'en aller. Les autres se moquaient de moi : « Mais tu es idiote... Trois jours avant le début du tournage. Va vers lui, présente-toi, dis qui tu es... »

Je n'osais pas. Une situation stupide.

Au lieu de ça, telle une jouvencelle qui veut attirer sur soi l'attention d'un jeune homme, je me dirigeai vers les toilettes avec une lenteur calculée. Au retour, Orson me remarqua manifestement.

Dès lors, il n'arrêta pas de regarder dans ma direction, l'œil de velours. Très ouvertement. Il flirtait. Tout aussi visiblement, cela ne plaisait pas à Marlène Dietrich.

Ainsi qu'il me le dit plus tard, elle lui avait « ordonné » à plusieurs reprises : « *Stop looking at that child!* » (Arrête de regarder cette enfant!)

Dès le lendemain nous nous rencontrions à l'essayage des costumes. La montagne vint vers moi et dit :

— Hello, Leni...

Dès le début il ne m'appela pas Romy, toujours Leni. « *You are Leni* — ne l'oublie jamais : tu es Leni, personne d'autre... »

Orson me parla aussitôt de la veille. Il en avait été pour lui exactement comme pour moi.

— Je t'ai très bien reconnue, mais je ne savais pas que faire, moi non plus.

Dès le premier instant, nous avions éprouvé de la sympathie l'un pour l'autre.

Anthony Perkins interprétait Joseph K., Akim Tamiroff le marchand Block; pour le rôle du Procureur de la République, Orson n'avait pas encore trouvé d'acteur.

Il s'était juré lui-même de ne plus jamais paraître en acteur. Mais pendant les premières lectures, il tenait le rôle du Procureur. Je lisais mon rôle — et je me suis arrêtée par deux fois pour demander si c'était bien. Ça, Orson ne le supportait pas. Il se mit en colère.

— *Don't you stop. I stop!* (Ne t'interromps pas. C'est moi qui interromps.)

Pendant qu'il lisait le rôle, je pensais : il serait en fait l'interprète idéal pour le Procureur. Il n'y a pas de meilleur acteur pour ce rôle. Dis-le-lui donc simplement, même s'il t'a déjà engueulée deux fois.

Puis je repris la lecture... et soudain ça m'échappa :

— Orson, il n'y a qu'un homme capable de tenir ce rôle : vous!

— Tais-toi! cria-t-il. Continue ta lecture.

Je m'obstinais.

— J'aimerais que vous teniez ce rôle, Orson...

Akim et Tony ne soufflaient mot. Je lisais leurs pensées dans leurs yeux : la petite est devenue folle. On ne parle pas de la sorte à Orson Welles.

Orson m'expliqua avec la douceur grincheuse d'une infirmière qui veut apaiser un fou qu'il ne prendrait aucun rôle, qu'il lui suffisait de porter la responsabilité de tout le film.

— Et maintenant, finies les extravagances, Leni. Continue la lecture !

Nous avons encore lu deux fois tout le texte, cet après-midi-là. Quand ce fut mon tour, il me regarda fixement, puis m'arrêta soudain.

— *All right, Leni, I'll do it.* (D'accord, Leni. Je jouerai.)

Je fus décontenancée un instant, puis je me levai d'un bond et m'écriai :

— J'ai gagné ! Il joue...

Il me fit cadeau d'un dollar pour mon idée. C'est le plus bel argent que j'aie jamais gagné. J'étais très fière d'avoir eu une petite influence sur ce grand homme.

Le producteur du film s'effondra en apprenant qu'Orson reprenait un rôle.

— Dieu, gémit-il, maintenant ça devient absolument terrible...

Il avait assez de problèmes avec Orson sans cela, car Orson est un génie, certes, mais parfaitement indiscipliné. Il vient et repart comme il lui plaît. Il a horreur des échéances, des devis, il n'y comprend rien.

Comme metteur en scène, Orson Welles fit une nouvelle fois de moi quelque chose de totalement nouveau. Je jouais sans aucun maquillage, souvent laide. C'est la première fois que je ne me suis pas reconnue à l'écran, dans un gros plan — et comme actrice c'était pour moi une énorme satisfaction, une confirmation. J'étais Leni ! J'étais donc dans le vrai !

Je ne sais pas si j'ai bien fait comprendre ce qui se passait en moi à cette époque : je me trouvais soudain sur un nouveau barreau de l'échelle, un barreau auquel on ne voulait pas me laisser accéder en Allemagne. Par manque d'occasion, par crainte du risque ou parce que personne ne croyait en moi ?

Je pensais à Fritz Kortner qui, pendant la répétition de La mission de *Lysistrata* m'avait dit cette phrase si jolie, si réconfortante : « Le diable vous emporte si vous ne faites rien de votre talent... »

En 1962, j'ai joué sur une scène allemande. A Baden-Baden. Dans une pièce russe, en langue française. C'était la tournée, pendant quatre mois, de la comédie mélancolique de Tchekhov, *La Mouette,* sous la direction de Sacha Pitoëff.

J'étais contente de cette tournée et du rôle de Nina. Je voulais alors à toutes forces arracher de moi l'image de Sissi, je voulais enfin totalement effacer l'empreinte dont on m'avait marquée.

Il y a longtemps, maintenant, que j'ai appris à vivre avec Sissi. J'ai même été très contente d'être célébrée par les journaux et le public au carnaval de Rio de Janeiro, non seulement à cause de mon rôle dans *Boccace 70,* mais aussi comme l' « héroïne » des trois *Sissi.*

Au début de ma carrière sérieuse, je voyais les choses autrement. C'était peut-être une erreur — c'était en tout cas une expérience utile : il se trouva, en effet, qu'en France, en province, le public ne venait qu'à cause de Sissi et attendait donc tout naturellement de Romy Schneider quelque chose de Sissi.

Au lieu de cela, on offrait aux gens, avec *La Mouette* de Tchekhov, une pièce russe embrouillée, difficile.

Nous sillonnions le pays en train et en car, jouant d'abord dans un petit trou près de Lyon, puis changeant presque chaque jour d'endroit, jouant dans de petites salles de théâtre, des salles de cinéma, etc.

Nous avions souvent tous l'impression de jouer devant des vaches endormies. Les gens nous regardaient avec étonnement — de temps en temps seulement une étincelle jaillissait, nous captivions parfois le public — et alors nous étions follement fiers.

Peu avant la représentation à Nice, je fis « à nouveau » une « fausse couche ». Telle était du moins l'interprétation des journaux avec leurs fines allusions. Certains journalistes sans imagination ne peuvent manifestement pas trouver d'autre raison à l'hospitalisation d'une jeune actrice.

En réalité, voilà ce qui s'est passé.

Avant la représentation en Avignon, nous avions trois journées libres. Dans un accès de démesure je mis cette pause à profit pour parcourir la région à cheval, à raison de six heures par jour. Trop c'est trop. Je n'avais pas fait de cheval depuis longtemps, et tout à coup ce tour de force !

En Avignon, je ne pouvais déjà plus tenir pendant le troisième acte. Il fallut interrompre la représentation.

En fait, je m'étais blessée en chevauchant aussi follement. Une petite opération s'imposait, je fus hospitalisée.

Prétendre que je n'aime pas parler allemand est une déclaration sotte et diffamatoire. Tous mes amis savent que c'est faux. Quand je suis en Allemagne ou en Autriche, je ne parle qu'allemand.

Quand je décroche le téléphone dans mon appartement de Paris, je me présente naturellement en français — rien de plus normal, n'est-ce pas ? En 1963, à Hollywood, pendant que je tournais le film *Prête-moi ton mari* avec Jack Lemmon et Edward G. Robinson je ne parlais qu'anglais.

Un jour, David Swift me donna une directive en allemand. Je lui dis : « Parle anglais, s'il te plaît, David... » Un journaliste saisit cette phrase au vol et en déduisit une nouvelle fois une « attitude anti-allemande ». Naturellement : Romy ne veut plus rien savoir du pays dans lequel elle a grandi.

Les imbéciles !

La vérité, c'est que quand je joue dans un film anglais je m'efforce de prendre au mieux l'accent de la langue. Ce n'est pas seulement l'expression de mon ambition, je suis aussi payée pour ça. Et plus je sens et pense dans la langue étrangère, plus je suis à même de bien jouer mon rôle et de bien prononcer. Pendant le travail, le passage d'une mélodie linguistique à une autre m'irrite. D'où ma demande à David Swift.

Quelques mois après, je tournai avec Otto Preminger le film *Le Cardinal*. Le tournage commença à Boston. Preminger, qui adore la publicité coûteuse, fit venir en Amérique, à ses frais, un certain nombre de journalistes européens. Pendant le vol de Paris à New York, je fus interviewée par un journaliste de Vienne. Cet homme me fit part de toutes sortes de rumeurs qui circulaient soi-disant à Vienne à mon sujet. Rumeurs absurdes.

Je lui dis :

— Les gens qui répandent de telles rumeurs ne sont que des idiots !

Résultat : le journaliste imagina une manchette qui monta la moitié des Viennois contre moi — on les comprend :

ROMY SCHNEIDER :
« LES VIENNOIS SONT DES IDIOTS ! »

L'accueil fut plutôt froid, quand j'arrivai à Vienne la fois suivante. J'atterris très normalement dans ma ville natale, avec trois ou quatre valises, mais la haine était attisée : les journaux me présentèrent comme une superstar folle, qui traîne des wagonnées de bagages et qui est complètement « timbrée ».

Cette histoire connut un épilogue. Lors d'une grande conférence de presse à Vienne, Otto Preminger exigea des excuses du journaliste. Il s'y refusa.

— Je suis ici comme journaliste, dit-il, non à titre de simple particulier.

Preminger :

— Bon, vous êtes ici comme journaliste, mais vous êtes un gentleman.

Le journaliste n'avait probablement jamais entendu ce

mot, il ne réagit pas, en tout cas. Puis il se tourna vers moi.

J'étais trop irritée pour l'écouter.

— Vous n'êtes ni un homme ni un gentleman, dis-je. Au revoir.

Il me fallut le répéter trois fois pour qu'il comprenne que je n'avais rien à faire de ses explications privées.

Pendant mon hospitalisation en Avignon, en 1962, je reçus la visite d'un homme que j'admirais depuis toujours et craignais aussi un peu : le metteur en scène Henri-Georges Clouzot. Avec Clouzot, il en alla comme avec Visconti : sans que l'érotisme y eût la moindre part, je fus immédiatement amoureuse de cet homme de tempérament, de cet intellectuel dictatorial, qui exige tout et tire tout d'un acteur.

Au cours de l'été 1963 nous nous sommes rencontrés à un concert de Karajan à Paris.

— Je suis en train d'écrire un scénario, me dit brièvement Clouzot. Le film s'appellera *L'Enfer*.

Le tournage devait commencer au printemps 1964. Je me réjouissais à la perspective de ce travail. Auparavant il me fallait encore tourner mon premier film à Hollywood, *Prête-moi ton mari*.

Puis commença l'année la plus atroce de ma vie, de l'automne 1963 à l'automne 1964.

Je me souviens parfaitement comment ça a débuté.

Avant le film de Hollywood je passai quelques semaines à Monte-Carlo avec Wolfi, qui faisait ses études de médecine à Bâle.

Nous étions heureux ensemble; nous nous entendons à merveille.

Une seule ombre au tableau : Alain tournait un film à Madrid, et je vis dans tous les journaux la même image : Alain assis dans le fauteuil pliant marqué à son nom, une fille sur les genoux — elle portait un grand chapeau. Les textes des journaux se faisaient l'écho des cancans à leur sujet. Un flirt ? Une histoire d'amour ? Je ne sais plus. J'étais habituée à certaines choses à cet égard, mais je trouvais peu à peu qu'il dépassait les bornes.

Quând nous nous téléphonions, Alain et moi — et nous nous téléphonions presque quotidiennement — il prenait le parti d'en rire. Un soir, j'attendais précisément la liaison avec Madrid quand il se présenta soudain dans la chambre. J'en fus effrayée. Il avait le chic de telles surprises.

Ce fut notre avant-dernière rencontre avant la rupture — et il est une chose qu'aujourd'hui encore je ne parviens pas à comprendre : il était comme d'habitude, il se comportait comme si rien ne s'était passé.

Mais peut-être la compréhension entre femmes et hommes s'arrête-t-elle à ce point.

La dernière rencontre eut lieu à Rome. Toujours pareil, rien ne paraissait avoir changé entre nous. Alain m'emmena à l'aéroport pour Hollywood.

Les premiers jours à Hollywood, nous nous téléphonions comme d'habitude. A nouveau, rien de changé. Une seule chose : les rumeurs remplissaient de plus en plus les journaux. Il était question de fiançailles avec Nathalie Barthélemy, la fille au grand chapeau.

Je croyais à peine la moitié de ce que prétendaient ces rumeurs. J'avais suffisamment expérimenté moi-même la facilité avec laquelle les journalistes se font l'écho des pires ragots. Je savais combien d'informations étaient inventées de toutes pièces.

Mais rien que la moitié, c'était déjà un peu trop pour moi. Il me fallait faire quelque chose. J'écrivis des lettres ironiques, comme on ne devrait pas en écrire, à vrai dire. L'une d'elles disait : « J'espère que je vais m'amuser en Amérique autant que toi à Madrid. »

En fait, je ne m'amusais pas du tout. J'étais toute la journée attelée à la dure discipline hollywoodienne, mon calendrier ne laissait pas de place aux escapades.

Puis notre ami et agent commun, Georges Beaume, vint à Hollywood. Il habitait, comme Sandra, mon amie et secré-

Romy, en privé, en été 1977. Le 21 juillet, vient au monde sa fille, Sarah Magdalena Biasini.

Portrait de groupe avec dame, avec Vadim Glowna (1976-77).

Une histoire simple, avec Claude Brasseur (1978).

C'est exactement comme cela que je le voyais dans mes rêves! Mon - notre fils! Je t'attends -

Le 3e jour, David ouvre pour la 1ère fois les yeux BLEU! Comme ceux de P

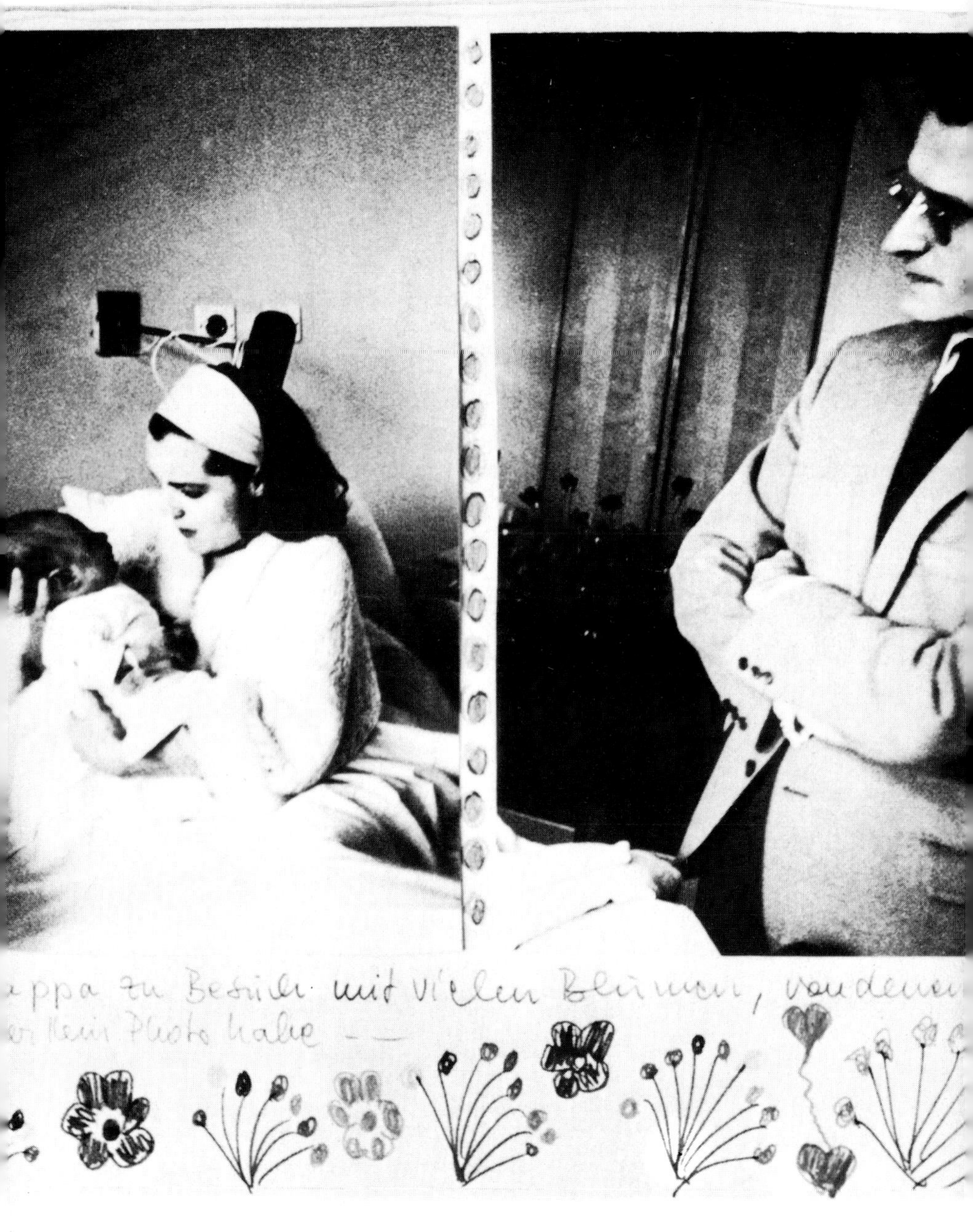

Papa en visite avec plein de fleurs dont je n'ai malheureusement pas de photo..

"Chanson Rosalie" V

Text parlé :

C'est une maison qu'on avait oublié —
Carla dis qu'elle se rapelle la couleur des
mai je suis sur que ca n'est pas la meme,
tu sais comment sont les chose, qu'on aimes —
On a beau les repeindre — —
le vent se lever lundi — et je suis contente
je t'ecris ma cinquieme lettre et je m'attend
ton cinquième silence — — — >

Text "chanté" :

Une maison sur la pla
si loin de toi —
tu n'est pas dans l'imag
comme autrefois

+ + + + + + + + + + + + je ne sa
pas dire a qui je de dis

Une maison sur la plage si
de toi tu n'est plus dans l'image ?

Text parlé

Ca n'est pas ton indifference qui me tourmente
c'est le temps que je lui donne, la rancune o

david — César seras toujours César
et toi tu seras toujours david / qui m'emmène
sans m'emporter / qui me tient sans me prendre /
qui m'aime sans me vouloir —

"Text chanter"

une maison sur la plage
si loin de toi
tu n'est plus dans l'image comme
autrefois
+ + + + + + + + + + + + je ne saurais
pas dire ce qui se déchire —

Et là-bas dans ta ville
qu'elle heure est il
quelle heure est il sans moi
pause — — → quel jour déjà — - - → (?)
Ici quand je t'écris / qu'on est
aujourd'hui

je ne saurais pas dire
ce qui me déchire

ö e

taire, dans la maison que j'avais louée. Un matin, avant le début du tournage j'entendis, de ma chambre à coucher, Georges téléphoner à Alain à Paris. J'avais déjà la main sur le combiné, attendant que Georges me passe la communication.

J'attendis en vain.

Il raccrocha soudain. La communication avec Paris était interrompue.

Furieuse, je courus au salon.

— Georges, pourquoi ne m'as-tu pas passé Alain ?

Pas de réponse.

— N'a-t-il pas demandé à me parler ? insistai-je.

Georges ne répondit pas, il se contenta de secouer la tête, puis dit, sans transition :

— Je te conduis tout de suite au studio, Romy, nous n'avons que le temps de partir...

Dans l'auto il garda le silence.

Je demandai :

— Pourquoi ne voulait-il pas me parler ? Le sais-tu ?

Il se tourna vers moi.

— Il faut maintenant que tu rassembles toutes tes forces, Romy.

Il avait peine à dire ces mots. Ça lui fut sans doute très douloureux. Il était notre ami à tous deux, il avait choisi avec nous la maison de campagne, à proximité de Paris, où nous pensions vivre plus tard, Alain et moi ; avec un goût très sûr il avait travaillé pendant des mois à parfaire l'installation, il nous voyait déjà habiter cette maison.

Et maintenant, voilà.

J'avais toujours imaginé que cela pouvait se terminer un jour, mais je n'avais pas imaginé que ce serait de façon aussi brutale.

Georges dit :

— J'ai une lettre pour toi, Romy. Alain l'a glissée avec mes papiers avant mon départ. Je n'en savais rien, il vient juste de m'en parler...

Il ne voulut me donner la lettre que le soir pour que je

puisse travailler tranquillement la journée. Mais je savais tout, naturellement. Je savais déjà que c'était fini. Toute la journée j'étais comme aveugle, et sourde, et désespérée. Je jouais néanmoins la comédie.

Que pouvais-je faire d'autre ?

Le soir, Georges me donna la lettre. Elle avait douze ou quinze pages, et les dernières lignes étaient un peu effacées. Je lisais et je ne comprenais pas, je ne comprenais tout simplement pas.

Je n'ai pas répondu à la lettre.

Il n'y avait plus rien à dire.

Que nul n'en tire de conclusions erronées. Je reconnais avoir beaucoup souffert. Je ne vois pas pourquoi j'en aurais honte.

Il me fallut plusieurs mois. Mais je sus ensuite qu'il ne restait aucun arrière-goût amer. Alain peut venir chez moi aujourd'hui quand il lui plaît. Il sera un bon ami. Pas plus, cependant...

Pendant que je m'adonnais à mon travail, on cancanait sur ma vie privée. Toutes ces années-là, j'ai évité de prendre position face aux rumeurs. Je m'étais préparé une phrase standard qui disait à peu près : « S'il s'agit de ma vie privée, je reste muette. Je crois que les nombreuses rumeurs sur Alain et moi finissent par ennuyer les gens. Il y a longtemps qu'elles m'ennuient. La vie privée de deux individus ne regarde personne... »

J'étais apparemment dans l'erreur. Les gens ne s'ennuyaient pas — c'est du moins ce que croyaient les rédacteurs des hebdomadaires. Toute discussion entre Alain et moi était montée en épingle, le flirt le plus innocent d'Alain me faisait immédiatement qualifier d'épouse abandonnée.

Tous les flirts n'étaient pas innocents. Je le sais. Alain est un jeune chien, il restera un jeune chien. Toujours à chercher, et autodestructeur. Plus souvent nous étions séparés par notre travail, plus la situation devenait dangereuse pour nous deux.

Nous avions décidé de nous marier un jour. Nous avions fixé un délai — puis nous avions à nouveau abandonné le projet. C'était trop tôt.

Parfois je me sentais envahie par le désespoir en voyant combien nos relations dégénéraient en tourments. Je voulais y mettre fin, tirer un trait.

Je ne le pouvais pas. Quand Alain revenait d'un voyage, j'étais de nouveau à l'aéroport à l'attendre. Bon, j'étais faible, je l'aimais, je lui pardonnais toujours. Je ne veux pas en dire davantage sur cette époque.

Une seule chose encore : je ne regrette rien. Rien.

Je ne voudrais pas revivre tout cela, je ne pourrais pas le supporter.

Mais regretter ?

Non.

Je ne retiens que le plus beau et le meilleur de ces six années et je constate ainsi que je suis une artiste absolue de la vie. Mais cela, c'est de famille chez nous... Aujourd'hui je peux parler de la fin sans aucune amertume — plus d'un an après la rupture qui, malgré tous les antécédents, était venue inopinément.

Aujourd'hui, je sais aussi que j'ai perdu un amant et gagné un ami. Cette amitié est probablement plus que l'amour antérieur...

« Romy Schneider est malheureuse — Un aveu de l'artiste... » Des journaux du monde entier parlent de moi ainsi, en ce moment. Des éplucheurs de journaux me procurent régulièrement les épisodes successifs. J'y apprends que je rêve d'un homme qui m'aiderait enfin à trouver mon véritable moi. Sur ce thème j'aurais dit :

« Il m'est effectivement difficile d'être détendue et naturelle en compagnie d'un homme. Il me faut toujours jouer un rôle pour dissimuler mon véritable moi. Cela vient de ce que je suis terriblement timide. Si l'homme l'est aussi de son côté, tout cela aboutit à un flirt ennuyeux ; mais si l'homme est quelqu'un qui va droit au but, je rentre dans ma coquille comme un petit enfant... »

Bavardage pseudo-psychologique absurde !

Qui donc me met des propos aussi stupides dans la bouche ?

Je n'en sais rien. Les enquêtes sont bien trop fastidieuses. Certains articles poussent manifestement comme les mauvaises herbes.

Ma véritable nature ? Mon véritable moi ? Suis-je heureuse ou malheureuse ?

Je m'interroge moins à ce sujet que ne le croient ces écrivaillons à l'affût d'histoires sentimentales.

Permettez que je vous donne encore deux exemples de performances journalistiques qui m'ont atteinte — et devaient peut-être m'atteindre. Je ne sais pas. Je sais seulement que de tels reportages donnent au public une image absurde de moi. Une image qui n'a rien à voir avec moi. Ceux qui me connaissent le savent bien. Ceux qui font ma connaissance me disent souvent — et je m'en réjouis : « Après tout ce que nous avons lu, nous nous représentions Romy Schneider tout autrement... »

Mais ceux qui ne me connaissent pas doivent penser que je suis folle, ainsi que m'a présentée, il y a peu, un magazine allemand. Les collaborateurs de cette feuille de chou m'ont appelée à Paris. C'était pendant le tournage, très fatigant et qui avait déjà pris bien du retard, de mon dernier film *Quoi de neuf, Pussycat ?*

Je n'avais pas beaucoup de temps, mais je finis par me laisser convaincre de faire quelques photos.

Ils sont venus dans mon appartement, avenue Hoche. Avec des fleurs, des cadeaux, des visages amicaux et de nombreuses promesses. Ils me prièrent de revêtir différents habits — pour changer.

Je leur dis : « Bon... mais être photographiée est passablement rasant. Faisons-en un amusement si cela doit se faire de toute façon... »

Je fis venir du champagne, mis des disques et nous commençâmes.

S'habiller, se déshabiller, boire du champagne, poser, quelques pas de danse pour le photographe. Ils étaient manifestement satisfaits.

Quand, peu après, j'ai lu le texte, je n'en croyais pas mes yeux.

C'était incompréhensible.

Ces messieurs du magazine semblaient encore sous le choc de leur rencontre avec une folle. Une folle qui, en l'espace de trois heures, change dix fois de tenue, boit du champagne en plein après-midi, danse sur le tapis et, tout à coup, éclate de rire. Le photographe exprimait encore autrement son inquiétude : je lui rappelais une fille qu'il avait rencontrée la veille de son suicide.

Pas un mot de plus à ce sujet !

Il y a longtemps que j'ai retrouvé mon humour au sujet de cette affaire. Je n'oublierai pas de sitôt la deuxième histoire malveillante. L'affaire est entre les mains de mon avocat. C'est d'ailleurs à cause de cette histoire mensongère que je me suis décidée à retracer les événements comme je les vois, c'est-à-dire comme ils sont.

Après tous ces mensonges...

En août 1964 je passais quelques jours de vacances dans notre maison à Berchtesgaden. J'avais grand besoin de cette détente : 1964 avait été une année pénible pour moi. On le comprendra. J'avais vécu près de six ans avec Alain Delon. Et c'était fini.

A Berchtesgaden je vivais dans une solitude absolue, je ne lisais pas le journal, je ne savais rien du monde.

Le 13 août je reçois un télégramme de mon agent français et bon ami Georges Baume :

JE PENSE À TOI, SURTOUT AUJOURD'HUI.

Je ne comprenais pas le texte du télégramme. Pourquoi pensait-il spécialement à moi aujourd'hui ?

Je montrai le télégramme à ma secrétaire, Sandra. Elle se contenta d'y jeter un coup d'œil, puis me dit :

— *I think, that's the marriage.* (Je pense qu'il fait allusion au mariage.)

Je le savais maintenant.

Alain Delon s'était marié.

Quelques jours après je décidai de m'envoler pour Monte-Carlo et de partir en croisière en Méditerranée sur le yacht du producteur Sam Spiegel.

La veille de mon départ, à dix heures du soir, un reporter m'appelait. Il prétendait travailler pour un journal américain ; je découvris plus tard qu'il s'agissait de l'hebdomadaire parisien, *France-Dimanche.*

— J'ai une lettre d'Alain Delon pour vous. Puis-je vous la lire ?

Je ne crus pas une seconde qu'il pouvait réellement s'agir d'une lettre d'Alain. Ce n'était pas son genre de m'envoyer des lettres par un reporter.

Mais je ne pouvais pas immédiatement élucider la situation. Et puis, cela m'intéressait malgré tout !

— Allez-y...

J'ai su, depuis, ce qu'il en était de cette soi-disant lettre.

Alain a écrit un livre sur lui-même sa vie, son histoire, sa carrière. Un chapitre de ce livre porte le titre « Romy ».

Notre ami commun, Georges Baume était le dépositaire du manuscrit. On ne sait toujours pas comment le chapitre « Romy » a disparu de son bureau et est tombé entre les mains des rédacteurs de *France-Dimanche.* Ils avaient publié ce chapitre et voulaient maintenant ma réaction pour le prochain numéro du journal.

J'écoutais le reporter en silence. J'entendais des phrases de ce genre :

« Comment peut-on parler d'une aventure entre Romy et moi ? Nous avons vécu un amour tout à fait extraordinaire et si nous nous sommes séparés ce n'est pas parce que nous ne nous aimions plus, mais parce que nous nous aimions trop. »

Ou cette autre : « Mon amour pour ma chère Romy s'accompagnait d'une admiration sans bornes, qui allait non seulement à l'actrice, mais à la femme. Pour moi, Romy est et reste la femme idéale. La femme dont j'aurais aimé avoir des fils. »

Ou, enfin, ceci :

« Je ne parlerai d'aucune autre femme comme d'elle, d'aucune autre femme je ne dirai jamais : elle m'aimait tellement – ce serait trop prétentieux. Mais j'ai le droit de le dire d'elle, car mon amour était tout aussi grand que le sien. La seule chose que je souhaite aujourd'hui : qu'elle sache combien je l'ai aimée — et l'aimerai toujours. »

Dans tout ce chapitre, pas une phrase qui ne soit flatteuse pour moi, pas une phrase contre laquelle je devrais protester.

Que pouvais-je donc en dire ?

Je remerciai le reporter et je le priai de ne pas poser de questions — c'est tout.

Et puis vint la fin. Dans chaque port où nous accostions pendant notre croisière s'étalait dans les kiosques la manchette :

« Je l'aime toujours ! »

Et ça continuait :

« Jusqu'au dernier instant j'ai cru qu'il ne se marierait pas. »

C'était comique de voir mes amis chercher à cacher les kiosques de leurs larges dos ou détourner mon attention.

Pourtant, en réalité tout ça n'était pas comique. Le texte me présentait une nouvelle fois comme une fille stupide, sentimentale, larmoyante — la jeune Allemande honteusement abandonnée par un méchant français, et qui n'en finissait pas de se lamenter.

« Je vous en supplie, lisez-moi la lettre », aurais-je dit. Et : « Continuez, je sais souffrir. » Ou, enfin, le summum du mensonge : « Je n'oublierai jamais Alain. Il a marqué ma vie. J'aurais pu entrer dans un couvent, mais ç'aurait été une trop grande satisfaction pour lui — j'ai donc préféré faire comme si rien ne s'était passé. »

Les textes de ce type se multipliaient depuis ma rupture avec Alain. Ils n'ont pas grand-chose à faire avec la réalité. D'une relation incontestablement compliquée entre deux personnes d'origine différente ils font un roman à l'eau de rose... et ils transforment les personnes en question en figurines de foire dont on peut faire joyeusement la cible de ses tirs.

Jusqu'ici je n'ai donné aucun commentaire public sur ma séparation d'avec Alain. C'est pourquoi ont paru d'innombrables commentaires mensongers, pour la plupart larmoyants et mélancoliques.

Depuis un an, les choses ont changé. Maintenant, on m'attribue imperturbablement de nouvelles aventures. L'imagination des « poètes » est décidément sans bornes !

Trois danses avec mon agent et ami Eugène Lerner — et la nouvelle romance est déjà prête.

La visite d'une boîte de nuit avec mon collègue Maximilien Schell : Romy chipe son fiancé à Soraya.

Un repas de retrouvailles avec mon partenaire dans *Monpti* et mon flirt de jeunesse, Horst Buchholz : le mariage de Horst est menacé.

Et il y a trois semaines, un journal parisien annonçait : « Romy s'est fiancée à Claude Terrail ! »

J'ai immédiatement appelé Claude, le propriétaire du restaurant *La Tour d'Argent,* et nous avons bien ri tous les deux !

Dans le cas de Claude Terrail, précisément, il m'est facile d'expliquer ce qu'il en est.

Je connaissais Claude depuis des années pour l'avoir rencontré en diverses occasions, et je ne l'aimais guère. Nous n'avions rien de commun. C'est seulement en mars, cette année, que nous nous sommes rencontrés par hasard à Rio de Janeiro pour le carnaval. Nous nous sommes bien entendus, nous avons ri ensemble. Claude était exactement ce qu'on appelle à Paris un « copain ». Il est bon, à Paris, d'avoir un copain, quelqu'un avec qui l'on puisse sortir, faire du sport. Ce qui lie un homme et une femme n'est pas nécessairement de l'amour. L'amour est plutôt rare, et c'est peut-être aussi bien ainsi.

Pour moi l'essentiel, jusqu'à présent, est le travail, mais ça va changer. Je ne veux pas me retrouver un jour avec ma seule profession ; je suis déjà devenue trop indépendante — et c'est dangereux pour une femme.

La seule consolation en cette année 1964 : j'ai remporté un vif succès avec mon film hollywoodien, *Prête-moi ton mari*. Ce fut un film à succès, il m'ouvrait le marché américain et me valut des critiques positives en Amérique. C'était la montée.

De retour de Hollywood je me reposai quelques semaines dans la maison de mon ami Curd Jürgens, sur la Côte d'Azur, afin d'être prête pour le film de Clouzot, *L'Enfer*. De temps à autre Henri-Georges Clouzot, qui habitait à Saint-Paul-de-Vence, venait me voir pour parler du projet. Il se disposait déjà à commencer les essais, quand il s'aperçut soudain que mon léger accent allemand le gênait. Il voulait à tout prix faire de moi en quelques semaines une actrice parlant parfaitement le français, sans aucun accent. Avec la meilleure volonté du monde, ce n'était pas possible.

Après de longues discussions, nous tombâmes finalement d'accord : je tiendrais le rôle d'une Alsacienne. Nous avons tourné ensuite un premier essai dans les studios de Nice avec Raf Vallone et Yves Montand.

Lors de ces essais je me rendis compte que Clouzot était le metteur en scène le plus difficile que j'aie jamais rencontré. Difficile, pas dans un sens négatif ! Cet homme ne se dit jamais satisfait, c'est un perfectionniste, qui veut que chaque ton, chaque éclairage, chaque geste soit exactement, à la plus petite nuance près, tel qu'il se l'est imaginé auparavant. Je me demandais : « Comment supporteras-tu dix-huit semaines de tournage avec Henri-Georges ? »

Je n'eus pas besoin de supporter. Malheureusement, malheureusement.

La poisse commençait déjà avec une grave maladie de Serge Reggiani, ce qui mettait tout le projet en l'air. Ma santé n'était pas tellement fameuse non plus. Et puis, trois semaines après le début du tournage, la catastrophe : Henri-Georges Clouzot s'effondra. Infarctus ! Il fallut arrêter le film. Pas possible d'attendre sa guérison. Les médecins déclaraient qu'il lui faudrait s'arrêter au moins un an.

Je compris soudain que j'étais comme suspendue en l'air. L'arrêt du tournage représentait plus pour moi qu'un « film tombé à l'eau ». Je m'étais concentrée sur ce film. Et c'en était fini, avant même qu'il n'ait réellement commencé. Je ne savais que faire...

A cette époque, en automne 1964, je compris à nouveau qu'il me fallait construire une vie en dehors du cinéma et de la scène. Je voulais apprendre à vivre, avoir une vie privée, des amis, prendre des vacances.

J'essayais de rétablir un équilibre entre travail et vie. Et j'y réussis...

J'ai la chance de n'avoir pas de soucis d'argent. Jeune fille je gagnais déjà bien ma vie — mon beau-père a bien placé l'argent et veille encore aujourd'hui à ce que les considérations financières n'aient pas à intervenir dans mes projets. Je lui suis reconnaissante de cela et de bien d'autres choses.

Un grand avantage pour une actrice : je n'ai pas besoin d'accepter, pour l'argent, des rôles que je n'ai pas envie de jouer. Je peux faire d'aussi longues pauses que je veux — et pendant ces pauses travailler dur pour continuer à me perfectionner.

Je prends des cours de danse et de chant, afin d'être prête si je suis, par exemple, attirée un jour par une intéressante comédie musicale. J'espère pouvoir sortir bientôt un premier disque 33 tours avec des chansons en allemand, en français et en anglais.

Cet automne, je tourne sous la direction de Jules Dassin le film *Dix heures et demie du soir en été*, d'après le roman de Marguerite Duras, avec Melina Mercouri et Peter Finch. Un autre film à Hollywood est au programme pour janvier 1965, puis viendra *La Tarnowska*, d'après le roman de Hans Habe, puis à nouveau du théâtre.

J'ai vécu récemment une anecdote amusante. J'ai rencontré l'écrivain français Jean Anouilh à une réception et lui ai demandé à quoi il travaillait. Il m'a répondu que pour l'instant il n'était pas du tout d'humeur à travailler, qu'il ne savait pas quelle pièce il devait écrire.

— Quand vous vous y remettrez, lui demandai-je, écrirez-vous pour moi ?

— J'aime bien ça, répondit-il. Une pièce sur commande ! D'accord !

Et, en prenant congé, dans le taxi, il m'assura :

— Je pense à votre commande.

J'espère qu'il en sortira quelque chose. Semblables rencontres sont typiques de l'atmosphère créatrice à Paris. C'est pour ça que j'aime Paris, c'est pour ça que je vis à Paris. Mais pas seulement pour ça...

Paris m'a libérée. Paris m'a donné quelque chose que je n'avais pas auparavant. A Paris, j'ai appris à penser librement. Je n'ai plus peur maintenant de dire ce que je pense. Et je n'ai plus peur d'agir en conséquence.

1965-1967
Mon rêve bourgeois

La Voleuse – Triple Cross

Après la rupture avec Delon, Romy, bouleversée, triste, se retrouve complètement épuisée. C'est l'échec de ses projets professionnels, elle est dégoûtée de la France, elle aimerait se retrouver sur la scène. En France, en dépit de toutes les difficultés, elle avait été heureuse, c'est là qu'elle a bâti sa carrière. Elle sent que toute sa vie va se modifier. En 1965, elle se rend au Festival de Salzbourg, puis elle rejoint sa mère à Berchtesgaden avant d'aller à Berlin. C'est là que, le 2 avril, à l'occasion de l'ouverture d'un restaurant dans Europa Center, qui appartient à Blatzheim, elle fait la connaissance de l'acteur et régisseur Harry Meyen, Harry Haubenstock selon l'état civil. D'origine juive, il est de quatorze ans son aîné, et son influence sur Romy est de celles qui apaisent et rassurent. Le monde du théâtre dans lequel il vit, et qui compte bien plus pour lui que celui du cinéma, la fascine. Elle l'admire. Ils décident de se marier dès qu'il aura divorcé d'avec Anneliese Römer. Ils rêvent de projets théâtraux communs. Romy pense quitter Paris et s'installer définitivement à Berlin. Après le tournage, en Espagne, de Dix heures et demie du soir en été *en 1965, elle commence, en 1966, avec Michel Piccoli pour partenaire, le film* La Voleuse. *Le 15 juillet 1966, Romy Schneider et Harry Haubenstock se marient à la mairie de Saint-Jean-Cap-Ferrat pendant le tournage du film* Triple Cross, *dans lequel Harry Meyen obtient aussi un petit rôle. Romy fait ses adieux à la France. Le 3 décembre 1966, elle accouche de son fils David Christopher Haubens-*

tock à l'hôpital Rudolf-Virchow de Berlin. C'est le début d'une période paisible, harmonieuse, un temps de repos. Le 21 février 1967 le père de Romy, Wolf Albach-Retty, meurt à Vienne.

Les notes de ces années témoignent d'un déchirement intérieur et d'une indécision entre le cinéma et la scène, la France et l'Allemagne. Mais ses réflexions et ses lettres témoignent aussi du bonheur de sa vie familiale. Elle est fière de son fils.

Janvier 1965

Je suis fatiguée. Ma vie, c'est l'enfer. Je ne suis parfois heureuse que le soir. J'espère qu'*elle* ne reviendra pas avec la nuit.

Elle est toujours là. Elle, c'est l'autre. Les yeux grands ouverts, elle regarde dans la nuit. Elle m'injurie, elle rit, elle pleure. Elle a toujours une main sur mon épaule. Elle me surveille sans cesse. Elle me reproche toutes mes fautes, une fois, deux fois, trois fois. Je ne peux pas me débarrasser d'elle. Mais je la hais. L'homme que j'aimais disait toujours : « Laisse-toi donc aller une bonne fois, abandonne, jette-toi à l'eau... » Il avait raison. Tout me dégoûtait. Si seulement je pouvais tuer l'autre. Un jour je le ferai.

Je me souviens encore comment cela a commencé, il y a très, très longtemps. C'était en hiver, à l'école, à Salzbourg. Je priais, j'avais peut-être huit ans. Mon Dieu, faites que je devienne actrice. J'étais heureuse quand je priais. Je me sentais grandiose. J'étais à genoux et je me voyais ainsi moi-même. Le visage enfoui dans les mains, le mur blanc, le crucifix. Mais tout à coup je ne pouvais plus prier. Car elle était déjà là, l'autre, qui détruisait tout, ma prière, mes huit ans, mon ingénuité. Les religieuses ne comprenaient pas. Pour elles je n'étais que la petite Albach — c'est là mon vrai nom — une créature compliquée, une enfant dont les parents étaient divorcés, une petite fille désobéissante, avec de nombreux défauts. Une menteuse. Oui, je mentais. J'inventais des histoires, j'inventais toute une vie, pour fanfaronner devant mes camarades. Je parlais de gens que je n'avais jamais vus. Ma mère s'était toujours refusée à m'emmener dans un studio. Mais peu importe. Je bluffais et racontais : hier nous avons déjeuné avec Gary Cooper...

Dans ma vie privée on me demandait toujours beaucoup. Je ne veux pas que l'on me prenne ce que je ne veux pas donner. On me volait ce que je ne voulais pas donner. On ne m'a pas seulement volée, on m'a dépouillée ! J'étais comme un chien. J'ai « fait le beau », jusqu'à en avoir des crampes. Je suis capable, par ailleurs, d'aimer un homme le matin, quand il est encore tout endormi. Quand il ne s'est pas encore lavé les dents et que ses yeux sont tout gonflés de sommeil. C'est alors qu'il est authentique, c'est ainsi que je l'aime. Mais j'ai besoin de force. D'un homme qui me fait violence, qui me jette à genoux. Jusqu'ici je ne suis tombée que sur des faibles. Nous étions deux à japper ! Il faudrait qu'un plus fort me prenne en mains, qu'il me mate, qu'il me brise jusqu'aux os. Mais un tel homme existe-t-il ? C'était comme ça d'abord. Et je disais : « Mon Dieu, j'espère que ça continuera. » Et je savais que c'était impossible. J'ai pensé : saisis cet instant, vis-le pleinement, car demain tout sera fini et il faudra que tu paies les pots cassés. J'ai payé. Le prix le plus fort.

Lettre pour la fête des mères

Paris, mai 1965

A ma mère

Son nom est pour tous Magda Schneider. Nous avons fait connaissance il y a vingt-six ans, et au long de vingt-six années je lui ai donné des noms « uniques ». Aussi le mieux serait-il sans doute de commencer cette lettre ainsi :

Ma mère Mammi (années d'école). Ma chère petite mère (année d'école et très mauvaise conscience). Très chère

Mammi (temps meilleurs après les années d'école). Ma chère « Mom » (âge ingrat d'une impératrice). Mamma — chère Magda — chère bonne Magdalena — chère madame Leni — Toi ! (voilà à peu près pour le présent). Donc...

Bonjour, toi !

Pardonne-moi ; je t'ai appelée, pour la deuxième fois, au beau milieu de la nuit ; mais il fallait bien que je te lise cette lettre adorable de la grand-mère de Vienne. Ici, dans mon lit, j'en ai ri jusqu'aux larmes, et puisque tu ne me veux pas trop égoïste, j'ai pensé que tu devais aussi rire aux larmes dans ton lit, après on dort si bien !... Tu le sais donc maintenant : père a acheté une nouvelle voiture et il en rit de plaisir dès sept heures du matin ; il donne à Rosa des « directives pour y monter et en descendre », il achète des souliers au chien (pour protéger les coussins). Je crois voir tout ce cirque et je le trouve trop comique !

Mon vol de retour de Berlin s'est bien passé. J'ai dormi : *je n'avais pas dormi* quatre jours et quatre nuits lors de mes « retrouvailles avec Berlin » après six années d'absence ! Toi, c'était splendide ! (Je sais, je ne dois pas te dire simplement « toi », mais si un jour tu as mon âge... allons, je veux tout de même t'écrire une lettre « sérieuse » !) Toi, oui, *toi* et Berlin, et tout... tout est revenu ! Habituellement les retours en arrière sont mauvais et démodés. Celui-là est sans doute le seul bon et toujours « moderne » que je connaisse.

Notre retour en arrière : il y a douze ans de cela — mon premier film, avec toi, à Tempelhof — je suis restée longtemps la « Shirley de Tempelhof », « la dernière vierge allemande » — et toi tu étais le « méchant chien de garde ».

Mais cela ne pouvait *rien nous faire du tout.* (Au contraire, nous nous trouvions très amusantes en « nouveau couple d'amoureux »). Rien ni personne ne pouvait nous blesser — à l'exception de quelques orages et tempêtes, grands ou petits, que nous nous fabriquions nous-mêmes. Ou alors c'était, comme tu le disais toujours, « une puissance supérieure », contre laquelle on peut difficilement lutter. Mais si nous l'avons *malgré tout* tenté, toi contre, moi contre, nous ensemble contre, contre nous, contre tout, alors oui, avant d'en arriver au très grand orage, juste avant : un fou rire ! Parce que nous savions toutes les deux que *nous* étions folles. C'était du cinéma... du bon cinéma.

Mais pas toujours, évidemment pas. Si nous avions toujours mis fin à une situation sérieuse ou à une dispute — ou les avions prévenues — par une crise de fou rire, ce serait devenu quelque peu ennuyeux à la longue. Puisque ces six dernières années nous n'avons pas pu nous voir très souvent, il fallait bien penser à introduire de la variété. C'est ce que nous avons fait. Les hommes devraient prendre exemple, tant de variations sur le thème « se chamailler ensemble », « s'aimer ensemble » !

A Berlin, nous n'avons guère parlé (ce qu'habituellement nous savons très bien faire, jusqu'à quatre heures du matin). Ce n'était pas *nécessaire*... Tout était en ordre... Tout était là, et je suis heureuse de tout, que les choses soient comme elles sont, que nous soyons comme nous sommes — ensemble ou pas — et qu'une telle mère existe !

Nous avons toujours eu très bon goût, mon frère et moi, mais le *choix de notre mère* reste notre meilleur choix ! Nos retrouvailles à Berlin *et* Berlin même sont la raison pour laquelle je te raconte tout cela ; je te le dis comme ça, de la façon bête qui est la mienne.

C'était beau, très beau. Mammi. Et ce sera de plus en plus beau parce que tu deviens de plus en plus jeune, et moi je deviens lentement une vieille dame sage. Pardonne-moi d'avoir parfois compris un peu tard, j'étais encore bien jeune, alors ! Voilà — et maintenant il est cinq heures du matin, je te laisse tranquille. Je te rappelerai à six heures pour te souhaiter une bonne journée.

J'ai trop fumé, je tousse comme un vieux chien, et mon entraînement quotidien à la danse me fait mal au dos ; d'autres ont mal aux pieds, bon. Oui, je mettrai de la pommade sur le dos, et je prendrai un remède contre la toux.

D'ailleurs quelqu'un m'a envoyé hier, de Berlin, des gouttes contre la toux — n'est-ce pas des plus aimables ? « Gouttes berlinoises contre la toux. » Dis donc ! Je vois à l'instant sur mon deuxième calendrier que chez toi c'est la fête des mères, demain. A Paris, c'est toujours à une autre date (mes fleurs arriveraient trop tard maintenant). Une année, c'est trois semaines plus tôt, et tu ne sais pas pourquoi je t'envoie soudain un tas de roses rouges ; cette fois-ci c'est plus tard. Ah, et en fin de compte cela devrait sans doute devenir quelque chose comme une « lettre de fête des mères » et tu devrais pleurer d'attendrissement ? Je ne peux malheureusement *pas* te faire *ce* « plaisir » !

Fête des mères ou pas, ça m'est complètement *égal* (cette fête a sans doute été inventée par quelqu'un qui oubliait de temps à autre qu'il avait une mère !). Quoi ? Si je n'avais pas une petite « profession accessoire » je pourrais t'écrire chaque jour une lettre comme ça. Donc (voilà qui devient maintenant tout à fait « chic ») : Meilleures salutations ! Avec toute mon affection ! Pour la fête des mères. Voilà...

Et je te remercie de m'avoir mise au monde, ce monde splendide, merveilleux (parfois dégueulasse !), et de nous avoir protégées, mon frère et moi, et de nous avoir permis d'être enfants, tels que nous étions et que nous le resterons pour *toi !* Tout est ta faute ! Je t'embrasse. Dieu te protège !

Ta Romy

P.S. Si tu étais maintenant là, chez moi, nous irions toutes deux dans le frigo et nous mangerions des tartines de fromage avec des cornichons : seule, c'est insipide, mais j'ai faim. Je penserai à toi en mangeant. Je dirai demain matin à la cuisinière que c'était toi. Je viens bientôt... pas de camion à l'aéroport, s'il te plaît. Deux valises seulement !

Eté 1965

J'ai dit que j'avais appris en France à vivre et à aimer, à bouger et à m'habiller. J'ai le sentiment que je suis née à Vienne pour vivre à Paris.

Tant de choses importantes s'y sont passées pour moi ! De mon premier engagement au théâtre à ma première percée au cinéma.

J'ai un passeport allemand, ma mère a un passeport allemand, et mon frère Wolf a un passeport allemand. Je suis une Allemande, mon père était autrichien. Je suis née à Vienne, j'ai fait mes études à Hambourg, Berlin et Munich, je vis à Paris, je parle presque aussi bien l'anglais et le français que ma langue maternelle.

J'ai commis des erreurs, que je regrette amèrement. Mais on m'a aussi jeté des pierres quand je n'avais rien à me reprocher. Ma mère, si avisée, m'a souvent consolée. Je me réjouis déjà de passer les prochaines semaines à Innsbruck avec elle et avec mon frère, qui fait ses études de médecine à Bâle. J'ai malheureusement — malheureusement, il faut bien le dire — expérimenté le fait que sans vie privée rien ne va dans la profession. Maintenant, par exemple, je pourrais à juste titre me réjouir pour ma carrière — le grand contrat hollywoodien. Mais je ne peux me départir du sentiment que rien ne va. Tout se paie, d'un prix parfois très lourd. Et Bajazzo ne rit pas. Mais voilà qui est sans doute exprimé de façon trop emberlificotée — ou de façon comique, je ne sais.

Je ne peux pas me décrire moi-même. Je n'ai aucun talent pour cela. C'est d'ailleurs soi-même que l'on connaît toujours le moins. Je suis en tout cas un personnage très nerveux et un peu dérangé. Nous sommes comme ça, les actrices.

Je ne me plais pas tellement. Je ne suis pas amoureuse de moi-même. Mais je me tiens pour une personne absolument heureuse et je vais très bien.

C'est vrai que je suis compliquée. Mais on peut aussi exagérer semblables affirmations. Quand on m'attaque, je riposte. Les chiens et les chats le font aussi. Et quand on se montre insolent, je deviens désagréable. C'est tout à fait normal. Non... ? Rien d'important ne me laisse indifférente.

Mais je ne suis pas née pour pleurer à longueur de vie. Je suis un être humain, qui ne retient que ce qui est bien. Dernièrement j'ai téléphoné à Alain.

Nous sommes de bons amis.

Je ne pourrais jamais renoncer au métier d'actrice. Si j'étais à nouveau au plus bas, je recommencerais à zéro.

Emancipation? Bon — si l'on ne se transforme pas en homme. Mais une femme doit rester une femme.

Je ne me soumettrai pas en amour, je satisferai aux exigences de l'homme, tant qu'elles ne dégénèrent pas en tyrannie. Une femme qui aime en est capable.

J'ai pris des cours de danse chez Jérôme Robbins, et aussi des cours de chant à Paris — et personne ne croit que je l'ai fait par plaisir.

Je dis trop souvent ce que je pense, je suis une mauvaise actrice dans la vie quotidienne. On finit par s'en deshabituer.

Dans la vie, je suis une assez mauvaise actrice.

Personne n'oublie sa langue maternelle. Et pourquoi devrais-je renoncer à parler allemand?

Je lis un manuscrit après l'autre et je n'aimerais rien tant que jouer à nouveau dans un film allemand, si seulement je trouvais le rôle qui me convient. Il est totalement incompréhensible que le cinéma allemand se voie éclipsé à ce point. Que serait Hollywood sans les metteurs en scène allemands et autrichiens? Ce sont eux qui ont fait le prestige du cinéma américain : Lubitsch, Wilder, Preminger, Zinnemann, Lang, Koster. Les metteurs en scène de la nouvelle génération allemande sont bons aussi, mais jusqu'ici l'occasion leur a manqué. Nos acteurs aussi sont remarquables, ce qui manque ce sont les sujets. Nous manquons d'auteurs!

Si nous n'exportons pas de films, nous n'en exportons pas moins nombre de nos stars. Quel mal y a-t-il à cela? N'est-ce pas reconnaître ce dont les Allemands sont capables? Le succès des stars allemandes à l'étranger est le prélude à une exportation de films allemands. Pourquoi les attaques, pourquoi toujours prétendre que nous ne voulons plus rien savoir de ce qui se produit dans notre propre pays ? Tout ça, c'est faux ! Le cinéma est aujourd'hui une affaire internationale. Il faut se faire connaître dans le monde entier et s'adapter, si l'on ne veut pas se retrouver à la traîne. Il n'y a que des bons et des mauvais acteurs, la nationalité n'y fait rien. Il y a malheureusement aussi des stars qui ne sont pas des actrices et — malheureusement, malheureusement — de bonnes actrices qui ne deviennent pas des stars. Je voudrais continuer à m'améliorer et monter le plus souvent possible sur la scène. Cela me manque. C'est sur la scène que l'on apprend, pas ailleurs. Je n'ai joué au théâtre que deux fois, à Paris, en français. Ce n'est pas suffisant. Une actrice de cinéma doit toujours revenir à la scène. Ce qui compte ce ne sont pas tellement les rôles, mais la question « Comment vais-je interpréter le rôle ? » et « Qui assure la mise en scène ? » C'est bien plus important que tout le reste.

Si seulement j'avais assez de volonté pour renoncer au cinéma et devenir pour de bon une actrice de théâtre.

Automne 1965

Je voudrais à nouveau travailler en Allemagne. Absolument ! Je voudrais faire du théâtre à Berlin. L'Allemagne a les meilleurs metteurs en scène, acteurs, auteurs aussi, je trouve. Ce que j'aimerais le mieux c'est jouer une comédie chez Barlog ou Kortner à Berlin. Ils savent que je ne me suis jamais refusée à parler allemand. Ce sont là des mensonges perfides. Je n'ai pas non plus de chenil pour mes huit chiens. Je n'ai que deux chiens.

La seule vérité, pour un acteur c'est la scène. On y est seul, livré à soi-même : là on va au bout de ses capacités. Ce n'est pas comme au cinéma où l'on reprend une scène quand l'acteur a été mauvais. Mon vœu le plus ardent est de me retrouver bientôt sur les planches.

J'aimerais aussi tourner avec tous les bons metteurs en

scène : Clouzot, Welles, Visconti, Kazan, Huston, Tony Richardson, Sir Laurence Olivier, Billy Wilder, en France avec Clément, Truffaut, Louis Malle.

En Allemagne, je referais très volontiers un film avec Alfred Weidenmann — de préférence à Munich, la ville allemande la plus épatante pour le moment.

Oui, c'est presque grotesque que je n'aie encore jamais fait de théâtre dans ma langue maternelle, mais attendez un peu. Ce sera bientôt fait. Quand je rencontre Barlog à Berlin ou Kortner à Munich nous en exprimons toujours, de part et d'autre, nos regrets. J'aimerais tellement travailler avec Kortner ou Barlog, mais il y a toujours des contretemps.

J'ai de grands projets. Quelqu'un est en train d'écrire une pièce pour moi. Je voudrais enfin faire du théâtre dans ma propre langue. Cette pièce je ne la jouerais pas seulement en allemand, mais aussi, par la suite, en version française à Paris, puis en anglais dans un théâtre de Broadway.

Londres

Cher monsieur Kortner,

Même s'il en est ainsi pour le moment, si les apparences sont telles..
je ne peux pas croire que nous soyons tous deux comme « les enfants du roi ». Vous ne m'avez vraiment pas oubliée, je vous remercie. Croyez bien que je suis très heureuse et que j'en suis fière aussi. Pour *Leonce et Lena* ça n'ira pas, puisque je tourne encore ici et que je me suis déjà engagée pour un autre film. M. Beaume, mon agent, vous a déjà répondu, je crois. On m'a fait suivre ici une lettre de M. Nagel.

Je vous réponds. Peut-être le lui direz-vous, pour qu'il ne me juge pas trop « impolie ».

Je viens à Munich aux environs des 10, 11, 12. Je vous appellerai ! En attendant, je vous adresse, à vous-même, à votre épouse et à toute la famille, mes salutations et mes vœux les meilleurs !

Merci de tout cœur. Toutes mes amitiés, Votre vieille Schneiderin qui sait très bien, et n'oubliera jamais, ce qu'elle a appris auprès de Kortner !

Printemps 1966

A Berlin je jouerai pour la première fois sur une scène allemande — au *Komödie,* sur le Kurfürstendamm. Et cette année, si tout va bien. J'apparaîtrai d'abord dans une pièce sérieuse, puis dans une comédie, et la mise en scène sera assurée par Harry Meyen.

Je m'étais toujours promis de faire mes premiers pas au théâtre en allemand sur une scène de Berlin, pour des raisons sentimentales aussi. C'est à Berlin, dans les studios *UFA* de Tempelhof, que je me suis trouvée pour la première fois devant une caméra, il y a douze ans. Une adolescente de quatorze ans, tremblante, qui avait le trac, dans le film *Lilas blancs.*

Et tout s'est bien passé. Cette ville me portera toujours chance. Je le sais.

C'est pourquoi Berlin devra aussi être ma première expérience sur une scène allemande.

Après la rupture avec Alain, quand j'étais encore malheureuse à en mourir, je courais de présentation de mode en présentation de mode, d'essayage en essayage. Un jour je suis entrée chez Chanel pour acheter un tailleur, j'en suis ressortie avec sept ! Je passais tout mon temps dans les chiffons...

Juillet 1966

Meyen m'est tellement supérieur ! Il me donne une toute nouvelle assurance. J'ai besoin d'un homme qui décide de ce qui est bien pour moi, et non de n'importe quel garçon.

Auprès de Harry, je suis enfin en sécurité. Je suis devenue plus calme. Je n'ai plus cette ambition maladive de jadis. Voilà maintenant neuf mois que je n'ai pas tourné, et je n'ai pourtant plus ce sentiment de vide que je ressentais jadis entre les films. Je peux même envisager l'idée d'abandonner un jour le cinéma.

Automne 1966

Le mariage et la maternité ne peuvent qu'améliorer un être humain. C'est à travers eux seulement que l'on devient vraiment femme.

Pour beaucoup nous sommes sans doute devenus un couple petit-bourgeois. C'est à la maison que nous nous trouvons le mieux et nous regardons beaucoup la télévision.

Mais quand Harry appuie sur les boutons du téléviseur dans notre appartement de Berlin et qu'il tombe par hasard sur un match de foot, je préfère me retirer. Autrement c'est un homme si calme, mais devant ces retransmissions j'entends mon Harry pousser des hurlements.

Nous n'entrevoyons pas encore un avenir professionnel commun.

3 décembre 1966

Harry m'a conduite le soir à l'hôpital et, quand le professeur a dit que ça prendrait du temps, il est rentré à la maison et il a avalé des somnifères pour se calmer.

Dans l'ascenseur de l'hôpital nous nous étions souvenus que nous n'avions toujours pas de nom pour l'enfant. Choisissons-en trois, a dit Harry, l'un d'eux conviendra certainement. Six heures après, David était là, et Harry a manqué l'événement : il dormait sur le canapé. L'infirmière n'arrêtait pas de téléphoner à la maison.

Je voulais mettre au monde un bébé en bonne santé, puis m'en occuper moi-même. Les premiers mois de la vie d'un nouveau-né sont si formidables...

Pourquoi un enfant ? C'est une vie qui incarne pour moi la paix, la famille, la sécurité... La grossesse, comme c'était beau !

Pendant deux années après la naissance je n'ai pas travaillé, nous avons vécu dans notre quatre-pièces à Grunewald; j'étais bien.

J'ai enfin un homme, maintenant, qui m'aimera jusqu'à la fin de mes jours.

Mon fils est né à Berlin. Et c'est là que j'ai passé les années les plus belles, les plus heureuses de ma vie.

Wolf Albach-Retty, 18.5.1906-21.2.1967
Mon père

Le père de Romy Schneider meurt en février 1967, à l'âge de soixante ans. Il est enterré au cimetière évangélique de Matzleinsdorf, dans la Triesterstrasse. Rosa Albach-Retty, la grand-mère de Romy, qui mourra en 1980, à l'âge de cent-cinq ans, sera enterrée au cimetière central de Vienne. En 1984 les restes de Wolf Albach-Retty y seront transférés et il reposera dans la même tombe qu'elle.
En février, Romy était encore allée à Vienne où elle avait vu son père sur son lit de mort, à la clinique.
La lettre de Romy de 1964, après le premier infarctus de son père et sa rupture avec Delon ; une autre lettre, écrite peu après la naissance de David, comme les autres textes ci-dessous où elle parle de son père, témoignent de l'amour qu'elle lui a conservé au long des années.

Lettre de Romy à son père, en 1964, après son premier infarctus.

Sache seulement que je pense à toi ! Je suis avec toi, très fort ! Et si tu as besoin de quoi que ce soit, si je peux faire quelque chose pour toi, je suis là ! Pour toi, tu le sais bien ! Je ne me suis pas manifestée ces derniers temps, parce que je n'étais pas précisément « transportée d'allégresse » et que je ne voulais importuner personne avec mes histoires — ou mon chagrin, ma foi — pas toi non plus ! Chacun doit se sortir tout seul de ses emmerdements...

Lettre de Romy à son père en janvier 1967, un mois après la naissance de son fils David.

Mon très cher Pappi... J'espère que nous aurons bientôt l'occasion de te voir, il faut surtout que tu fasses connaissance avec ton petit-fils, car « ça » vaut déjà la peine d'être vu, ça fait dans ses culottes, c'est ravissant et comique ! Si comique : il n'arrête pas de faire des grimaces, il a déjà la tête dure, et il est très mignon... Ai-je bien réussi mon petit garçon ?

Mon vrai père n'était pas un « vrai » père. Dommage. Mais aujourd'hui, je trouve qu'il est mort trop tôt. Peut-être aurait-il été davantage un père pour moi plus tard, quand j'ai eu besoin de lui, quand cet autre ne me quittait pas. Mon père me disait alors : peu importe, t'en fais pas, moi aussi je le trouve dégueulasse, l'autre, t'en fais pas.

Jeune fille, j'avais déjà une prédilection pour la chambre de mon père, qui n'était plus dans la maison, qui avait abandonné ma mère. Je m'y retrouvais toute seule. Je savais que j'étais dans la chambre de quelqu'un qui m'aimait beaucoup. Qui n'était certes pas un vrai père, que l'achat de deux paires de souliers pour moi et mon frère suffisait à épuiser, qui disait : « J'en peux plus. » Mais dans cette pièce je ne me sentais néanmoins jamais seule.

Pour le Mardi Gras, il m'avait envoyé en pension un costume de diable. Je me trouvais incroyablement belle et très sexy. Le costume a choqué tout le monde. La lettre qu'il y avait jointe, ce n'était même pas une lettre, c'était un bout de papier, je l'ai toujours. J'ai encore toutes les lettres de mon père, de ma mère aussi.

Mon père était très léger, il ne voulait d'ailleurs pas d'enfants, il n'a toujours voulu que des femmes. Mais il était très différent d'Alain. Ma mère l'a attendu huit ans durant, prenant soin de ses costumes d'*UFA* dans les armoires au grenier. Elle a pleuré toutes les larmes de son corps. Enfant, je lui demandais pourquoi elle pleurait. Elle ne répondait pas. Je n'ai pu que constater qu'elle était seule ; personne n'était là.

Je n'ai vraiment connu mon père à nouveau que quand nous avons joué ensemble dans le film de Preminger, *Le Cardinal*. Il l'a surtout fait pour moi, car le cachet n'était pas très important. Nous avons joué ensemble une seule fois, et c'était un contact superbe. J'avais vingt-cinq ou vingt-six ans. Il jouait, comme d'habitude, le baron en smoking et il était très beau. Je crois que ma mère n'a jamais autant aimé un homme. Elle a attendu en vain, avec les valises prêtes. Il n'est pas revenu, c'est comme ça. Il est mort d'infarctus, parce que, à mon sens, il a souffert toute sa vie de ce trac singulier, maladif, incessant. Je l'ai hérité de lui. Il a fait son premier infarctus pendant une représentation au théâtre de l'Académie de Vienne ; j'étais assise avec mon frère Wolfi au premier rang. Il a continué à jouer, et il n'est allé à l'hôpital, ce cher idiot, qu'après la représentation. Sa première conversation téléphonique fut pour son chien.

La dernière fois que je l'ai vu, c'était dans un hôpital de Vienne. Je devais attendre dehors, je n'avais pas le droit de pénétrer dans la chambre avant qu'il se soit peigné. Puis il a fait un effort gigantesque pour me recevoir assis.

soit de Vienne, j'ai essayé que mon frère Wolf y revienne [illegible]
[illegible]. Il a continué [illegible] à l'hôpital [illegible] qu[illegible]
[illegible] après sa [illegible] de [illegible]
[illegible] pour son [illegible]
[illegible] fois [illegible]
[illegible]
[illegible] dans [illegible]
fait un effort [illegible]

1968-1969
Tout recommence

Otley – La Piscine – Inceste – Les Choses de la vie

Pendant deux ans, Romy joue le rôle d'épouse et de mère. Et ce rôle lui plaît. Mais le temps du repos est passé. Elle ne peut pas vivre sans travailler. Harry et David, cela ne lui suffit plus. Elle accepte difficilement d'être presque tombée dans l'oubli. Elle a confiance, et espère toujours un grand rôle au théâtre. Elle ne croit plus à la pièce géniale, mise en scène par Harry. Ici, à Berlin, elle est l'« ex »-actrice, une simple épouse — le passé lui apparaît resplendissant, merveilleux. Les contraintes liées à la gloire s'estompent dans sa mémoire. C'en est fini de son rêve de bonheur bourgeois, de sa nostalgie de sécurité et d'ordre. Il n'a vraiment rempli sa fonction que pendant ces deux années où elle voulait être simplement l'épouse de Harry Meyen. En 1968, c'est la mort de son beau-père Blatzheim, et elle essuie de lourdes pertes financières. Au printemps 1968, Romy accepte un rôle dans le film Otley, *à Londres, et David et Harry sont avec elle. Un appel téléphonique d'Alain Delon réussit à la convaincre de jouer Marianne dans* La Piscine. *Il la fait donc revenir en France. Quand Alain l'accueille, en août 1968, à l'aéroport de Nice, elle est redevenue l'actrice pleine de fantaisie et d'inspiration. Le tournage commence le 19 août à Ramatuelle, près de Saint-Tropez, dans une atmosphère détendue. La presse se perd en suppositions devant ces retrouvailles. Six autres films suivent en l'espace de dix-huit mois. D'abord, en 1969 encore,* Inceste, *à Londres, pendant l'été,* Les Choses de la vie *à Paris et dans les environs, son premier film avec Claude Sautet.*

Les notes, phrases, pensées esquissées sur des feuilles volantes, ses lettres aussi, rendent compte d'impressions fugitives pendant les tournages, de moments de réflexion sur soi-même, de fierté et d'enthousiasme face à de nouvelles tâches — mais aussi de la grande joie d'avoir réussi à concilier avec bonheur la famille et la profession.

Londres, 31 mars 1968

Je me retrouve à nouveau devant la caméra pour la première fois depuis mon mariage avec le metteur en scène et acteur Harry Meyen et la naissance de l'enfant de mes vœux, David. Je joue le principal rôle féminin dans le film anglais *Otley,* une comédie à suspense.

Je suis folle de mon fils. J'ai autant besoin de lui qu'il a besoin de moi. Mon mari viendra bientôt à Londres, nous nous retrouverons enfin ensemble. A l'avenir, je ne tournerai que trois films par an — si possible seulement quand mon mari pourra nous accompagner. Nous ne nous sommes pas mariés pour vivre presque continuellement séparés comme d'autres couples d'acteurs, qui se voient au plus cinq fois par an. Il n'en est pas question pour nous.

Dans le film, il me faut traverser en trombe, dans une voiture de sport ultra rapide, une palissade en bois. J'ai passé mon permis en Allemagne il y a de nombreuses années, et l'examinateur devait fermer les yeux. Depuis que j'ai eu le permis, je n'ai jamais repris le volant. Et voilà qu'il faut que ce soit moi, avec une voiture aussi terrible...

Depuis deux ans environ je n'ai pas prononcé un mot d'anglais. Aussi posais-je tous les jours cent questions sur la signification de tel ou tel mot. Mais tout le monde s'est montré très gentil avec moi.

J'ai toujours dit au coiffeur et à la spécialiste de maquillage : il ne vous sera pas tellement facile de me remodeler, il faut que je continue à me plaire un tant soit peu moi-même. Laissez tomber perruques et faux cils. Je n'ai encore jamais porté de faux cils, et j'aimerais ne pas avoir à commencer pour la seule raison que c'est moderne. Les postiches m'énervent.

Quand je vivais à Paris je jetais l'argent par les fenêtres. J'achetais sans discernement des toilettes chez Chanel, Balenciaga et Givenchy. Aujourd'hui je n'ai plus qu'une couturière à domicile, originaire de Berlin, qui modifie les ourlets de mes robes. Tous me croient millionnaire, mais personne ne sait que j'ai perdu beaucoup d'argent, ces derniers temps. Dès qu'on fait attention à ses dépenses, on se voit tout de suite traité d'avare.

J'espère que dans les prochains jours je me débarrasserai encore quelque peu de mes blocages devant la caméra. Je suis souvent encore bien trop inhibée. Si je remporte du succès avec ce film, je jouerai au théâtre à Berlin.

Quand je ne m'applique rien sur le visage je ne ressemble à rien.

Je n'ai plus de contacts avec Alain, à part quelques conversations téléphoniques de temps à autre. Il s'est montré très bon à mon égard, mais dans la vie cela dépend aussi un peu de ce que nous acceptons que l'on fasse de nous. Une de mes amies a montré récemment quelques photos de David à Alain ; il n'y a jeté qu'un rapide coup d'œil, déclarant : « Mon fils est plus beau. »

Si j'ai fait une si longue pause, c'était à cause de mon mari, de mon enfant, et parce que je savais que je préférais m'arrêter avant que cela ne devienne ennuyeux. J'ai déjà deux nouvelles propositions — ce qui signifierait trois nouveaux films en une année. Je ne sais pas si j'y arriverai. Pour ma vie actuelle, je n'ai plus besoin que de ma Mme Jansen, qui tient le ménage, et de Renate, qui garde mon enfant. Je ne pourrais plus mener une vie de cirque.

J'ai toujours voulu devenir une star mondiale, mais je n'en suis pas devenue une.

1er septembre 1968

J'ai une vue magnifique, et je veux qu'on me laisse tranquille. Si les gens ici racontent des histoires sur moi, je rentre immédiatement à la maison.

Septembre 1968

Le tournage de *La Piscine* n'a posé aucun problème. En ce qui concerne Alain, j'avais toujours le sentiment de travailler avec un acteur, un partenaire comme n'importe quel autre. Tout s'est déroulé sur un plan strictement professionnel. Au fond, cela représentait pour moi premièrement un beau rôle, deuxièmement huit semaines de dur travail.

Harry dit toujours : je ne viens pas quand tu tournes, je m'y ennuie à mourir, je ne peux pas rester là, assis, à regarder ma femme pendant qu'elle tourne — ce que je comprends. Mais il est tout de même venu une fois, pendant que je tournais *La Piscine* avec Alain. Je me plaignais, d'un côté, qu'il soit trop peu présent, et de l'autre côté je ne peux absolument pas supporter que quelqu'un traîne continuellement par là, ouvre de grands yeux et prête attention à tout flirt. Je n'ai pas perdu le goût de flirter. Je le tiens de mon père. Avec Harry, il y a eu deux longues années où je n'ai pas travaillé du tout et où j'ai vécu dans un quatre-pièces à Berlin.

30 septembre 1968

Je me sens enfin sûre de moi, je sais ce que je veux et je ne perdrai plus cette assurance. Dans mon travail, je ne me suis encore jamais sentie aussi libre et assurée que maintenant.

Ces deux dernières années je suis aussi devenue bien plus moi-même, y compris extérieurement. Je ne me sens absolument plus dépendante des vêtements. L'idée ne me viendrait même plus de courir d'un couturier à l'autre, comme jadis. Je trouve d'ailleurs que le temps où il fallait être bien habillée n'est plus. Aujourd'hui nous pouvons tout porter, pourvu que cela nous aille. Je n'ai plus envie de tailleurs, ni de rien qui soit difficile à mettre. On ne me voit plus qu'en robes ou ensembles-pantalons. Ce qui compte c'est que cela m'aille bien et que ce soit pratique. S'il y a trop de boutons, je m'énerve.

Je ne manque de rien. Absolument rien. J'ai tout : un mari, un enfant, une profession.

Pour moi, la nationalité n'a aucune importance, il me suffit de trouver ma place avec les quelques personnes que j'aime. Au terme de deux années où je ne me suis occupée de rien, après la naissance de David, au point que les Américains pensaient déjà que j'étais devenue une femme d'intérieur typique, j'ai été vraiment étonnée que l'on me propose tout de même des rôles. Aujourd'hui, il faut vivre à Paris ou à Londres si on ne veut pas être oublié. Mais je ne m'étais pas inquiétée à ce propos. Une carrière, on ne peut jamais l'avoir seule en main. Il est rassurant et très important de le savoir. C'est là un point que j'avais déjà compris à dix-neuf ans quand, après mon envol avec *Sissi,* on m'a laissée tomber comme si je brûlais.

Je ne crois absolument pas à tous les discours sur l'égalité de l'homme et de la femme. Et je tiens pour très importants certains détails de la vie quotidienne. Harry, par exemple, aime se promener, moi pas du tout. Mais je me secoue, et je le suis à bicyclette. Quand je ne travaille pas, je cherche, tout à fait spontanément, à régler ma journée sur celle de mon mari.

Ce qu'il y a de plus formidable dans ma profession, je trouve, c'est que l'on peut inventer quelqu'un, créer un personnage que l'on n'est pas.

David, je veux tout simplement qu'il trouve le bonheur. Je veux être capable, malgré une éducation stricte, de lui donner la liberté dont il a besoin. Je veux commencer dès son plus jeune âge. Qu'il n'ait jamais le sentiment d'avoir des obligations à mon égard. Il faut qu'il pense plus tard que je suis une amie, à qui il peut parler, qu'il amène à la maison une Noire ou une Blanche. Et puis il ne devra jamais aller à l'armée. J'aimerais également qu'il fasse de solides études.

Je tiens pour un pis-aller qu'un enfant soit élevé sans père. Il faut réellement être deux, à mon avis. Il m'apparaît néanmoins stupide qu'une mère célibataire continue à être regardée de travers en Allemagne. Au lieu de s'occuper de ça, on devrait bien plutôt avoir le souci de répandre l'utilisation de la pilule. Et voilà que le Pape l'interdit encore. Je serais certainement opposée à ce que ma fille de treize ans l'utilise, mais pour les femmes et des jeunes filles mûres, qui prennent cette décision en pleine conscience, je la trouve très importante.

Ma profession c'est ça : entre dans la piscine, sors de la piscine...

Alain, je le trouve gentil ; parfois, après des scènes d'amour il plaisante, et nous rions comme des fous...

Harry s'exprime bien plus aisément que moi, je ne formule pas les choses aussi bien. Je dis toujours très simplement ce que je pense.

11 novembre 1968

Si tous les acteurs qui ont vécu ensemble ne tournaient plus ensemble, il n'y aurait bientôt plus de films. Je ne ressens rien, c'est comme si j'embrassais un mur. Absolument !

Jouer un jour une scène au point de ne plus être moi-même, mais entièrement le rôle, l'identification parfaite !

Kampen, je hais cet endroit ! Tout est pénible ! La marche, sur des kilomètres, à travers les dunes ! Les affaires de bain à traîner ! Le vent est fatigant ! On ne peut pas nager, danger de mort ! L'eau est glacée ! Et dans chaque vague il y a un cul nu, de chaque dune surgit une personne nue que je ne veux voir nue en aucun cas. Terrible !

16 décembre 1968

Quand j'arrive à Berlin et que je vois le pont du Halensee,

je deviens vraiment sentimentale. J'ai choisi librement d'être une Berlinoise — mais je m'explique difficilement pourquoi c'est là, précisément, que je me trouve le mieux.

31 janvier 1969

Première de *La Piscine*

Harry était présent, *thank god!* Peter et Carolyn aussi, et « le Tout-Paris », et environ quatre-vingts photographes qui nous « flashaient », Alain et moi. Enfin, le 4, *back in Berlino* — bref séjour ici donc — vraiment très fatiguée!

Grand succès pour le film — intérêt et suspense. Scène du meurtre déroulée sans réactions. Alain tremblait — je n'exagère pas! Il a très mauvaise mine, il est complètement *down!* Se comprend! Je crois pouvoir dire en toute modestie (ou devrais-je dire scepticisme, ou retenue?) — que c'est moi qui ai obtenu le plus grand succès. Tous le disent, les critiques aussi. Achète, s'il te plaît (si tu le veux bien), tous les journaux français que tu peux trouver; mais on m'envoie *anyway* toutes les critiques. Le prochain *Jours de France*, je fais la couverture.

On dit que je suis une *grande actrice intelligente, souveraine, splendide et belle comme jamais avant* (1)... Mon colon! Je préfère ne pas y croire! Je suis « malheureusement » trop normale — je suis tellement fatiguée.

1er février 1969

Badrutt's Palace Hotel, St. Moritz.

Les critiques sont formidables — délirants pour moi. On fait la queue. Photos dans *France-Soir, Paris-Jour, Paris-Presse, L'Aurore.* Ils me donneront dans les jours qui viennent les scores des séances. Cela s'annonce en tout cas très bien.

On dit que le film dure dix-quinze minutes de trop. Mais Jacques Deray ne veut rien savoir. Le cul, même pour cela la presse lui est favorable, il ne coupera donc pas, ni pour les USA ni pour l'Allemagne, ce qui s'imposerait!

(1) *N.D.L.R. En français dans le texte.*

P.S. Nous avions une trouille bleue, car qui pouvait être sûr que de quelque embuscade, de la foule des badauds, un Yougoslave fou n'allait pas tirer sur Alain ? Il m'aurait certainement atteinte, il en va toujours ainsi — et je ne portais malheureusement pas mon « Paco-Rabanne pare-balles » !

Paris, février 1969

Ce que je n'ai jamais eu : une maison. Voilà un rêve que je vais bientôt réaliser.

Paris, 2 mars 1969

Je n'ai quand même pas encore soixante ans, pour avoir besoin d'un *comeback*. Je ne me sens pas à l'aise dans une grande ville, j'aimerais mieux habiter à la campagne. Connaissez-vous Gstaad ? J'aimerais acheter une maison à Gstaad. Ah, si mon mari m'entendait ! Il y a si longtemps que je cherche à le convertir à la vie à la campagne. Mais c'est un incorrigible homme de la ville. Il est mon aîné de quatorze ans, et je m'en remets entièrement à lui. Je ne suis pas pour l'égalité de l'homme et de la femme. J'ai besoin du calme et de la sécurité de mon foyer, où je peux me retirer, me mettre à l'abri du monde extérieur.

Je ne sais pas comment je suis. Peut-être un peu bourgeoise, mais pas bornée, ni mesquine, ni étroite d'esprit.

Faire les manchettes des journaux avec ma vie privée, ça, je ne l'ai jamais voulu — vraiment pas. Même quand j'étais jeune et que cela représentait la meilleure publicité. Le tapage m'a souvent rendue malade.

Que cela nous flatte d'avoir notre nom dans toutes les bouches ? Flatter est pour moi une expression tout à fait inadéquate. C'est superficiel et futile. Comment cela nous flatterait-il, quand ce n'est justement pas flatteur du tout ?

Cette pause de dix-huit mois avait été intentionnelle. Je l'ai appréciée. J'ai même régulièrement besoin de cette tranquillité, de cette solitude pour me regonfler.

J'ai le *farniente* productif. Je m'occupe du ménage et de mon fils. J'arrange la maison. Je vais au théâtre avec mon mari. Nous recevons des amis — nous en avons besoin, de ce contact, de ces conversations — mais nous vivons très retirés, sans agitation.

Un bel intérieur soigné, un foyer qui marche bien, est un sujet de satisfaction pour toute femme. C'est une erreur de sous-estimer ces réalités. Je ne cuisine pas moi-même. Non, ça ne va pas jusque-là. Mais je donne des instructions, je vis selon un plan établi. Je suis quelqu'un de rationnel, tout doit avoir son sens. Je ne peux pas vivre au jour le jour, je ne peux pas non plus dépenser aveuglément — c'est peut-être là mon côté bourgeois. Beaucoup de grands acteurs et de personnalités créatrices ont été épouvantablement bourgeois dans leur vie privée ; il faut en effet du temps pour travailler sur soi-même.

Pourrais-je renoncer à ma profession ? Oui et non.

Je n'ai pas été une jeune fille qui ne rêvait que de cinéma. J'ai grandi avec le théâtre dans le sang. Ma grand-mère, ma mère, mon père... Depuis mon plus jeune âge, il était évident pour moi que je deviendrais également actrice. Mais je pourrais très bien abandonner, au fond, et rester à la maison. Ça ne me ferait pas peur, parce que je ne m'ennuie jamais.

Le film avec Alain Delon, je l'ai tourné parce que le scénario était brillant. Je l'ai vu et j'ai dit oui. De toute façon, je n'accepterais jamais un scénario que récuserait mon mari. Mais lui aussi était enthousiasmé. Le rôle de Delon était un rôle sur mesure.

Dans ces domaines on ne pense qu'à soi. Pour moi c'était une évidence. Je n'attendais donc rien de l'extérieur. Je n'aime tout simplement pas que l'on s'immisce dans ma vie privée. Quand une chose est passée, je n'y pense plus.

17 mars 1969

Certains films ont été des succès en France et n'ont absolument pas réussi à prendre en Allemagne. Il y a eu des films de Visconti et d'Orson Welles qui, en Angleterre, en France et en Italie ont rapporté gros, mais pas en Allemagne. Je ne vois pas bien pourquoi. La presse étrangère, française, anglaise et italienne, est très différente de la presse allemande. Ces gens sont bien plus intelligents que les journalistes allemands, parce qu'ils reconnaissent la valeur de mon jeu d'actrice.

Quand j'ai paru pour la première fois sur une scène à Paris, on m'a déchirée en Allemagne, avant même la première. Tous les journaux ont parlé d'une « appendicite diplomatique », parce que les journalistes croyaient que je ne réussirais pas sur la scène. Ce n'est là qu'un exemple. On attend toujours de moi la mignonne Sissi et maintenant on voit cette Sissi dans des scènes d'amour « horriblement osées ».

Il y a longtemps que je ne suis plus ce que le public allemand attend de moi — une ravissante jeune fille naïve, pure. Les Allemands ne m'aiment pas en femme fatale, ils ne veulent pas que je sois aussi sexy que je l'ai été, par exemple, dans un épisode de *Boccace 70*. La génération de Sissi, qui a jadis rempli les salles de cinéma, n'est plus ; elle est devant le petit écran. Les gens qui ont encore envie de ça aujourd'hui ne font pas partie de la couche intelligente de la jeunesse. Je suis sûre que l'APO (1) ne m'accepterait jamais en Sissi, mais m'aimera dans *La Piscine*, car c'est un rôle érotique. Pour la presse française, de tous les acteurs du film je suis la seule à « sortir du rang ».

Seuls les films artistiques m'intéressent. Les étrangers ont simplement bien meilleur goût que nous.

La plupart du temps je ne regarde pas les films de Godard jusqu'au bout. Je ne les comprends pas. Vous pouvez bien en conclure que je suis bête. Ma pensée n'a rien de politique ni d'intellectuel, c'est vrai. Ce que l'on écrit à mon sujet en

(1) APO : AusserParlamentanische Opposition — groupe d'étudiants d'après 1968. (N.D.T.)

Allemagne ne m'intéresse absolument pas. Et je ne travaillerai jamais avec des dilettantes comme Schamoni et Kluge.

Je n'ai jamais reçu d'eux un scénario qui m'ait intéressée. Je n'inscrirai pas sur le passeport d'Alexander Kluge « metteur en scène », mais seulement « monteur ». Et les gens comme Schamoni sont des dilettantes pour moi. S'il s'agit d'un film de jeunesse ce ne peut être pour moi qu'un metteur en scène français. J'aimerais bien avoir le rôle principal dans le premier long métrage de François Reichenbach.

Quand, par exemple, le *Stern* dit quelque bien de moi, Artur Brauner arrive inévitablement avec un rôle pour moi, et je dis inévitablement non. Cela me fait le même effet que tous ces appels téléphoniques qui m'importunent bien cinq heures par jour avec des questions comme : qu'est-ce que je pense de l'horoscope, est-ce que je me sers d'une bouillotte, est-ce que mon mariage avec Harry est heureux ?

Quand on vient me demander si je fais des pommes de terre sautées, je ne réponds pas.

Est-ce que je me considère comme une star internationale ? Non, si vous faites référence à Elke Sommer et Willy Millowitsch. Les Loren et les Hepburn, voilà des stars, car on ne saurait parler de star sans succès en Amérique.

Delon ? Rien n'est plus froid qu'un amour mort.

21 juin 1969

J'aimerais faire quelque chose à Berlin avec mon mari.

Quelqu'un qui n'a pas de talent, pas de personnalité et pas une certaine dose d'intelligence, ne peut pas non plus réussir à la longue au cinéma. Quelques rares personnes sont à la fois des stars et des actrices. Il y en a qui vont loin parce que ce sont de fortes personnalités. Les acteurs bêtes, ça existe. Ils peuvent, eux aussi, être des personnalités. Bon, on pourrait en discuter longtemps...

Mon prochain travail, c'est un film en France, *Les Choses de la vie*. Michel Piccoli est mon partenaire. Claude Sautet assure la mise en scène. C'est un sujet dramatique.

Je me sens bien, comme toujours. Je me sens bien quand je travaille, bien dans ma peau ! J'ai découvert l'ambition, la vraie. Je veux tourner trois films cette année, deux l'année prochaine.

Je me sens bien et heureuse comme jamais auparavant.

Londres, 1er octobre 1969

Je travaille trop : trois films consécutifs, sans pause. Mais on n'a pas le choix, malheureusement.

Tournage de *Inceste* à Grosvenor Square. On vient de me remettre quelques modifications dans le dialogue, il faut que je les apprenne pendant la pause de midi. Ce n'est pas un film policier, oh non, disons que c'est un drame psychologique entre trois personnes. Ce n'est pas non plus un film sexuel — les films de ce type sont passés de mode.

Ce n'est pas un rôle de mère, cette femme n'a aucun sentiment maternel à l'égard de son fils. Sinon je n'aurais jamais accepté ce rôle, car je suis encore vraiment trop jeune. Mais le rôle est fascinant, peut-être le meilleur qui m'ait jamais été offert. Il s'agit d'une jeune femme prédisposée à la maladie — disons un rôle pour jeune première.

Je ne pense qu'à aller de l'avant. Je vis maintenant, aujourd'hui et demain, mais pas avant-hier. Demain est plus intéressant qu'hier. Je suis en bonne voie pour jouer ce que j'ai toujours voulu jouer. On ne trouve jamais son rôle idéal si on lui court après. Il faut qu'il vienne spontanément, et il vient souvent au moment où on ne l'attend pas. De plus, il est toujours différent de celui que l'on s'était imaginé.

Il faut tout attendre des événements. Et je ne risque pas de me voir confinée dans des « rôles de mère ».

Quand vous aurez vu le film vous comprendrez pourquoi.

... Et puis zut, ça finira bien par aller, j'ai peut-être un peu présumé de mes forces. Trois films en une année, c'est possible, mais avec des pauses. Il me fallait pour ainsi dire rattraper le temps perdu, puisque je me suis arrêtée un an et demi à cause du bébé. Et puis j'ai la chance de pouvoir faire ma « rentrée », comme je l'avais souhaité, je n'ai donc pas le droit de me plaindre.

Automne 1969

Claude Sautet est un ami des acteurs. Il est un ami de tous ses collaborateurs, y compris l'électricien et le photographe. Il se montre ouvert à toutes les idées et suggestions. On peut vraiment créer avec lui. Voilà qui fait plaisir.

Les Choses de la vie est l'un de mes films préférés, il me touche toujours et encore, sans que son effet s'émousse... parce qu'il ne peut pas vieillir. Je chante ici avec Michel Piccoli une chanson de Jean-Loup Dabadie.

Claude Sautet et moi, nous avons absolument confiance l'un dans l'autre, et depuis *Les Choses de la vie* notre amitié ne cesse de croître. J'ai tourné avec des metteurs en scène très célèbres, mais ce que j'ai éprouvé de plus profond, c'est la confiance en lui et les « choses de la vie » que l'on partage. Je voudrais que notre amitié reste ce qu'elle est, qu'elle ne change jamais et que moi non plus je ne change pas. Il m'a appris les choses de la vie — il m'a enseigné quelque chose sur moi-même.

1970-1974
Faire du cinéma, pour moi la vraie vie

Qui ? – Bloomfield – La Califfa – Max et les Ferrailleurs – L'Assassinat de Trotski – Le crépuscule des Dieux – César et Rosalie – Le Train – Un Amour de pluie – Le Mouton enragé – Trio infernal – L'Important c'est d'aimer – Les Innocents aux mains sales

La profession et la famille donnent sens à la vie de Romy. En 1970 elle tourne quatre films : Qui ? *à Paris et en Bretagne,* Bloomfield *en Israël,* La Califfa *à Rome et Turin,* Max et les Ferrailleurs *à Paris. En Claude Sautet elle a trouvé son metteur en scène — et elle l'inspire. En 1971 suit* L'Assassinat de Trotski *à Mexico, en 1972* Le crépuscule des dieux *en Bavière et en Autriche,* César et Rosalie *en Vendée. Mais pendant les courtes semaines entre les tournages dans les différents pays, elle ne supporte pas de longs séjours dans l'appartement de Berlin-Grunewald. Elle cherche la vraie vie, et non pas le milieu intellectuel avec ses plans qui ont échoué. Elle veut arriver à ses fins seule, par sa propre volonté et avec énergie. Elle n'a plus besoin d'unbe épaule où reposer sa tête. La décision définitive de vivre à nouveau en France s'impose déjà à elle pendant le tournage des* Choses de la vie, *quand elle se rend compte qu'artistiquement elle s'accorde pleinement avec Claude Sautet. Romy a encore un appartement commun avec sa famille à Hambourg. En 1973 et 1974 suivent cinq films en dix mois :* Le Train, Un Amour de pluie, Le Mouton enragé, Trio infernal, L'Important c'est d'aimer. *En 1973, Romy et Harry*

Meyen décident de se séparer. Harry veut vivre à Hambourg et Romy à Paris avec David. Le 6 juin ils signent un accord de séparation de biens. Harry Meyen réclame la moitié de la fortune et obtient 1,4 millions de marks. Romy s'installe dans un appartement à Paris, plus tard dans une maison. Sa vie privée est brisée, mais sur le plan artistique elle est au sommet de son succès. Ces années-là elle travaille avec des metteurs en scène prestigieux : Claude Sautet, Visconti, Zulawski ; ses partenaires sont Michel Piccoli, Alain Delon, Richard Burton, Yves Montand, Jean-Louis Trintignant et Rod Steiger. Fin 1974 elle joue dans Les Innocents aux mains sales. *Comme toujours elle se sent bizarre à la fin d'un film. Avec chaque film important, une partie de sa vie lui semble inexorablement passée : chaque film terminé marque une césure. Car, le temps d'un film, le travail équivaut pour elle à « vivre ». Rien d'autre n'existe. Au terme de sept années de mariage, la tolérance et la compréhension ne suffisent plus à dissiper les tensions.*

Son travail accaparant lui laisse peu de temps pour écrire, raconter, pour se retrouver elle-même. Les seuls textes de cette époque sont des billets aux metteurs en scène, des notes de travail, de courtes interviews. Ils témoignent de l'éphémère, de la fébrilité, mais aussi du travail auquel elle se consacre tout entière.

Janvier 1970

Du matin au soir je mène une vie très tranquille avec mon mari et mon fils. Je vis ainsi comme tout le monde. Je me retrouve avec mes amis, je regarde des films, beaucoup de films, je vais au théâtre. Tout ceci remplit les journées, les semaines, c'est très simple. Je cherche à faire de moins en moins de choses inutiles, on perd souvent son temps en bagatelles, en futilités. Dès que l'on est mariée, que l'on a une famille et un enfant, les choses prennent une autre dimension.

Janvier 1970

Qui ?

La facilité ne m'amuse pas et ne m'a jamais amusée. J'ai toujours lutté. Je l'ai fait quand j'ai quitté mon pays, et je l'ai fait quand j'étais sur la scène.

17 mai 1970

Je crois en tout cas que j'ai beaucoup gagné à travailler avec de grands metteurs en scène intelligents... j'ai aussi appris bien des choses sans rapport avec le cinéma et le théâtre.

Qu'est-ce donc que les gens attendent de moi ? Je suis une actrice, rien de plus.

En France les exigences sont plus grandes. Un bon film y est encore reconnu et apprécié.

En Allemagne, quoi que je fasse, on me le reprochera. C'est à en vomir.

Eté 1970

Le tournage de *La Califfa* avait à peine commencé que je me retrouvais déjà toute nue pour une scène d'amour. Je me suis demandé si c'était là un truc des metteurs en scène italiens pour enlever dès le début toute gêne à leurs actrices.

Cela m'intéresse de jouer un personnage entièrement différent de ce que je suis.

Bevilacqua, l'auteur du script, n'avait pas la moindre idée de ce qu'est un film. Nous nagions tous, même Ugo Tognazzi.

J'ai les scrupules d'une actrice professionnelle.

2 août 1970

Du théâtre, voilà ce que j'aimerais le mieux faire en Allemagne, mais nous ne trouvons pas de pièce.

Septembre 1970

J'ai mon apogée derrière moi, je ne le dis pas ironiquement, parce que je crois réellement qu'une actrice est à son apogée à vingt-cinq ans. Dans quelques années je serai au milieu de la trentaine, je sais dès à présent ce qui arrivera. Je passerai au théâtre. Probablement ne deviendrai-je alors qu'une véritable actrice.

Automne 1970

Je ne voulais pas penser à cette scène de *Max et les Ferrailleurs*. Claude et moi n'en avons jamais parlé. Le soir du tournage, la nuit, j'ai réécrit le monologue intérieur de Lilli pendant les révélations de Max, le matin j'ai montré mon texte à Claude. Il a sorti un papier de sa poche et a dit : « Etrange, j'ai eu la même idée. »

5 mai 1971

Je double tous mes films moi-même. C'est ce que je viens de

faire pour *Max et les Ferrailleurs* qui sort ici la semaine prochaine sous le titre *Das Mädchen und der Kommissar*. En anglais aussi je traduis mes rôles moi-même.

Pour le moment je n'ose pas aborder le théâtre. Gründgens, Kortner m'ont déjà offert des rôles : Lulu, Fraülein Julie, Viola ; Noelte voulait porter *Sainte Jeanne* à la scène avec moi, mais j'ai peur... le cinéma, ça peut finir du jour au lendemain. Je veux faire du cinéma aussi longtemps que possible. Le théâtre plus tard, peut-être.

Dans le cinéma allemand je travaillerais bien sous la direction de Schlöndorff, éventuellement. Je tiens les autres jeunes cinéastes pour des monteurs, ils introduisent trop de déclamation, d'explications, de philosophie dans leurs films, ce ne sont pas des « professionnels ».

21 mai 1971

Non, je n'ai rien contre les Allemands. Si l'on me présente un bon scénario, je tournerai aussi dans la République Fédérale. Il n'y a rien que je récuse globalement. Si je fais quelque chose, je le ferai avec mon mari. Il y a des projets, mais rien de concret.

Sautet est un homme colérique, il est vrai, mais il n'enferme pas l'acteur dans une camisole de force.

Je me sens au mieux quand je tourne. Mes problèmes de santé reparaissent dès que le travail est terminé. Je ressens alors mon hypotension.

Noelte voulait réaliser *Sainte Jeanne* avec moi à Hambourg. Et à Londres je devais jouer une nouvelle version d'*Anna Karenine*. Mais il me faudrait rester à Paris ou à Londres une année durant, et notre vie familiale en souffrirait.

Il y aura très vraisemblablement d'abord un film sous la direction de Joseph Losey : *L'Assassinat de Trotski*. En France, on m'a permis de jouer des rôles comme on ne m'en offrait nulle part ailleurs. *La Piscine,* par exemple, est venue fort à propos pour moi. Il faut aussi avoir beaucoup de chance !

28 mai 1971

Je suis devenue si méfiante, savez-vous, que derrière toute interview avec des journalistes allemands je soupçonne un piège.

Avez-vous vu *Mort à Venise* de Visconti? C'est un film passionnant, ne le manquez sous aucun prétexte. Il y a quelque chose de grandiose dans la façon dont Visconti a respecté Thomas Mann.

Après la projection à Rome, j'ai relu immédiatement le roman, et je n'en ai saisi qu'alors toute la puissance poétique et humaine, toute la beauté.

5 juin 1971

J'ai adopté une nouvelle coiffure parce que j'avais gardé la même tête trois années durant. Et j'en avais assez de cette tête. J'étais naturellement malheureuse quand on m'a coupé les cheveux, j'ai presque hurlé. Mais mon mari aime cette coiffure — et maintenant je la trouve belle, moi aussi.

Je souffre d'une sorte d'agoraphobie. Oui, c'est vrai, et c'est pour ça que je me suis en fait trompée de vocation. En tout cas, si on prend en compte tout ce qui va avec cette profession. J'aime ma profession, c'est ma grande passion. Mais je ne peux pas supporter la présence de beaucoup de gens, de gens qui me tapent sur l'épaule ou qui me pressent de questions.

Un personnage comme celui de *Max et les Ferrailleurs* est aussi très éloigné de ce que je suis moi-même. C'est pour ça que j'avais très envie de vivre un jour quelque chose de ce milieu.

Les critiques ont compris ma métamorphose, mais pour le public j'en doute.

Je suis allemande, j'ai un passeport allemand. La nationalité n'a aucune importance, il est vrai. Il ne devrait pas y avoir de frontières du tout. Je joue seulement avec mon mari. La première pièce ici — et où que ce soit — je ne voudrais la jouer qu'avec lui. La première seulement ; après on verra...

Si je veux interdire quelque chose à David, il m'imite et je ne peux plus que rire de ses grimaces...

Avant que Harry ne proteste, je le dis vite : il est très content que je sois parfois absente !

6 juin 1971

Ce serait tellement beau si l'on n'avait pas toujours besoin d'être méfiant ! Mais je le deviens de plus en plus. Quoi que je puisse dire, c'est toujours mal interprété ou on me cite de travers. Peut-être ne devrais-je pas ouvrir la bouche du tout, ce serait la meilleure solution. La plupart du temps, avec les journalistes j'ai le sentiment qu'ils cachent quelque part une vingtaine de revolvers et qu'avec leur journal ils m'écrasent... Mais enfin je ne peux pas jouer en privé, je joue suffisamment devant la caméra, en privé je n'ai pas d'échappatoire.

Je trouve parfaitement justifié que les étudiants, par exemple, critiquent tout ce remue-ménage autour des stars. C'est fini, Dieu sait ! Je n'en ai rien à faire, moi non plus. Je travaille de mon mieux, c'est tout.

Je reçois toujours d'innombrables lettres relatives aux films de *Sissi*. Je ne me l'explique pas, avec la meilleure volonté du monde — peut-être parce que Noël revient sans cesse... Et puis s'y ajoute naturellement le fait que les gens peuvent regarder tranquillement ces vieux films, au lit ou en pantoufles. Le fait d'être à la maison endort. Récemment, un chauffeur de taxi d'un certain âge nous disait : « Je viens de voir les *Sissi ;* à cette époque c'étaient encore des films, toute la merde d'aujourd'hui ce n'est plus rien. » Je ne vais pas me pendre pour autant cette nuit, mais cela m'attriste. L'une des raisons en est sans doute qu'ici les gens sont aigris, que je suis devenue une renégate pour l'Allemagne. J'aurais probablement dû continuer à jouer la vieille, la bringuebalante Sissi jusqu'à l'âge de trente-cinq ans ! Bon, soit, les choses sont ce qu'elles sont.

Fin juillet, nous commençons en Espagne les prises de vues en extérieur pour le film américain *L'Assassinat de Trotski*. Mon partenaire est Alain Delon. Eh bien, quoi ! Deux collègues font un film, c'est tout, même si jadis on a vécu ensemble. Mais ici on a tellement vite fait de penser : il faut bien qu'il y ait une raison d'ordre privé pour que ces deux-là tournent à nouveau ensemble. C'est primaire, mais c'est comme ça !

23 septembre 1971

Parfois il faut simplement suivre, se fier à son flair — au risque de se tromper...

24 septembre 1971

Conversation téléphonique depuis Mexico.

Le travail avec Losey pour *Trotski* est très prenant et excitant — dans un sens positif. C'est l'un des rares très grands metteurs en scène et un homme hors du commun.

Nous avançons. Tout va très bien, mais aujourd'hui nous avons des problèmes avec le temps.

Richard Burton n'apparaît pas encore dans les scènes que nous tournons ici. Nous ne jouerons ensemble qu'en octobre, à Rome.

Alain Delon joue l'assassin de Trotski, je suis la maîtresse de cet homme.

L'histoire ne fournit qu'un arrière-plan pour des conflits psychologiques, humains. Ma liaison avec l'auteur de l'attentat est aussi importante.

Je n'ai pas peur. Non, pas du tout. Chaque acteur dispose d'un temps déterminé, d'une période de sa vie, qu'il lui faut mettre à profit. Dans la mesure du possible, naturellement, sans se surmener.

Je me réjouis, bien sûr, de mon nouveau grand succès en Allemagne. Nul n'est prophète en son pays, dit-on. Tant mieux si ce n'était plus le cas.

Septembre 1971

Je n'ai plus peur de la solitude.

Je n'ai plus peur de me retrouver seule avec moi-même.

23 octobre 1971

Mon petit David... il devient chaque jour plus déluré, il danse sur des disques des Beatles, toujours sur la même mélodie... mon mari et moi-même ne pouvons plus entendre cette musique. L'enfant nous traite alors de *Nervensäge* (casse-pieds) qu'il prononce à la façon des enfants de cet âge, sans « r » et en zézayant.

Peut-être voudrai-je un autre enfant. Pas pour le moment, la profession passe avant. Plus tard...

Je suis un régime. Sans sel. Une heure de promenade chaque jour. Beaucoup nager... ce qu'il convient de faire si l'on veut rester jeune et en bonne santé.

23 janvier 1972

Début du tournage de *Ludwig* à Bad Ischl.

Je jouerai vraiment pour la première fois ce rôle, le caractère de cette femme...

Visconti est le seul à avoir fait un portrait historiquement authentique de Sissi.

Je pourrais maintenant laisser là carrément tout le film et visiter la région sur le cheval Lola.

Février 1972

Je n'ai jamais été l'incarnation de la douce et innocente Altesse Impériale. J'ai pris plaisir à jouer ce rôle, mais je n'ai jamais ressemblé à ce personnage de rêve. Après les films de *Sissi* je ne voulais plus jamais enfiler un costume historique. Et voilà, je l'ai quand même fait.

Comme star du cinéma je n'ai jamais réussi à m'adapter à cent pour cent à ce que l'on attendait de moi. Et c'est mauvais, car la « qualité » de star du cinéma est à ce prix.

Harry, mon mari, sait que, quand je travaille, je ne pense à rien d'autre qu'à ma profession. Il est le premier homme à m'accepter aussi dans l'incertitude, telle que je suis. Ces cinq années passées avec Delon étaient folles. Auprès de Harry, au terme de sept années, je me sens en sécurité.

6 mai 1972

Une interview est exclue. Chaque fois que je vois des journalistes, je suis comme le petit lapin face au serpent. La simple vue de ces gens me paralyse au point que je suis incapable d'une réflexion sensée. Je ne pense toujours qu'à une seule chose : ils n'ont évidemment d'autre intention que de te jouer un vilain tour. C'est pourquoi je réagis avec une telle agressivité. Je sais qu'ainsi je me nuis à moi-même. Mais je ne peux tout simplement pas m'en empêcher. Et je ne suis pas non plus une hypocrite. Il me faut donc bien réfléchir à ce que je dis. Et ça va mieux dans une langue étrangère, parce que dans ce cas je peux mieux me concentrer.

Entre la Sissi de jadis et mon rôle actuel, il n'y a absolument rien de commun !

13 mai 1972

N'est-il donc pas possible de sortir le soir sans lire le lendemain que je suis adultère, que j'ai trompé mon mari ?

14 juin 1972

Lettre à Magda Schneider.

Très chère Mammi, tout était comme jadis. J'ai fait le tour de la maison la nuit et je me suis souvenue de ma belle enfance. J'ai regretté de n'avoir pas pu rester bien plus longtemps encore. Grand, grand merci. Ta Romy.

30 septembre 1972

Nous nous sommes déjà demandé si nous n'allions pas déménager de Hambourg à Paris. L'essentiel de mon travail se situe en France. Si je trouve une école pour David, nous ne serons pas tellement séparés. Et Harry aime Paris, il pourrait aussi travailler avec l'Allemagne à partir de Paris...

13 novembre 1972

Une société de distribution veut sortir le film sur *Trotski* en

Allemagne sous le titre *Das Mädchen und der Mörder*. Je me demande ce que ces gens ont dans la tête. Pourquoi ne peut-on pas projeter le film sous le même titre que dans le reste du monde, *L'Assassinat de Trotski ?*

Ai-je l'air de mauvaise humeur et pressée ? Ce que l'on dit de moi ne m'intéresse pas follement. Il suffit d'en savoir un tant soit peu plus que la masse pour que la masse vous taxe immédiatement de suffisance. Et voyez-vous, la plupart des choses qui ont été écrites sur moi sont des mensonges — des mensonges de journalistes incapables et sots. Ce qui me pousse ? Peut-être le besoin de toujours prouver quelque chose. Tout ce que je fais, je le fais dans cette perspective : de quoi suis-je capable, qu'est-ce que je vaux, puis-je encore m'améliorer ?

Nous cherchons maintenant à Paris un logement qui nous convienne. Notre fils entre bientôt à l'école. Nous voulons qu'il soit élevé dans les deux langues. Je trouve que tout est plus facile, quand on est bilingue.

J'aimerais bien faire la connaissance du nageur Mark Spitz. J'aime les vainqueurs. C'est drôle, tout de même, en voilà un qui ramasse les médailles d'or les unes après les autres, et on lui en souhaite encore une et encore une. Pourquoi, en fait ? Il en a déjà assez. Les vainqueurs doivent rayonner. En cela, je suis aussi impressionnable que n'importe qui.

Tu ne vois naturellement pas ce que ces hommes ont de spécial et d'unique, Harry. Herr Haubenstock oublie naturellement une nouvelle fois que son épouse est une femme sensible.

Boudes-tu encore ?

Que voulez-vous, je suis une femme tout à fait normale. Ma vie quotidienne est celle d'une femme qui a un enfant et un mari. Je ne vais pas chercher le lait ni acheter des petits pains, il est vrai. Ma mère ne m'a pas laissé d'autre possibilité que le métier d'actrice.

18 novembre 1972

Je ne suis pas du tout timide. J'aime seulement être seule, dans mon coin tranquille, où que je vive ! Mais cela n'a rien à voir avec la timidité ! J'aime mon travail. J'ai besoin de contacts avec les gens — pas trop cependant ! Je regrette, je n'ai pas forcément besoin de vivre dans des night-clubs ! Bien sûr que je sors. Y compris dans des night-clubs ! Mais j'ai toujours vite fait d'en ressortir ! Parce que c'est une perte de temps ! La vie est trop courte pour cela. Tout est rapidement exagéré. Même ici, à Paris. Dans une métropole qui, Dieu sait, n'a rien de provincial. Le matin on trouve écrit dans le journal : elle était avec celui-ci et celui-là à tel et tel endroit ! Et vlan, on en fait une histoire. Il faut bien qu'ils remplissent leurs colonnes. Je ne les lis même plus.

Et les gens avec qui je peux parler ? Ils me comprennent aussi. Mais autrement ? Comme on dit, la vie est trop courte. Et je suis avare de mon temps.

Je le sais, je suis affreuse, parfois même mauvaise — mais je suis photogénique. C'est ma mère qui l'a dit un jour. Ma mère me connaît très bien... Et même si je suis une vieille Viennoise sentimentale, je suis tout autant une vieille Parisienne sentimentale. *C'est la même chose !* (1)

Les Français m'ont appris à vivre, à aimer, à m'habiller et à dormir.

Je sais très bien à qui je rends service. Parce que je sais très bien, quand je fais un geste, qu'un jour on me le revaudra. Je ne suis pas calculatrice, non. Tout bien considéré, je suis plutôt le contraire ! Voilà pourquoi j'ai aussi reçu tant de gifles ! Mais aujourd'hui, avec mes trente-quatre ans, je ne peux plus me changer. Quand je veux quelque chose, je le fais.

Je sais combien j'ai eu de la chance. Et combien il en faut pour cette profession. Mais elle demande autre chose, aussi. Et ça, je l'ai fait toute seule ! Avec énormément de travail...

Pourquoi je ne tourne pas en Allemagne ? Ce n'est pas de

(1) *N.D.L.R. En français dans le texte.*

mon fait. C'est que l'on ne m'a pas proposé les rôles que j'aimerais jouer. De bons films, des pièces ou des sujets qui marchent aussi en Allemagne, mais qui n'y sont pas produits. Il y a je ne sais combien d'exemples. Ou bien ils manquent d'imagination ou de cœur, ou bien ils ont peur. Ils agissent — et la seconde qui suit ils font dans leur culotte. Ils reviennent donc immanquablement à des récits petit-bourgeois, mettant en scène des écolières, des ménagères, ou encore consacrés au sexe. Ce dont je rêve ? Virginia Woolf — plus jeune de vingt-cinq ans. Ça, je le jouerais immédiatement. Mais rien de tel n'existe. A la télévision, c'est exactement pareil.

Si on me propose quelque chose de bon et d'intelligent, l'argent ne jouera pas un rôle tellement important — disons qu'il passera au second plan. A l'étranger, je suis très bien rémunérée, bon — ceci compenserait cela. Par ailleurs, il n'est pas absolument indispensable qu'un bon film soit cher. Alors, que signifie tout ça ?

Ça ne peut tout de même pas continuer ainsi ! Presque exclusivement de mauvais nus à la Une des revues allemandes. C'est grotesque ! On ne peut pas davantage continuer avec cette camelote au cinéma ! Quand un rôle où il se passe vraiment quelque chose l'exige, je ne suis pas prude.

18 novembre 1972

Donc, pour mon trente-quatrième anniversaire, récemment, en septembre, j'ai pensé : bon Dieu, encore une fois, déjà maintenant ? Je le remarque en regardant mon fils, je le remarque à mon visage..., à ma profession. Rendez-vous compte, je ne joue pas les laiderons ! Il faut donc que je garde bonne apparence quelques années encore ! Mais ce n'est pas mon genre de passer ma journée à observer si je n'ai pas une ou deux rides de plus dans le visage... Je suis désolée, je ne peux pas en faire une maladie. Pourtant il le faudrait ! J'ai des collègues qui, toute leur vie durant, ne connaissent qu'une chose : leur visage, leur silhouette ! Ce n'est pas mon cas. Pas encore. Peut-être. Je suis encore jeune. Mais parfois je pense quand même, eh bien, eh bien ? Quand j'aurai des poches sous les yeux, quand les gens diront : quelle vieille chouette ! Je ne me fais pas d'illusions ! Ça ne vient pas seulement du subconscient. Je me regarde aussi dans la glace. Et ce n'est pas toujours rigolo : il y a cinq ans, j'avais tout de même une autre apparence.

Oui, il y a effectivement plus d'un an que je n'ai pas fait relâche. C'est vrai. Mais je l'ai voulu ainsi. Trois films à la suite *(César et Rosalie, Crépuscule des dieux* et *L'assassinat de Trotski),* c'est un peu beaucoup. Bon. Un jour je ne me soucierai peut-être pas d'avoir des pattes d'oie. Tant que je ne suis pas grasse... Pour le corps on peut faire quelque chose.

Bon, je le pense aussi : il faut que ça sorte de là, du cœur et du cerveau. Pas nécessairement d'un beau visage ou d'un beau nez. Mais il nous faut aussi penser à ceux qui nous voient, assis au cinéma ou devant leur téléviseur. Est-ce qu'ils voudront encore nous voir ainsi ? Ou ne diront-ils pas : eh bien, elle prend tout de même de l'âge...

1er décembre 1972

César et Rosalie

Je suis très contente de ce film, et cette satisfaction rend même supportable l'horrible et pénible travail de doublage.

Ce qui, par-delà le succès de *César et Rosalie,* m'a tant plu, ce fut le travail avec Claude Sautet. C'est mon metteur en scène préféré parce que c'est un ami des acteurs.

C'est le plus grand ; toute rencontre avec lui est quelque chose de particulier.

Que voulez-vous, je choisis ce qu'il y a de meilleur, ce que je tiens pour tel. Des rôles que j'aime jouer, et surtout aussi des metteurs en scène que j'aime et qui m'aiment.

Décembre 1972

J'aimerais terriblement faire un film allemand, mais il faudrait évidemment que ce soit un bon. Parmi les dernières propositions, il n'y avait rien de bon. Je ne voudrais pas jouer non plus, par exemple, Eva Braun dans le film anglais sur Hitler. Pourquoi « non plus » ? Mon prochain, c'est le film français *Le Train* d'après Georges Simenon. Il faudra changer le titre parce que c'est déjà celui d'un film américain.

Je ne veux pas vivre sans travail. Quelques semaines de congé, ça va, mais six mois sans film, je ne le supporte pas.

28 décembre 1972

Bien des gens secrètent l'ennui, et ça me fatigue. Je ne suis pas prête à donner si je ne reçois rien en retour.

Janvier 1973

Je suis terriblement égoïste.

5 avril 1973

En mai, je fais un nouveau film. Ensuite il faudra que les choses soient claires. Il faudra que je sache : terminé, c'est fini.

J'aimerais habiter à nouveau dans un vrai logement et non pas dans le luxe. J'aimerais avoir à nouveau autour de moi des personnes normales et non ces foutus types du cinéma qui m'ont escortée des années durant.

Début juin 1973

Je ne peux plus le supporter. Dès le matin j'ai envie de jeter le bonhomme contre le mur. Je crois que ce n'est plus réparable.

Il part pour Munich. Il s'y est déjà disputé avec tous ses collègues au *Residenztheater*. Exactement comme au studio, quand je travaille. Il est là à tourner en rond, et il assomme les metteurs en scène de ses bons conseils. Or ils n'en ont que faire. Il réussit seulement à m'énerver. Il n'est pas du tout vrai qu'il m'apprend quelque chose.

Je ne veux pas vivre éternellement sous la férule de M. Meyen. Oui, nous divorcerons. Harry veut tout mon argent. J'ai déjà dépensé beaucoup pour des hommes. Mais que l'un d'eux veuille tout, voilà qui est nouveau.

D'abord, les premières années de mon mariage j'ai refusé bien des propositions, et je ne m'en suis jamais plainte. Ensuite, mon mari aurait pu accepter de nombreux contrats sans que je l'en empêche le moins du monde. Il n'est donc pas normal que je doive maintenant subvenir aux besoins de M. Haubenstock. En soi, en tant qu'épouse, je n'étais même pas obligée de subvenir à mes propres besoins.

Nous nous sommes finalement mis d'accord pour une séparation, mais non un divorce. Nous ne voulions pas traumatiser notre fils, David Christopher.

15 juin 1973

Je voudrais, à l'avenir, réduire les dépenses, travailler moins et acheter à la campagne une maison où je vivrais avec mon fils David ! Et avoir un deuxième enfant — c'est là pour l'instant mon vœu le plus cher.

Je n'ai pas peur de l'âge ni de quelques rides. Je vis justement une très bonne période et je la mets à profit. Peut-être me reprochera-t-on un jour de tourner trop. Mais personne ne pourra me reprocher de me faciliter la tâche et de jouer des rôles inintéressants.

25 juin 1973

Je me sens à nouveau libre.

28 juin 1973

Je redeviens parisienne. Toutes les tranches de ma vie ont commencé à Paris. Je recommence à zéro et je m'en réjouis.

A chaque tournant de ma vie, je suis revenue en France. Je n'ai jamais passé mon temps à pleurer d'anciennes histoires. Paris est un nouveau commencement.

Je commence aujourd'hui à me comprendre, à ne plus me fuir.

16 juillet 1973

Nous voulons nous voir souvent, le mieux c'est que chacun ait toujours une chambre chez l'autre.

Harry, ne sois pas toujours d'une telle logique. Tu es toujours si horriblement logique ! Ne me prends pas pour une idiote ; crois-tu que je sois incapable de décider toute seule ?

Il est normal que l'on fasse des gorges chaudes au sujet de notre séparation financière. Quand on a vécu comme nous, on partage, à mon sens : peu importe qui gagne plus et qui gagne moins. Je n'ai rien d'autre à dire là-dessus. C'est pourquoi je n'envoie pas purement et simplement promener ce qui me lie à Harry. On verra jusqu'où j'irai. Mais il nous faut changer tous les deux.

24 juillet 1973

Si nous voulons nous retrouver un jour, il faut que chacun apprenne de son côté à évoluer et à se comprendre comme une personne autonome.

Juillet 1973

En réalité, j'étais simplement en avance sur mon temps. A une époque où il n'était encore nulle part question de libération de la femme, j'ai entrepris ma propre libération. J'ai forgé moi-même mon destin, et je ne le regrette pas.

Mi-août 1973

Un Amour de pluie

Jean-Claude Brialy est un vieil ami, nous savions tous deux que nous ne tournions pas *Lady Macbeth,* mais c'est un très joli film, qui me plaît beaucoup pour sa poésie et l'exquise sensibilité de Jean-Claude.

30 octobre 1973

Le Mouton enragé

Avec Jean-Louis Trintignant on rit beaucoup ; ce n'est pas le cas avec n'importe quel partenaire. C'est un collègue et un ami fabuleux.

24 novembre 1973

Le Mouton enragé est mon troisième film en l'espace de quatre mois.

Je n'ai jamais autant travaillé de ma vie, mais c'est très bien ainsi ! Je n'ai même pas pris trois jours de répit entre les tournages successifs. Je ne me sens nullement surmenée. Je m'amuse au travail. Je vis devant la caméra. J'ai enfin la chance de jouer des rôles qui me plaisent. J'incarne les femmes les plus diverses, et j'enchaîne les jolies histoires d'amour. J'aimerais ne plus tourner que des films d'amour. Quand je pense à l'année prochaine, j'en ai le vertige. Je ne pourrai pas prendre une semaine de congé pendant les douze prochains mois.

Début décembre commence déjà le tournage du *Trio infernal*, avec Michel Piccoli.

10 décembre 1973

Je ne dispose même pas d'une semaine de repos entre les films. Mais je ne me sens absolument pas exténuée. Car je sens que je vis vraiment.

Je joue enfin des rôles de vraies femmes dans mes films, des femmes différentes de caractère, mais qu'une chose unit : elles vivent une histoire d'amour. Et je trouve les histoires d'amour admirables. J'aimerais bien ne plus accepter que des rôles de ce genre.

Je cours évidemment le risque que les gens se trompent sur mon compte. Mais je vis maintenant, ce qui arrivera plus tard ne m'intéresse pas.

Je me sens assez forte.

Fin décembre 1973

Le rôle de cette Philomena Schmidt dans *Trio infernal* n'a rien à voir avec moi. Je suis actrice. Sissi n'a rien à voir avec moi non plus. Je n'ai jamais été Sissi, pas plus que Philomena Schmidt.

8 janvier 1974

Après ce film, il se pourrait que c'en soit fait de ma bonne réputation en Allemagne. *Trio infernal* a été tourné à Paris.

21 février 1974

Il faut toujours que j'aille jusqu'au bout, même si ce n'est pas bien. J'aime aller jusqu'aux limites du possible, dans la profession comme dans la vie sentimentale. Je ne regrette rien ! Il faut avoir de nombreuses passions dans la vie. Elle est trop courte pour que l'on ne vive la passion qu'une seule fois.

Avril 1974

Cela me fait un peu peur. J'ai peur que le public ne vienne à s'ennuyer s'il me voit trop souvent, et j'ai parfois peur de m'épuiser nerveusement. Mais j'ai le sentiment que je tiendrai le coup et que je ne serai jamais oubliée. Comme me l'a dit un jour Claude Sautet qui m'a redonné confiance en moi avec *Les Choses de la vie :* « Continue tant que tu en as envie, tu en es capable. » Je n'ai pas peur que les années ou la fatigue se lisent sur mon visage, j'ai seulement peur de mal jouer. S'efforcer de faire au mieux ce que l'on a à faire est en tout cas plus important que de s'examiner devant la glace dans la crainte d'y discerner des rides.

Fin avril 1974

C'est très difficile, le rôle de cette Nadine Chevalier dans *L'Important c'est d'aimer*.

Dans ma profession j'ai toujours peur de ne pas tirer le maximum de moi-même. Chaque film auquel je collabore est comme un pari, qu'il me faut à tout prix gagner. J'ai besoin de me surpasser.

Mai 1974

Tournage de *L'Important c'est d'aimer*.

Zulawski, si tu veux quelque chose de moi, bouge tes fesses, et n'effarouche pas ton assistante. Tu devrais t'habituer à ce que les femmes ne soient pas tes garçons de course. C'en est fini, ce comportement de pacha !

Et Testi, je ne t'embrasse pas ! Tu ne t'es pas rasé, et je suis sûre que tu as des pieds tout noirs. Commence par te laver les dents, drôle d'oiseau.

Nous pouvons tourner.

Tu m'excuseras, mais parfois le canasson s'emballe. Nous tournons des heures durant des films sur l'émancipation de la femme, et derrière la caméra règne un comportement machiste comme il y a vingt ans.

Je sais, je peux être odieuse. Mais mes attaques ne sont qu'un rempart contre la peur de ne peut-être pas donner le meilleur de moi-même.

J'ai quatre maîtres : Visconti, Welles, Sautet et Zulawski. Le plus grand est Visconti. Il m'a appris ce qu'il enseigne à tous ceux qui travaillent avec lui, à savoir sa façon de pousser les choses à l'extrême, sa discipline.

« Il faut faire preuve de douceur à l'égard des acteurs, ils se brisent si facilement ! ». Une phrase de Nadine Chevalier dans *L'Important c'est d'aimer*.

26 juin 1974

Depuis ma rupture avec Harry, je prends rang en Allemagne parmi les « encore plus nues, encore plus belles, encore plus originales ». J'apprends dans les journaux que je mets à profit ma liberté reconquise avec des amants. Je ne lis plus ces sornettes. Si mon nouveau film, *Trio infernal,* paraît en Allemagne, la mesure sera sans doute comble pour le public allemand de *Sissi.* Dans une scène on me voit me masturber. Je pensais d'abord être absolument incapable de jouer une telle scène. Francis Girod, le metteur en scène, m'a dit : « Imagine-toi simplement que tu es seule dans ta salle de bains. » Et j'ai répondu : « Bon, mais fais au moins sortir quelques personnes... »

Ma nouvelle liberté, c'est la tentative de penser des choses nouvelles. C'est ma seule possibilité de me changer — une petite possibilité au moins de sortir de cette impasse où me coince l'article de marque « Romy Schneider ». Comprenez-vous ? Je pense simplement que les figures idéales tombent un jour de l'échelle, et alors c'en est fini, par inadvertance, d'une vie irréelle. Oui, c'est seulement maintenant que je m'en inquiète. Jadis, je voulais frénétiquement me convaincre que moi, Romy Schneider, je pourrais un jour vivre comme les autres. Dans des interviews j'ai dit des choses de ce genre, prétendant que je prenais des vacances comme tout un chacun, que ma vie quotidienne était celle de tout le monde. Aujourd'hui je sais que je ne peux pas vivre ainsi.

Sans rôles je ne peux pas vivre.

Zulawski fait partie de ces gens de qui je peux apprendre beaucoup. Avec des metteurs en scène comme Andrzej Zulawski ou Francis Girod, je demande des cachets moins élevés. Je pourrais toujours jouer des rôles décoratifs. Mais ces gens-là me disent ce que nous pouvons réaliser ensemble. Ils me prennent telle que je suis et ne se laissent pas impressionner par mon comportement. Ce type de travail me conduit bien plus loin que tout le reste.

Le fait de me retrouver seule entre les films m'est plus pénible que jadis. Le cinéma me procure l'intensité dont j'ai besoin pour me trouver bien.

Il faut que j'apprenne sérieusement la vie de tous les jours. Le mariage était une vie quotidienne rodée où aucun des deux ne réfléchissait plus sur soi-même. Chacun donnait seulement à l'autre le sentiment — cette sécurité diffuse — qu'il était là, et c'était insuffisant.

Il faut que l'on retombe amoureux.

9 août 1974

Je me suis enfoncé dans le pied un morceau de verre de deux centimètres. En dansant ! J'étais en vacances en Grèce, et, à Athènes, nous nous sommes retrouvés en joyeuse compagnie, beaucoup d'Allemands, bon, et les Grecs, quand ils sont vraiment gais, cassent quantité d'assiettes. On balaie immédiatement les débris, il est vrai, mais j'étais tellement en forme que j'ai continué à danser — pieds nus, bien sûr. Maintenant que tout danger est écarté je ne peux qu'en rire.

Mon parfum vous plaît? Je fais le mélange moi-même, formule secrète.

De toute façon nous nous rencontrerons, Harry et moi, à Saint-Tropez. Nous y prendrons des vacances ensemble, avec notre fils David qui a maintenant huit ans. J'y ai loué une petite maison.

Non, je ne pourrais pas faire du théâtre avec mon mari!

Saint-Tropez, 21 septembre 1974

Pauvre Brigitte, la plus à plaindre là, en bas, sur la plage! J'ai été quelquefois nager chez elle; quand les bateaux passent et que les curieux regardent avec des jumelles, pour voir Bardot, il arrive qu'elle leur tire la langue!

Tous mes amis ici, Dieu merci, ne sont pas dans ma branche.

Non, non, j'ai choisi cette profession, j'ai besoin au succès

Dès le début, j'ai voulu monter au sommet. Je me souviens très bien comment j'ai dit à ma mère, après mon premier film : « Je veux devenir la plus grande, je ne ferai jamais les choses à moitié. »

Simplement dit : à quarante-cinq ans, je voudrais tenir le rôle d'une centenaire. Je voudrais risquer quelque chose, car c'est bien là la stimulation de tout acteur.

Trio infernal pas convenable? Vous voulez savoir ce que je tiens pour non convenable? Quand une revue allemande introduit des photos de mon partenaire Michel Piccoli qui n'apparaissent pas du tout dans le film! Cela choque non seulement les gens, mais moi aussi!

Coucher avec n'importe qui, ça je ne le peux pas! Brigitte est quelqu'un de sympathique, mais je crois que nous n'avons pas grand-chose en commun.

Elle était trop jeune et trop indécise quand elle est tombée dans les bras de M. Vadim. Elle a maintenant quarante ans, mais elle papillonne toujours.

Quand je regarde en arrière, il y a tout de même des choses qui m'ont manqué. Harry n'est guère enclin à montrer ses sentiments, alors que moi j'en ai besoin. Je suis tout le contraire. Mais j'ai encore plus besoin de ma liberté.

Septembre 1974

Qu'est-ce que ma moralité peut bien faire aux gens ? Je ne joue ces rôles que pour m'améliorer. Je ne regrette rien de ce que j'ai fait.

Je suis une femme de trente-six ans qui prend la liberté de vivre de façon moins affectée que d'autres.

27 octobre 1974

J'ai l'impression que mes compatriotes allemands me haïssent cordialement. On ne se contente pas de m'insulter, il est aussi arrivé que l'on se livre à des voies de fait sur moi. Actuellement, trois de mes films passent en Allemagne, sur lesquels j'aurais quelque chose à dire.

30 octobre 1974

Je me défends contre l'indiscrétion. Je voudrais protéger autant que possible ma vie privée. Je donne toujours toutes informations sur mon travail.

Mon rôle dans *Le Train* est le meilleur qui m'ait été proposé ces dernières années.

J'ai émigré parce qu'on n'avait rien à m'offrir en dehors de *Sissi*. On interprète toujours immédiatement tout ce que je fais comme une trahison. Si je n'étais pas allée en France à l'époque, je n'aurais jamais connu d'évolution. Si une offre me vient d'Allemagne — au cinéma ou au théâtre — et si je trouve le sujet intéressant, je suis toujours prête à l'accepter.

3 novembre 1974

Si la chance ne sourit plus, c'est le savoir-faire qui compte.

Il se peut que demain la chance ne sourie plus. Un mauvais film suffit pour qu'on oublie tous les bons. On parle de la chute. Cela m'effraie, bien sûr, mais la perspective de me retrouver professionnellement tout au bas de l'échelle ne me panique pas. Je m'attends en fait depuis longtemps à l'éventualité d'un échec.

Je ne peux pas imaginer de vivre à nouveau en Allemagne, mais j'aimerais y jouer au théâtre dans ma langue maternelle, parce que je ne l'ai encore jamais fait.

Mon rôle dans *Trio infernal* me séduisait parce qu'il était ironique et sarcastique. Mais je n'ai absolument rien de commun avec le personnage que j'incarne. Je ne me joue jamais moi-même. Ceux qui voient les choses autrement se trompent.

Je juge du rôle qu'on me propose d'après le scénario, puis c'est le nom du metteur en scène qui compte, et en troisième lieu le partenaire.

Je ne me suis pas si souvent trompée. J'aimerais jouer différents rôles, y donner le meilleur de moi-même, et je suis aussi critique : je sais ce qui est mauvais, ce qui est médiocre, ce qui est vraiment bon. On ne peut pas m'en faire accroire.

Dois-je dire que David représente énormément pour moi ? Ça a un petit côté mélo, mais s'il en était autrement ce serait très triste, pour moi et pour mon fils.

Non, Sissi c'est définitivement fini. Il y a longtemps que j'ai oublié Sissi. Si elle hante encore d'autres têtes c'est leur problème, pas le mien.

Lundi débute le tournage de mon nouveau film, *Les Innocents aux mains sales*. Pour la première fois, sous la direction de Claude Chabrol. Je cours d'essai de costume en essai de costume ; entre-temps des entretiens, des séances photo et des interviews...

Pour l'interview télévisée j'interromps les préparatifs. Je connais Schönherr et je sais que cette émission sera positive pour moi.

Peur des Allemands ? Disons que le désir de faire du théâtre en Allemagne est plus fort que la peur.

Beaucoup diront : ça ne suffisait donc pas, voilà qu'elle crée une opinion anti-allemande. Mais j'avais des raisons professionnelles et personnelles d'accepter ce rôle dans *Le Train ;* qu'on m'en fasse grief en Allemagne ou pas, je ne changerai pas d'avis. Je suis toujours prête à défendre ce que je fais, même si je me suis trompée. J'ai souvent eu de la chance, il me faut voir maintenant comment ça va se poursuivre. Pour moi il n'y a pas de sommet dans la carrière, je voudrais continuer à travailler et à apprendre. Puis trouver un jour le bon moment pour arrêter. Peut-être ai-je encore bien du temps jusque-là, mais je ne m'en donne pas le loisir. Les choses que j'ai l'intention de faire j'aime les faire sans tarder.

21 novembre 1974

J'aime les rôles non transparents — comme déjà dans *Trio infernal,* maintenant avec Chabrol dans *Les Innocents aux mains sales.*

24 novembre 1974

J'espère que le public n'en aura pas marre de moi.

Décembre 1974

1974 a été une très bonne année pour moi comme artiste et une très mauvaise dans ma vie privée. J'espère réussir au cours des douze prochains mois à donner définitivement forme à ma vie.

Décembre 1974

Télégramme à sa mère Magda Schneider

Ma maman — on ne peut guère avoir plus de succès au plan professionnel — ma vie privée est nulle — t'appelle demain, dimanche — comme toujours — Ta Rosemarie quelque peu triste, quelque peu seule.

1975-1980
Dans la vie je ne sais rien faire, mais à l'écran tout

Le Vieux Fusil — Une Femme à sa fenêtre — Mado — Portrait de groupe avec dame — Une Histoire simple — Bloodline — Clair de femme — La Mort en direct — La Banquière — Fantôme d'amour

En avril 1975 commence le tournage fatigant du Vieux Fusil, *à Paris, dans le Quercy et à Biarritz. Romy tient le rôle de l'heureuse Clara, torturée et sauvagement assassinée par des soldats allemands. Le tournage la bouleverse. Elle veut enfin se reposer. Avoir le temps de vivre. Et peut-être avoir un deuxième enfant. Le divorce d'avec Harry Meyen est prononcé le 8 juillet 1975. Romy sait ce qu'elle veut : vivre sans cesse de nouvelles aventures cinématographiques avec les grands metteurs en scène du monde entier, toujours aller jusqu'aux limites du faisable, ne reculer devant aucun risque. Des actions spontanées de ces années, qui procèdent du mariage raté, des excès d'alcool et des explosions incontrôlées des sentiments sont tout le contraire de l'image d'une actrice de cinéma qui s'impose une discipline incroyablement dure dans son travail, dont la vie, pendant les mois de travail, est réglée à la minute près.*

La Première du film Le Vieux Fusil, *en août 1975, est un triomphe. Elle passe un été heureux avec David et Daniel Biasini. Il a neuf ans de moins qu'elle, et il est son secrétaire particulier depuis 1974. Son travail, ses passions, ses efforts pour tenir bon, pour s'assurer un refuge, une certaine stabilité de vie, l'amour qu'elle porte à son fils sont l'essentiel pour elle. Elle puise sans cesse aux sources de son énergie, de sa sensibilité, de son imagination. Mais la liberté qu'elle a conquise la rend aussi présomptueuse et téméraire. Après le tournage elle a, comme toujours, le sentiment d'être totalement perdue dans le monde. Les amitiés issues du travail cinématographique partagé ne sont pas durables. Sautet fait exception. En septembre, Romy s'aperçoit qu'elle attend un enfant et, le 18 décembre 1975, elle célèbre son mariage avec Daniel Biasini, à Berlin. Début 1976 un accident de voiture est responsable d'une fausse couche. En avril 1976 elle obtient le César de la meilleure actrice pour* L'Important c'est d'aimer *et* Le Vieux Fusil. *Immédiatement après elle joue en Grèce dans le film* Une Femme à sa fenêtre. *Avec Claude Sautet elle tourne* Mado.

Sa profession lui est source d'énergie, mais elle la démoralise en même temps. La relation avec Biasini est forte et passionnée. En septembre 1976 commence le tournage, à Berlin, de Portrait de groupe avec dame, *d'après le roman de Heinrich Böll, son cinquième film. Elle a le sentiment d'être une étrangère. Lors du tournage en Autriche, en janvier 1977, elle se rend compte qu'elle est à nouveau enceinte. Le 21 juillet elle donne naissance à sa fille, Sarah Magdalena, par césarienne, à Gassin. L'année s'écoule, harmonieuse, sereine. En 1978 elle tient le rôle d'Hélène dans* Une Histoire simple, *sous la direction de Claude Sautet, en qui elle a pleine confiance. Romy est au sommet de sa carrière. En 1978 elle a quarante ans. A la fin de l'année elle tourne* Bloodline *en Sardaigne et à Munich, puis, en 1979,* Clair de femme *et* La Mort en direct, *à Glasgow. Pour la deuxième fois, elle obtient le César, le 3 février 1979, pour* Une Histoire simple. *Le 15 avril, le jour de Pâques, Harry Meyen se suicide dans l'appartement de Hambourg. En février 1980 elle tourne* La Banquière. *Le film, projeté dès le mois d'août, remporte un vif succès. En automne 1980, elle tourne en Italie* Fantôme d'amour *et noue des liens d'amitié avec le directeur de la production, Laurent Pétin. Le travail l'absorbe tout entière, mais sa vie en devient chaotique. Le 26 août, sa grand-mère, Rosa Albach-Retty, meurt à Vienne.*

Malgré le grand nombre de films qu'elle tourne, Romy n'abandonne pas son habitude de parler de son travail dans des missives à des metteurs en scène, de s'inquiéter de ses rôles, d'exprimer ses sentiments dans des lettres à des amis. Les notes de travail, les réflexions personnelles qu'elle met par écrit sont importantes pour elle. Mais sont tout aussi importantes des conversations sur le mariage, la naissance de sa fille et sa vie familiale.

20 février 1975

Enfin une véritable pause !

Je ne crois pas en avoir fait trop, je ne crois pas que je présume trop des gens, du public, en apparaissant si souvent sur les écrans. J'ai plutôt trop présumé de moi-même.

24 avril 1975

J'ai rendu visite à ma grand-mère à Vienne. Elle m'a enseigné que les femmes de notre trempe ne se laissent pas abattre. Nous sommes plus fortes que la plupart des hommes.

19 mai 1975

L'essentiel est maintenant Biasini. Il me rappelle tellement Alain Delon ! Il a le même caractère indépendant, le même charme et le même humour.

22 mai 1975

Je peux aimer et être heureuse, sans devoir me lier fermement sur le papier. Peut-être est-ce là la seule forme permettant de préserver le bonheur d'un amour...

Je souhaite un deuxième enfant. Je vais avoir trente-sept ans, et il est temps de faire cadeau à David d'un petit frère ou d'une petite sœur. Je ne veux satisfaire ce désir que maintenant parce qu'avant je n'ai jamais été amoureuse, jamais heureuse non plus. Maintenant, je suis prête.

7 juin 1975

Je suis plutôt fatiguée de devoir me défendre contre les innombrables ragots et calomnies que l'on répand quotidiennement sur moi. Les articles les plus récents, notamment, sont tous inventés. Bien sûr, je voudrais un deuxième enfant le plus rapidement possible. Je vais avoir trente-sept ans, David en a huit, il est temps. Mais mes projets cinématographiques — pour le printemps et l'automne 1976 j'ai déjà signé des contrats — ne m'en laissent guère la possibilité. Toujours est-il qu'une nouvelle maternité ne serait pas pour moi une raison de me marier tout de suite. Surtout que je connais Daniel d'un peu plus près depuis six mois seulement. Les choses restent ce qu'elles sont : mon divorce est en cours. Je présume que dans deux mois il sera enfin prononcé. Tout ça est une pure formalité qui ne requiert pas ma présence en Allemagne. Je pense que nous divorcerons par consentement mutuel, car Harry peut voir notre fils à tout moment, à Paris ou à Hambourg.

Je vous révèlerai autre chose encore : je tournerais bien plus de films en Allemagne, si les scénarios et les réalisateurs me convenaient.

Il n'a jamais été vrai que j'avais peur des Allemands.

24 juin 1975

Ce n'est pas arrivé comme une bombe. Daniel est beau, intelligent et charmant. La différence d'âge — neuf ans — ne me dérange pas. Au contraire, je me sens à nouveau plus jeune à travers lui.

Je sais maintenant que j'attends un bébé — et dans les semaines qui viennent j'épouserai le père de l'enfant.

22 septembre 1975

Le mariage est pour bientôt. N'y assisteront que les témoins. Nous serions-nous mariés aussi rapidement si je n'avais pas été enceinte ? Je n'en sais rien, mais nous aurions aussi trouvé le bonheur sans les formalités. C'est absurde. Je n'y suis pas obligée, naturellement ! Mais je veux que l'enfant porte le nom de son père. Les enfants nés hors-mariage rencontrent tant de difficultés par la suite que je tiendrais pour un comportement irresponsable de laisser naître l'enfant avec le nom de Schneider.

Daniel est sans complexes. Il a été mon secrétaire particulier et sera à l'avenir mon producteur de cinéma. Nous fondons une société et tournerons nos propres sujets.

Nous nous accordons comme tous les autres amoureux. Je suis sûre de n'avoir jamais porté un plus grand amour à personne d'autre. Alain ? J'étais une gamine, il a d'abord fallu qu'il fasse de moi une femme, et cela ne s'est pas passé sans casse.

L'enfant sera de nationalité française. Il y a deux mois, nous souhaitions un garçon, maintenant nous aimerions mieux une fille. Mon fils David, qui a huit ans, préfèrerait une sœur ! Il s'avère, en outre, que les femmes ont aujourd'hui la vie plus facile que les hommes...

22 octobre 1975

Son calme a un effet apaisant sur moi. Il correspond exactement à ce qu'une femme enceinte peut attendre de son mari. Il comprend toutes les complications. Et je veux tout faire pour que notre enfant vienne au monde en bonne santé. Je me sens pleinement rassurée entre les mains du Pr Watteville. C'est ici que j'accoucherai en avril. On se sent si incroyablement jeune ! Avoir des enfants est quelque chose de merveilleux — pour toute femme — malgré de petites difficultés.

Octobre 1975

Je ne puis vivre seule, mais j'ai eu la chance de rencontrer un homme auquel je me sens très profondément attachée. J'ai trente-sept ans, lui à peine vingt-huit. Mais la différence ne me fait pas peur. En prenant de l'âge j'ai appris à apprécier chaque jour mon bonheur, à goûter les plus beaux moments de la vie.

19 décembre 1975

J'ai de la fièvre, une petite grippe et je suis enceinte de cinq mois.

J'aime la ville où est né mon fils David, il y a neuf ans.

Berlin est la seule ville en Allemagne où j'aie toujours été très contente de vivre.

22 décembre 1975

Je ne suis pas bien. Je m'imaginais plus beaux les jours suivant mon mariage.

Je m'excuse mille fois auprès de tous les Berlinois qui m'ont attendue à la mairie de Friedenau. Mais le jour même de mon mariage j'avais de la fièvre. Ne me sentant pas bien, et étant sous traitement, je ne voulais pas quitter l'hôtel et me suis donc mariée là, et non pas, comme prévu, à la mairie.

En septembre 1976 je tourne pendant douze semaines à Berlin. Je rattraperai tout ça.

10 janvier 1976

Jadis je voulais voir les gens tels que je les souhaitais. Je fermais les yeux pour continuer à vivre dans mes illusions. Cette attitude m'a valu d'encaisser quelques coups de la vie, de me retrouver souvent seule et déçue. Ce ne fut pas toujours facile.

Pendant quelques années — après avoir pris la décision de me séparer de mon mari, d'oublier ma solitude — j'ai travaillé comme une bête. J'ai tourné six films, le dernier était *Le Vieux Fusil*. J'ai appris à me duper moi-même — j'ai mal vécu.

Il y a là quelque chose que je voudrais éclaircir : j'ai vécu avec un homme qui a posé de dures conditions au divorce. Je ne suis pas femme à engager des procès et je ne le serai jamais.

C'est pourquoi j'ai signé ce papier, prête à laisser la moitié de ma fortune. J'étais d'une impardonnable naïveté.

Je voulais me libérer de mon mari qui, nonobstant le divorce prononcé en été, continuait à mettre tous les torts de mon côté. Je voulais cette liberté pas seulement parce que j'étais meurtrie, mais parce qu'il faisait souffrir notre enfant.

En septembre, je tourne à Berlin *Portrait de groupe avec dame*, inspiré d'un roman de Heinrich Bölls. Je continuerai à faire du cinéma tant qu'on aura besoin de moi. Mais il y a une chose que j'ai décidé de préserver à l'avenir : une paisible vie de famille.

Quiberon, 2 février 1976

Cette cure, lutter contre tous ces kilos, *all my really big efforts*, est très dure et assez déprimante. Pour ce qui est du poids, je n'ai pas encore obtenu le résultat escompté ! C'est exaspérant.

Mai 1976

Lettre de Romy Schneider à sa mère, Magda Schneider.

J'organise une jolie petite fête pour ma maman : 1. Jeudi soir, dîner à *l'Orangerie* de Jean-Claude Brialy. 2. Vendredi soir, chez *Maxim's*. 3. Samedi soir je vais voir pour l'Opéra ou autre chose. 4. Dimanche, repos... Nous allons au show du *Lido*. J'emmène aussi David, il veut aller voir des femmes nues (à moitié nues ! seule sa maman est totalement nue !). Il s'endormira au milieu du show et rêvera de poitrines et de popotins.

30 juin 1976

Portrait de groupe avec dame sera tourné à Berlin en automne. Je m'en réjouis énormément ! Il y a longtemps que je voulais travailler ici, mais il n'y avait rien de bon. Le travail avec Fassbinder n'a pas abouti non plus. Il ne s'agissait pas du cachet !

Maintenant je tourne, à Paris, en Italie et en Grèce, un film dans lequel j'ai à nouveau le droit d'être une femme aimante. Cette histoire d'amour, sur arrière-fond politique entre 1936 et 1972, s'intitule *Une Femme à sa fenêtre.*

Début juillet 1976

Une phrase que je dis dans *Une Femme à sa fenêtre,* dans le rôle de Margot :

« Je rêve toujours d'un homme qui s'éloigne de plus en plus. J'ai toujours huit ans et je suis toujours chez ma mère à Vienne. Ma mère me dit que mon père nous a abandonnées, parce qu'il aimait d'autres femmes. Garces. Et puis, soudain, tu arrives, tu me souris, mais j'ai toujours huit ans et tu en as quarante... »

7 août 1976

Divorce ? Ne me faites pas rire. Je supporte sans m'émouvoir les soi-disant confidences. Je me suis habituée depuis mes dix-sept ans à être emballée et vendue n'importe comment, comme une marchandise. On me porte aux nues, on me rabaisse plus bas que terre, comme Soraya. Je crois que c'est là tout simplement le prix d'une carrière qui a débuté à quinze ans — un âge où l'on ne sait pas se défendre et où l'on n'a encore pas d'opinion personnelle. *C'est la vie* (1), quoi, qui s'en chagrine ? Il y aura toujours des parasites. Pas trace de crise conjugale, nous sommes heureux.

Après les vacances, ce sera la fin du tournage d'*Une Femme à sa fenêtre,* à Rome. Je jouerai ensuite un petit rôle chez mon ami, le réalisateur Claude Sautet, dans *Mado.*

A partir du 1er septembre je tournerai pendant trois mois à Berlin, sous la direction d'Aleksandar Petrovic, *Portrait de groupe avec dame.* Un rôle qui me touche de près. De plus, l'histoire se situe à une époque qui concerne la génération de ma mère, une génération dont la vie et les actes ne cessent de me fasciner, de me toucher. La distribution du film montre

(1) *N.D.L.R. (en français dans le texte).*

quel réservoir de bonnes actrices de théâtre recèle l'Allemagne. En France il serait bien plus difficile de trouver une aussi bonne distribution pour un film.

Dans ma vie privée, tout va tellement bien que ce qui a pu être écrit sur nous me laisse presque indifférente. Notre vie commune m'est une garantie.

Malgré la fausse couche en janvier, je désire un deuxième enfant...

Berlin, 30 septembre 1976

Je me suis dit une fois pour toutes qu'il n'y avait pas lieu de m'en offusquer quand on présente mon mari comme un gigolo ou moi-même comme une imbécile. Qu'il soit bien clair, une fois pour toutes, que Daniel travaille dur dans sa propre profession. Il fait des reportages politiques pour la télévision. Il a réalisé des reportages sur la Belgique, l'Angola, et tourne actuellement en Argentine et au Paraguay. Les télévisions française, belge et suisse ont déjà acheté son film.

Il y a dix ans que je n'ai pas fait de cinéma en Allemagne. Les sujets que l'on m'avait proposés n'étaient pas intéressants, ils ne me plaisaient pas, tout simplement. C'était en rapport avec mes anciens films allemands et aussi avec le jeune cinéma allemand. Je ne suis tout simplement pas faite pour le cinéma qui se pratique ici. Si l'on me proposait quelque chose comme *Faux Mouvement* de Wim Wenders, je trouverais ça simplement mauvais. *Portrait de groupe avec dame,* là le livre m'a plu, bien qu'il m'ait d'abord été très difficile de lire le roman. Pour moi, ça fonctionne ainsi : d'abord le sujet, puis le réalisateur. Chez Böll c'est d'abord le sujet qui m'a plu. Puis j'ai constaté que le réalisateur, Aleksandar Petrovic, avait compris les idées, les personnages, celui de Leni. J'ai donc signé. Je voulais jouer cette Leni, être cette Leni, aussi bien qu'il est en mon pouvoir. Le choix des rôles n'est pas non plus très simple pour moi, car nous en sommes presque arrivés à un cinéma d'hommes. Soixante-dix pour cent des bons rôles sont écrits pour des hommes.

Cette Leni s'expose ainsi à tous les risques, comme elle vit, comme elle sent, comme elle aime. C'est ainsi seulement qu'elle a pu survivre. En ce qui concerne Romy Schneider, elle aussi a survécu en dépit de tout ce qu'on fait d'elle depuis quinze ans.

Je vis plus « normalement » en France qu'ici. On m'y voit autrement et on m'y laisse tranquille. En France on ne me poursuit pas dans la rue. Si c'est arrivé, ça a été rare. Ici, il faut bien le dire, on a forgé depuis mes quinze ans une image de moi qui s'est muée en réalité autonome et sur laquelle je n'ai plus prise. Mais cette image n'a rien à faire avec moi, avec la personne de Romy Schneider.

Un souhait ? En ce qui concerne la carrière, oui. Je suis une actrice totalement européenne. Mais j'aimerais jouer un jour dans un bon film américain.

Le monde de l'après-guerre de Leni, je ne peux absolument pas le ressentir avec mes trente-huit ans. Je le connais par ma mère. Cela me touche beaucoup. Elle a connu cette époque, et j'ai des choses à apprendre à ce sujet.

Cela n'a pas de sens que David vienne me rendre visite ici où il me faut travailler douze heures par jour, trois mois durant.

Après le rôle de Leni, je ferai pour la première fois une pause d'une année. Quatre films sont programmés ensuite. L'histoire d'une femme souffrant d'un cancer, poursuivie par un homme qui a une caméra implantée dans la tête. Un film d'anticipation.

Suit un film avec Francis Girod, avec qui j'ai déjà tourné *Trio infernal, La Banquière ;* puis avec Claude Sautet *Une Histoire simple.*

J'espère trouver le temps, pendant ces trois mois à Berlin, d'aller me promener. Jusqu'ici je n'ai même pas réussi à me balader sur le Ku'damm.

J'espère que les Berlinois sont toujours tels que je les

connais. Ils se sont toujours montrés particulièrement aimables à mon égard. J'ai vécu plus de deux ans dans cette ville.

Débuts d'une lettre à Heinrich Böll, avant leur rencontre le 6 décembre 1976 à Cologne.

Très cher monsieur Böll, je voulais depuis longtemps prendre le train ou un avion et avoir le courage d'aller trouver Heinrich Böll — je ne l'ai pas fait par lâcheté, ou par peur de vous importuner, de vous déranger...

Très cher monsieur Böll... Vous écrire, cela m'est déjà bien difficile — ce faisant je suis du moins seule, je ne suis pas assise, tremblante de peur, devant Heinrich Böll, qui... m'avait absolument récusée pour le rôle de Leni... Vous savez, je crois avoir déjà appris certaines choses et je fais quelques progrès, et je me bats pour une vie privée...

Très cher monsieur Böll. Voilà que je recommence, et après « très cher monsieur Böll » je ne sais plus bien comment continuer.

25 octobre 1976

J'ai regardé en projection privée le film *La Bataille de Berlin.* Pour mon film *Portrait de groupe avec dame* j'avais besoin d'observer la façon dont les gens se comportent sous les bombardements.

Décembre 1976

En trois ans j'ai tourné dix films. J'ai cherché à m'étourdir de travail. Mais depuis un an j'ai à nouveau une vie privée. Je voudrais arrêter au moins une année. Je téléphone tous les jours à David quand je travaille au loin.

9 décembre 1976

Comparée aux autres métropoles, Berlin est une ville peu avenante, presque rébarbative. Mais cela ne me dérange pas. Ce qui a une apparence grise et froide m'attire. Cela m'excite. J'ai bien aimé être ici.

30 décembre 1976

J'essaierai de tourner également moins de films à l'avenir. Seule ma vie professionnelle donnait encore un sens à ma vie. Depuis un an j'ai à nouveau une vie privée.

Fin 1976

Claude, j'aimerais que tu écrives une histoire sur des femmes ; j'en ai assez que ce soient toujours des histoires d'hommes.

Fin 1976

C'est mon souhait le plus cher d'être sans cesse une autre femme devant la caméra, de comprendre les problèmes et les conflits, les sentiments et les émotions de femmes qui me sont étrangères — non seulement les comprendre, mais les vivre, les vivre vraiment. Mais cela n'est possible qu'à condition de changer aussi les milieux en même temps que les personnages.

M'efforcer de bien faire mon travail, de soutenir avec succès l'examen critique du spectateur, c'est là mon unique souci.

6 janvier 1977

L'homme le plus important dans ma vie fut et reste Delon. Quand j'ai besoin de lui, il me tend toujours une main secourable. Aujourd'hui encore, Alain est le seul homme sur qui je puisse compter. Il me viendrait en aide à tout moment. Alain ne m'a jamais abandonnée à moi-même, pas plus aujourd'hui qu'hier.

17 janvier 1977

En somme, j'ai été cette étrangère dans son propre pays, en d'autres circonstances. Paris a été surprise de me voir dans *Dommage qu'elle soit une putain,* et Berlin m'en a voulu de ne plus être la douce, la sentimentale Sissi.

20 janvier 1977

Nous tournons à Rosenau près de Zwettl, en Basse-Autriche. Je rassemble toute l'énergie qui me reste, nom de nom ! Je tâche de ne pas me laisser déformer.

Poisse de production. Des heures j'ai été là, à attendre, comme le soldat allemand, et quelqu'un est enfin venu qui a dit : « Non, on ne tourne pas du tout ça, maintenant. Nous allons faire quelque chose de différent ».

Satanée presse de merde qui m'anéantit. Leni sort tout de son être profond. Je suis, moi aussi, une lutteuse solitaire intrépide, du moins en ce qui concerne mon travail. Quand je suis allée chez Böll j'étais terriblement excitée. Ce furent les quatre meilleures heures de tout mon séjour en Allemagne. Je suis persuadée qu'il en sortira un bon film. Il y a des vrais acteurs et des faux acteurs. Je me situe moi-même parmi les vraies actrices. Avec tous les défauts, avec toutes les qualités, avec toute l'énergie et toute l'ambition, avec toutes les peurs et tout le trac, qui ne connaît pas de répit.

Ma grande inquiétude : me réveiller soudain totalement vide — ne plus pouvoir rien donner parce que l'on a déjà tout donné. Mon premier pas pour devenir une vraie actrice a été de refuser de me produire dans un quatrième *Sissi,* bien qu'on m'ait offert un million de marks payés cash. On a dit de moi : « Elle est complètement folle, elle est mûre pour l'hôpital psychiatrique. »

Fassbinder me voulait pour *Immensee,* mais cela ne me convenait pas. Il n'était pas question non plus que j'accepte le projet mélo-mélo-mélodramatique que Fassbinder me proposa ensuite.

A Berlin, je fus assiégée en règle. Veuillez écrire les choses ainsi que je les dis : je souhaite qu'en dehors du public absolument personne ne s'intéresse plus à moi. Je souhaiterais que l'on ne m'interviewe plus du tout, que l'on ne me regarde plus bouche bée et que l'on ne me photographie plus. Ma vie m'appartient. Jadis j'ai été très contente d'être la princesse. Je prends ma personne bien moins au sérieux qu'on ne pense. En

1977, je ne veux tourner aucun film. 1978, l'année de mes quarante ans, devra apporter quelque chose de totalement nouveau professionnellement.

J'aimerais bien faire la connaissance de Liv Ullmann et du réalisateur Ingmar Bergman. Je considère Liv Ullmann comme l'une des meilleures actrices.

L'écrivain Heinar Kipphardt : « Aimer se conjugue à deux. C'est là le problème de l'amour. Les pensées elles-mêmes ne sont pas libres. Parfois le Je est très lourd. »

A la fin de mon nouveau film, je suis une femme de soixante-cinq ans. J'aimerais bien avoir cette apparence. Si jamais je dois arriver jusqu'à soixante-cinq ans. Mais ce n'est pas possible, car sous le masque c'est un visage de trente-huit ans. Tout ceci n'est donc qu'un jeu — mais un jeu qui m'excite.

Je tiens à mes trente-huit ans, et je les assume.

19 février 1977

Mais ce qui me fascinait avant tout c'était la façon dont des femmes intelligentes pouvaient s'y prendre avec le média film. Pour moi c'était une expérience nouvelle de travailler avec une femme metteur en scène et auteur. C'est pour cette seule raison que j'ai accepté le mini-rôle d'une minute avec Eva Mattes dans le film de C. Holldack, *Tausend Lieder ohne Ton.*

25 mai 1977

Leni est un personnage singulier, très allemand. Je pouvais ainsi mobiliser les côtés de mon être qui sont restés allemands.

Mon travail n'est pas exclusivement professionnel. J'ai introduit bien des choses de moi-même dans Leni. De mon enfance, à partir d'impressions personnelles. Certes, vers la fin de la guerre je n'avais que six ou sept ans. Mais par ma mère, ma famille, je suis très sensible à cette époque. Leni est une personnalité étrange, très allemande. Je pouvais lui prêter des traits de mon caractère qui sont restés très allemands. L'intérêt de ce film tient surtout à ce que la tragédie de 1939-

1945 est vue du point de vue des vaincus, alors que jusqu'ici elle n'a été montrée que du côté du vainqueur.

Ramatuelle, 30 juin 1977

Je voudrais jouer *in Germany* (si je dois jouer) immédiatement la U. M. ou une Reventlow (etc.), de ce calibre précisément, et rien « entre », parce que je n'ai plus besoin de me tester, j'ai l'assurance nécessaire ! (avec un vrai réalisateur !) Ne parlons plus de cette Leni que j'ai (plus ou moins) ratée (sans qu'il y ait de ma faute, tu le sais mieux que personne). Il y a longtemps que je me suis débarrassée de tout cela.

21 juillet 1977

J'ai eu une fille. Je suis si heureuse ! Garçon ou fille, peu importe — l'essentiel c'est qu'elle soit en bonne santé. Elle s'appellera Sarah Magdalena.

15 août 1977

Je suis contente que l'enfant soit venue au monde en bonne santé. Mais je suis sûre aussi que ce sera mon dernier enfant.

21 décembre 1977

Dans ma langue maternelle on ne me propose pas de rôle qui m'intéresse vraiment.

6 avril 1978

J'ai refusé le rôle principal dans *Lulu* d'après le drame du même nom de Frank Wedekind avec la réalisatrice italienne Liliana Cavani.

Il est insensé de me donner une apparence si jeune que je pourrais être ma propre fille.

Juin 1978

Je sais pourquoi je suis revenue en France : ici je me sens bien, ici je suis chez moi.

Quand j'aurai cinquante ans, si Claude Sautet me veut, usée comme je le serai alors, j'irai chez lui. C'est une déclaration d'amour.

31 août 1978

Une Histoire simple

Il me fallait jouer ce film qui, à certains égards, est aussi un film sur moi.

Nous nous sommes totalement abandonnés l'un à l'autre, ce qui n'est absolument pas nouveau, mais cette fois-ci presque sans mots. Un regard suffisait pour que la question soulevée par l'un trouve sa réponse chez l'autre.

Automne 1978

On ne peut pas forcer le bonheur. On cherche à se saisir de lui, puis on tient bon par beaucoup de travail et d'activité... Le talent est une question d'amour.

Février 1979

Toutes les ombres ont disparu. Les ombres des hommes, qui m'ont dit qu'ils m'aimaient, et qui, en réalité, ne m'ont rien donné. Les ombres des névroses qui m'ont obligée à avaler des pilules pour les surmonter et avoir la tête au travail. Je n'ai jamais été aussi heureuse que maintenant. J'ai vécu dans l'idée fixe d'être trahie, d'être abandonnée. Mon bonheur était menacé de tous côtés. Manifestement, personne ne pouvait m'aimer comme Daniel.

3 février 1979

Le César... Ce ne peut pas être vrai... un tel honneur pour moi qui ne le mérite pas du tout... Il y en aurait tant d'autres... Merci. Merci.

15 avril 1979

Mort de Harry. J'aurais dû m'occuper davantage de lui.

Fin avril 1979

J'ai quarante ans. Dans le rôle d'une fille de dix-sept ans, comme dans *Lulu,* je serais ridicule. J'ai rendu le scénario.

Dans *Une Histoire simple,* je comprends cette femme parce qu'elle porte nombre de mes sentiments en elle.

Aujourd'hui, c'est comme si j'avais joué un mauvais tour à Sissi. J'avais une telle allure que les gens pensaient que j'avais mis ma couronne dans mon sac.

Les malentendus ne sont jamais exclus. Même dans le meilleur rôle. On se voit autrement que l'on n'est vu par les réalisateurs et autrement que nous voit le public.

Pourquoi ne puis-je pas dire publiquement à un écrivain comme Driest que je l'adore ! Je veux dire l'artiste, l'écrivain ! On traduit immédiatement que je lui ai fait une déclaration d'amour, une proposition malhonnête.

Pourquoi ne me laisse-t-on pas tranquille ? Je ne peux pas tenir les propos que l'on attend de moi. On dit que j'ai mauvais caractère, parce que je ne dis pas toujours oui. Quand je fronce les sourcils j'ai certainement l'air méchant. Je me demande seulement pourquoi les autres s'occupent de mes loisirs. Ils m'appartiennent pourtant. Une actrice ne devrait être jugée que sur ses rôles. Je ne laisserai plus un photographe franchir le seuil de ma vie privée.

Automne 1979

Clair de femme

Montand et moi, nous sommes des perfectionnistes. Nos deux angoisses s'ajoutent. Nous avons travaillé dur.

25 février 1980

Je ne peux pas entrer dans le rôle de Catherine Mortenhoe, dans *La Mort en direct,* sans en être bouleversée. Vous savez à quel prix est négociée dans la presse une photo relative à ma vie privée, comme après une fausse couche. N'importe où.

26 février 1980

Je n'ai évidemment pas joué mon rôle dans *La Mort en direct* sans en être personnellement bouleversée. Les trois-quarts de ce personnage ne sont pas sans rapport avec moi.

Ce film est pour moi bien autre chose que n'importe quel autre, certainement.

Il est difficile, quand on est une star, d'échapper aux importuns. Je n'aime pas le mot star, je veux seulement pouvoir bien travailler.

Il y a des intrusions contre lesquels je peux à peine me protéger. Je sais que les photos relatives à ma vie privée s'arrachent au prix fort. Je trouve ça de très mauvais goût. Je ne sais pas comment les autres se défendent contre tout cela. Peut-être certaines de mes collègues sont-elles plus avisées. Ou plus menteuses. Mais cette femme dans le film, qui se voit soudain jetée en pâture au public, elle aussi est sans défense. Et c'est bien sur ce point que je me retrouve dans le personnage.

Le projet avec Fassbinder, *Le Mariage de Maria Braun*, n'a pas abouti. La première mouture du scénario ne me plaisait pas. Puis nous nous sommes perdus de vue.

Revenir au théâtre ? J'aimerais bien, à Paris et à Berlin. Je ne sais pas pourquoi ici. On parle toujours ainsi de l'air de Berlin. Mais j'en ai peur. Il faut que je trouve le courage et le temps pour cela. J'ai une proposition de Boy Gobert pour une pièce de théâtre. Je n'arrive pas à me décider. Il faudrait que ce soit une pièce et un rôle où l'on ne puisse pas me comparer. Une pièce moderne, nouvelle. Cela, je le ferais volontiers. Mais il faut que j'aie confiance.

10 avril 1980

Je veux apprendre à m'épanouir, connaître ce qui est en moi. Je ne veux pas me mettre en colère. Je ne supporterai plus l'insolence de la presse allemande. Je répondrai à toutes les questions sur mon métier, mon travail, mais seulement sur mon métier. Mon fils David sait lire et dévore tout ce qui est écrit sur moi. Pourquoi devrais-je le traumatiser ? Ce qu'il y a entre moi et mon mari ne regarde personne. Il est de mon devoir de protéger mes enfants.

Avril 1980

Tournage de *La Banquière*

Bien sûr, tu te réveilles le matin en te disant : aujourd'hui je ne m'énerverai pas, je ne casserai les pieds à personne. Et tu arrives au studio avec cette résolution. En vain ! Tu trembles de peur. C'est insupportable pour toi-même et pour les autres.

22 mai 1980

La Banquière

Je suis, certes, une superprofessionnelle, mais je n'en reste pas moins une enfant. Je vois tant d'adultes qui ne se sentent pas bien dans leur peau. Je n'aurais jamais pu vivre comme la Hanau.

Schönau, été 1980

Ma Mamminette — tout mon amour, toutes mes pensées ! J'écris ici, sur ton lit, bientôt tu dormiras à nouveau heureuse ici, dans ton lit, tu seras à nouveau dans ton beau chez toi. Je le souhaite à toi, et à nous tous qui t'aimons de tout cœur. *God Bless* — Ta Romy-Rosemarie.

30 août 1980

Le 26 août, ma grand-mère est morte. Elle est enterrée le 3 septembre. Je ne veux pas être le point de mire de ces funérailles auxquelles ma présence ferait perdre leur véritable signification. Grand-maman n'a vraiment pas mérité cela. Je viendrai quelques jours plus tard et j'irai seule sur la tombe d'Oma.

Mai 1980

La Banquière

Je me suis sérieusement informée et j'ai beaucoup lu sur Marthe Hanau ; j'ai aussi parlé avec des gens qui l'ont connue. Mais finalement on se trouve livré à soi-même quand on se tient devant la caméra, et il ne faut pas écouter tout ce que les gens disent, il ne faut pas tout croire. Vous n'imaginez pas quelles monstruosités on a pu écrire sur Marthe Hanau. Son humanité m'a particulièrement fascinée. Ou, mieux, elle était si humaine, cette petite femme, qui voulait montrer, qui voulait réussir... mais pas à tout prix, pas à n'importe quel prix.

Marthe Hanau, ou Emma Eckhert, mise sur sa volonté, son dynamisme, sa séduction pour parvenir à ses fins. Toutes ces qualités se retrouvent en elle et j'espère avoir réussi à les rendre. Ce n'est pas facile quand on est seule... Aucun metteur en scène ne peut imaginer combien je me trouve seule devant la caméra. Je ne sais pas ce qu'il en est de mes collègues, mais pour moi c'est ainsi. Je dépends de mon metteur en scène et je travaille toujours en étroite collaboration avec lui, mais il y a des moments où l'on est entièrement livré à soi-même. Et si Emma Eckhert et Marthe Hanau en sont devenues un personnage sympathique — une expression qui ne veut pas dire grand-chose — je peux seulement dire tant mieux, parce que c'est exactement ce à quoi j'ai tendu. On peut présenter Emma Eckhert comme une saligaude puante — pardonnez-moi l'expression — ou bien, après une courte réflexion, prendre en compte l'aspect humain.

1981

En ce moment, je suis épuisée, brisée

Garde à vue – Fantôme d'amour

Romy devient plus perspicace et plus dure dans sa façon de se traiter elle-même, coincée dans sa volonté de perfection, son refus de tout compromis. Repoussant de plus en plus les journalistes, elle méprise la presse, tout en se laissant paralyser et posséder par elle. Daniel s'éloigne d'elle et elle s'éloigne de lui. De l'amour passionné ne subsistent que des discussions sans fin. David a peur, il veut garder Daniel. Las des querelles, Biasini abandonne, début 1981, le domicile conjugal ; Romy veut le divorce, prononcé en mai. A Paris commence le tournage de Garde à vue. *David et Sarah habitent à Saint-Germain-en-Laye chez les grands-parents Biasini. Déprimée et groggy, Romy cherche, en avril, le repos et la tranquillité dans un hôtel de cure de Quiberon — elle a besoin de recul, de se retrouver seule. Mais en prenant des photos elle se fracture la cheville. De violentes douleurs physiques la terrassent subitement et, le 23 mai, il faut lui enlever le rein droit porteur d'une tumeur. Dès qu'elle peut se relever, elle double, au milieu d'atroces douleurs et sous l'effet de stimulants, le film* Garde à vue, *à partir du 24 juin. David lui vient en aide pour la prononciation ; au studio, il corrige son accent allemand. Ils forgent des plans pour les vacances, quand elle sera rétablie. C'est la dernière fois qu'ils se retrouvent ensemble. Le 5 juillet, David s'empale mortellement sur la grille métallique de la porte d'entrée de la maison des grands-parents. David avait quatorze ans, et Romy ne lui survivra que dix mois.*

Dans une conversation d'avril 1981 Romy donne libre cours à son désespoir, son désarroi moral, elle se sent épuisée, anéantie, surmenée — et pourtant le plus dur coup du sort est encore à venir.

Conversations téléphoniques
avec sa mère Magda Schneider

26 janvier 1981

Daniel est parti. Il m'a abandonnée ! Il est parti en Amérique. Mais je ne pense pas du tout à envoyer David en Amérique !

Janvier 1981

David est déjà parti. Il est dans l'avion pour New York. Il s'envole rejoindre Daniel.

Février 1981

Ah, Mammi, je crois que nous avons fait une grande erreur. Nous n'aurions jamais dû laisser David traverser l'océan. A son retour il avait l'air trop étrange...

Février 1981

Ça suffit, c'est le divorce. Ce n'est plus un mariage.

Février 1981

Qui sait combien de temps durera encore la chance ? Je ne vis que dans l'instant. Des choses terribles pourraient arriver, on pourrait tomber malade ou mourir.

23 avril 1981

Pour le moment je suis trop épuisée...

Je hais cette image de Sissi. Qu'ai-je donné aux hommes en

dehors de Sissi, toujours Sissi ? Sissi ? Il y a longtemps que je ne suis plus Sissi, je ne l'ai d'ailleurs jamais été. Je suis une femme de quarante-deux ans et je m'appelle Romy Schneider.

INTERVIEW DONNÉE PAR ROMY SCHNEIDER AU JOURNAL ALLEMAND *STERN*

Pourquoi êtes-vous tellement effrayée lorsqu'un homme s'approche de vous et qu'on vous demande avec enthousiasme si vous êtes « *Sissi* » ?

Comment se fait-il que les Français connaissent si bien Sissi ?

Les trois films de *Sissi* sont tous passés trois fois à la télévision ici, en France. Mon fils David m'a dit : « Maman, ne m'en veux pas, mais j'aimerais mieux regarder le western sur l'autre chaîne. » Seule ma petite fille a tout regardé.

Mais pourquoi, après vingt ans, Sissi demeure-t-elle toujours un problème pour vous ?

Les films ont été tournés à une époque à laquelle ils étaient adaptés, et ils ont plu aux gens. Mais je ne peux pas en parler comme de n'importe lequel de mes autres films, je ne peux pas réagir normalement et dire : « Non, je ne suis pas Sissi. Il y a longtemps que je suis Romy, j'ai seulement joué Sissi il y a des années. »

Souvent, vous outragez la pudeur publique, car à chaque événement de votre vie — qu'il s'agisse d'une fausse couche, d'un mariage, d'un divorce, d'un film — la génération Sissi hurle d'horreur et réclame sa pure impératrice. Pour les uns, vous êtes alors une putain, et pour les autres, toujours une madone, à qui le monde ne joue que des mauvais tours.

Je veux avoir la paix. Je hais le tapage et la publicité, tout ce show-business. Et je ne suis pas *leur* Sissi à laquelle ils peuvent se câliner. Je pouvais m'estimer heureuse et satisfaite d'avoir joué ce rôle. C'était une chance à cette époque.

Quelle drôle de chance ! Pour parler clairement : votre beau-père

M. Blatzheim, que vous appeliez Daddy, et votre mère, Magda Schneider, ont un peu aidé cette chance.

Je ne veux faire de peine à personne, je dois des remerciements à ma mère et je n'ai pas de reproches à lui adresser.

Il est peut-être là, votre « problème Sissi » ? Ne vouloir blesser personne ?

Peut-être ne puis-je pas faire autrement, peut-être est-ce ma mentalité.

Je voulais aussi changer de nom, jadis, à Paris — en Rosa Albach. Mais je n'ai jamais osé, pour ne pas blesser ma mère. D'un autre côté, à l'époque je me sentais aussi très bien dans ma peau de fille de star de cinéma, puisque j'avais ce que je voulais. C'était un monde de crinolines, de valses, de flirts, toujours dans des décors de Marischka.

Toutes les jeunes filles auraient réagi comme vous. Mais reconnaissez-vous aujourd'hui que ce monde de Sissi n'avait rien à voir avec l'enfance et la jeunesse dans la vie réelle ?

Aujourd'hui je le reconnais, oui, mais il faut d'abord apprendre à le comprendre. Tout ce que j'ai appris, je l'ai appris à travers le cinéma, tantôt plus, tantôt moins. A quatorze ans j'ai quitté l'école et tourné les *Lilas blancs*.

Donc, pour vous, la vie n'a eu lieu au fond que sous forme de cinéma ou bien au cinéma.

C'est bien là mon problème aujourd'hui, c'est pourquoi tout va si mal. J'ai aussi fait beaucoup trop de films. Mais j'ai mes deux enfants que j'aime, et qui ont besoin de moi.

Combien d'argent avez-vous gagné avec les films sur Sissi ?

Je n'ai jamais su manier l'argent, je sais seulement que ce sont surtout les autres qui y ont gagné, mais l'argent est parti. Et je n'ai pas été seule à le dépenser.

Alors, votre beau-père Blatzheim a dilapidé tout l'argent ?

L'argent est parti, basta ! Je crois que le dernier restaurant dans lequel Blatzheim a investi mon argent a fait faillite. Il s'est toujours occupé de tout. Pour un quatrième *Sissi* on m'a offert quatre millions de marks payés comptant. Mais là j'ai enfin dit non, pour la première fois. J'en avais marre. C'était à

Berchtesgaden. Après tout ce tapage, je me suis réfugiée dans ma chambre d'enfant où je me suis enfermée. Tout cela est si lointain ! Les images me font défaut pour ces souvenirs. Cela ne m'intéresse plus, et pourtant ça m'atteint toujours. Ce tumulte, qui peut être très beau mais que j'ai toujours haï. Un jour, à Madrid, ils étaient des milliers à agiter des petits drapeaux à l'aéroport, ils m'ont presque écrasée. Ma mère était derrière moi et me disait : « Mais souris donc... »

A l'âge de vingt ans, vous avez fugué à Paris pour retrouver Alain Delon, vous ne vouliez plus être Sissi. Etait-ce le début de votre vraie vie ?

Oui, c'est à Paris que ça a vraiment démarré. J'étais amoureuse, à Paris, et enfin sans surveillance. Mais quelle vie, quelle vie c'est devenu...

Vous dites cela maintenant, parce que vous allez mal, parce que vous avez l'impression de ne plus sentir le sol sous vos pieds. Mais c'est tout à fait normal, après tant de films et vivant en plein divorce. Le monde ne s'écroulera tout de même pas.

Le monde ne s'écroulera certainement pas. Et quel est mon monde ?

C'est bien ce que nous essayons de découvrir. Vous aviez donc vingt ans, vous aviez gagné des millions qui étaient entre les mains de ceux qui s'étaient occupés de vous, pleins de bonté et de désintéressement, et Blatzheim vous envoyait tous les mois un chèque de trois mille marks à Paris.

On m'a dit : « Tu as une rente de trois mille marks à Paris et il vaudrait mieux arriver à t'en sortir avec ça. » Chaque fois que j'ai mis mon compte à découvert, je suis tombée en disgrâce.

Pourquoi vous êtes-vous laissé faire ?

Alain a dit un jour à Blatzheim qu'il le considérait comme un fichu con. C'était à Lugano. Je l'avais aussi déjà dit, mais pas si brutalement. J'étais trop bien élevée et je pensais à Mammi. Mais ça non plus ne m'avance pas, maintenant, l'argent est parti. Alain est parti. Blatzheim est mort. Mammi me dira à présent : « Tout allait donc effectivement si mal, mon enfant ? » Et je comprendrai sa question. J'estime ma mère, mon frère, mes enfants, et c'est bien ce dont il s'agit.

Vous étiez donc accablée d'un Daddy du genre miracle économique, d'un beau-père... qui aimait étaler ses richesses, vous, ses robinets dorés...

Votre véritable père était Wolf Albach-Retty. Qu'a-t-il fait pour vous ?

Rien. Avec le deuxième mari de ma mère, c'était un monde petit bourgeois dont il me fallait sortir.

Avez-vous appris entre-temps à vous y prendre avec ce genre de Daddys, quel que soit leur aspect ?

J'essaie.

Rediriez-vous aujourd'hui, comme vous l'avez fait après votre divorce avec Harry Meyen : voilà la moitié de mon argent, mais laisse-moi tranquille maintenant ? Remboursez-vous également sa part à votre mari actuel ?

Non, les temps sont passés, je ne paie plus personne. D'ailleurs mon mariage actuel, avec Daniel Biasini, en France, n'est pas juridiquement valide, parce qu'il y a vice de forme. Lors du mariage nous avions opté pour la séparation de biens. Je n'en dirai pas davantage, parce que le divorce est encore en cours.

Revenons à Paris. Vous vivez là avec Alain Delon et avez quitté définitivement Sissi-Land.

Ce n'était pas Sissi-Land, c'était un Sissi-World, et ç'a été le cas partout où j'ai séjourné. J'étais une jeune personne dans du coton, qui devait être polie. Mais je ne l'étais pas toujours. J'étais une jeune fille...

Que pensez-vous maintenant ?

Pardonnez-moi si je m'exprime de façon aussi sotte, mais tout aurait pu aller bien mieux dans ma vie... Quand je fais aujourd'hui la connaissance de jeunes femmes comme Eva Mattes...

... la comédienne de théâtre...

... Elle est très jeune, elle a beaucoup de talent, mais elle n'est pas aussi photogénique que je l'étais, de loin. Je pense :

tu aurais pu être pareille. Tu aurais pu avoir la chance de commencer ainsi ; avec une véritable vie quotidienne. Un peu de cinéma et plus tard du théâtre. Ces jeunes actrices, aujourd'hui, ont bien plus d'assurance que je n'en avais alors ou que je n'en ai aujourd'hui.

Pourquoi vous montrez-vous sous un si mauvais jour ? Vous vous êtes échappée à l'époque pour aller à Paris, c'était une décision tout à fait courageuse, et personnelle.

Je voulais vivre, vivre avec Alain. Une arrière-cour aurait pu suffire. Peu importe dans quel trou, je voulais vivre. Mais je voulais en même temps tourner des films, parce que j'aimais ma profession. Je n'ai jamais pu me sortir de cette contradiction intérieure.

Et pourtant, vous avez toujours cru de nouveau au bonheur.

J'ai cru que tout pouvait s'harmoniser, oui. J'ai toujours été la plus heureuse quand j'étais seule. Est-ce que cela évoque la schizophrénie ?

Oui.

Peut-être puis-je l'expliquer. Jeune fille, c'est dans la chambre de mon père que je préférais me tenir : il n'était plus à la maison, il avait abandonné ma mère, j'étais donc toute seule. J'ai toujours cherché quelque chose de ce genre et je le cherche encore.

Avez-vous cherché à retrouver une telle chambre plus tard, étant une femme adulte ?

Quelques années durant je l'ai même trouvée. C'était chez Visconti. Il était une force pour moi.

C'était alors une constellation tout ce qu'il y a d'étrange, quand vous et Delon avez répété la pièce « Dommage qu'elle soit une putain » à Paris sous la direction de Luchino Visconti. Dans le fond, chacun était amoureux de l'autre, mais personne n'avait le courage...

J'étais amoureuse de lui, mais je n'ai pas compris à l'époque qu'il était également amoureux de moi, à sa manière. Tout le monde savait qu'il était homosexuel et je m'en tenais là, je n'aurais jamais osé lui dire que je l'aimais. Maintenant il est trop tard.

Visconti aurait été pour vous un homme qui l'aurait même emporté sur votre père ?

Je cherchais quelqu'un avec qui m'enfermer et vivre. Vivre avec quelqu'un et travailler moins, tourner moins de films — mais je n'y ai jamais réussi. C'est pourquoi je suis parfois tellement dans la merde.

Maintenant vous rejetez la responsabilité sur vos films, comme si eux vous avaient rendue « inadaptée à la réalité ».

C'est pourtant bien moi qui décide de mon sort. J'aurais pu dire : « Fini, plus de film, plus de *Sissi*. Retour à la vie quotidienne normale, retour à l'internat. »

Avez-vous des lettres d'Alain Delon ?

Delon, lui, n'écrivait que des billets. Le plus long a été celui où il m'abandonnait. Il m'a honteusement trompée. J'étais en tournage en Amérique. Je suis revenue, l'appartement à Paris était vide, plus personne. Un bouquet de roses, un papier à côté, sur lequel était écrit : « Je suis parti à Mexico avec Nathalie, Salut, Delon. »

Il restait du grand amour un type qui envoie un bouquet de roses et un bout de papier.

Il était lâche, mais c'était très beau. C'était un petit bourgeois macho. Il était seulement ambitieux, il voulait faire carrière et avoir un jour l'appartement plein de Renoir.

Avez-vous attendu un homme aussi longtemps que votre mère a attendu votre père ?

Cinq années de crainte sans répit ou de « pas vivre ensemble » avec Delon suffisent. C'était douloureux. Ça faisait mal.

Dans une situation comme maintenant, où vous allez mal, pourriez-vous téléphoner à Alain, serait-il là pour vous ?

Je pourrais l'appeler s'il était seul.

Pourrait-il y avoir de nouveau une étincelle entre vous et lui quand vous tournerez un film, comme c'es' prévu pour l'automne ?

Certainement pas. Mais nous ne nous haïssons pas. Nous pouvons et aimons nous souvenir.

Tout est déjà si lointain ! Il n'est pas du tout désagréable de le revoir.

A qui téléphonez-vous quand vous allez mal ? A votre mère ?

J'appelle ma mère et quelques amis. Il faut bien parler à quelqu'un, quand on est *down*, c'est tout à fait égoïste. On essaie de ne pas s'effondrer. Ces derniers mois et semaines j'ai senti pour la première fois quels sont mes vrais amis, peu importe où, en Allemagne ou en France.

Ce Will Tremper, qui vous a écrit une lettre ouverte dans la Bunten *(« Nous t'aimons, espèce d'idiote. »), fait-il également partie de vos amis ?*

Le tutoiement est une réminiscence de l'époque de *Sissi.* (Pas la peine de s'étendre sur le sujet.)

Tous les gens qui vous ont dit un jour : « Appelle-moi, quand ça ne va pas, jour et nuit », ceux-là on peut les oublier. Si on le fait, ils sont absents, ou font dire qu'ils le sont.

Les réservez-vous au moins pour plus tard, quand vous aurez surmonté la crise ?

Ce ne sont des amis que parce que je suis Romy Schneider. Le suis encore...

Et elle ne veut plus être mignonne, elle veut enfin retourner les coups ? Vous ne voulez plus vous laisser avoir par des bonshommes tel que votre mari actuel ?

J'essaie de me défendre, il me faut apprendre à le faire. Mais je ne dis rien à mon mari. Je garderai mon enfant et je ne me laisserai plus faire de mal. Cela parce que je veux enfin vivre ma vie, si c'est encore possible...

N'avez-vous pas toujours vécu comme vous avez voulu ?

Il n'y a toujours eu que des moments et, puisque ma vie était déterminée à quatre-vingts pour cent par ma profession, il ne pouvait y avoir que des moments. J'ai longtemps accompagné Alain à ses tournages et je me suis dit : nom de Dieu, pourquoi est-ce que je ne pourrais pas travailler avec René Clément ?

Et pourquoi êtes-vous toujour^ retournée à votre métier ?

Que pouvais-je donc faire ? Je n'ai rien appris d'autre.

Qu'est-ce que cela veut dire, vous n'avez appris rien d'autre ? Vous êtes une bonne comédienne et avez fait de bons films ?

Je ne peux plus me voir. Qu'ai-je donné aux hommes en dehors de Sissi, toujours Sissi... ?

Il existe des films de vous qui sont bien plus importants que Sissi. *Lesquels désigneriez-vous parmi les meilleurs ?*

Leni, dans *Portrait de groupe avec dame,* était un rôle très important pour moi. Parce que cette Leni était tellement allemande est tellement allemande. Mais surtout parce que j'ai fait la connaissance de Böll. Là, je me sentais bien. Il a un intérieur dépouillé, tout est à sa place. Quand je suis arrivée chez lui, il y avait une couronne de Noël. Il était tranquillement assis à sa table, et l'ai bien aimé immédiatement, ainsi que toute cette ambiance. Il se montrait tellement simple avec moi. Il disait : les toilettes sont là, à droite, Romy. Je crois qu'il m'aimait bien aussi. J'aimais en général tous les rôles qui étaient les plus horribles. *Trio infernal,* par exemple, c'était bien. Parce que ces rôles ne me concernaient pas, parce que ce n'était pas moi, parce que je n'avais pas besoin d'être aimable. Puis *Le Procès* avec Orson Welles... à propos, que fait-il, Orson Welles, à présent ?

Il fait de la publicité. Il est assis, gros et rond, à une table et lève son verre de vin. Il ne veut plus tourner de films. Il dit : « Ce que je voudrais, je n'ai pas le droit de le jouer, et je ne veux pas de ce que je pourrais jouer. »

Faites comme lui. Si vous ne pouvez plus supporter de vous voir, tournez moins de films.

Mais il faut que je tourne, j'ai besoin d'argent.

Ne vous dites pas que vous ne pouvez pas vivre de ce que vous avez gagné jusqu'à maintenant.

Non, il faut que je tourne encore cette année, ensuite je pourrai faire une pause. Il faut que je m'arrête, il faut que je me trouve enfin moi-même.

L'un de ces hommes avec lesquels vous avez vécu, n'aurait-il pas pu dire : arrête de faire des films, nous allons chercher un chez nous, un véritable chez nous, sans Renoir, juste normal ?

J'aurais bien aimé. Mais personne n'en a jamais parlé

Détruisez-vous même ce qui vous détruit ?

En ce moment je suis trop démolie pour pouvoir me défendre vraiment...

Ce sont là des choses que vous ne pouvez pas comprendre, parce que ce n'est pas votre profession. S'y ajoute qu'en ce moment je peux vraiment difficilement me supporter.

Mais vous devez vous rendre compte que vous déclenchez quelque chose de positif chez les gens, comme chez ce M. Fischer hier soir, qui a cherché Sissi plein d'enthousiasme et a trouvé Romy Schneider.

Ah, vraiment ? Dans ce cas-là, je devrais effectivement me reposer puis faire du théâtre pendant quelques années dans une ville où je serais chez moi. Ce ne serait pas nécessairement Paris, ce pourrait aussi être Berlin ou Hambourg.

Où est « chez vous » aujourd'hui ?

Chez moi ? D'abord il n'y en a pas, ensuite c'est seulement un endroit dans le quartier le plus chic de Paris où tout pue le décorateur, un chez-moi que je ne voudrais pas, et troisièmement il est là parce que je ne trouve rien d'autre. Je cherche un logement pour moi et mes enfants.

Vous portez toujours sur vous un bout de papier de Max Reinhardt avec la citation de son discours adressé aux comédiens : « Mets ton enfance dans ta poche et sauve-toi car c'est tout ce que tu as à faire. » Vous avez mis trois points d'interrogation derrière cette citation. Pourquoi ?

Parce que ce n'est pas si simple de mettre les voiles, parce que jusqu'à présent je n'y ai jamais réussi.

Et si vous ne mettiez pas votre enfance dans la poche, et que vous l'acceptiez sans fuir ?

Ce serait bien, je crois, mais je n'y parviens pas encore. Je me rappelle si peu de choses de mon enfance : elle consistait principalement en films.

Soit vous êtes très sauvage, très introvertie, ou alors vous aimez vous exhiber au monde entier. Comment peut-on vivre avec ces extrêmes ?

Mal. Il s'agit de simplement continuer à vivre — ou continuer à tourner. Je continuerai à vivre — et vraiment bien !

Mai 1981

Daniel m'a laissée dans le chaos. J'engage la procédure de divorce.

FIN MAI 1981

Lettre à la mère de Daniel Biasini.

Jusqu'à ce jour je n'ai pas voulu détruire l'image que David a de Daniel. Pour le moment vous avez le beau rôle, mais il me serait facile de changer tout ça... Je ne le fais pas à cause de David. Si vous aimez vraiment cet enfant, épargnez-lui d'apprendre des choses qui le rendraient trop profondément malheureux.

3 juillet 1981

J'ai avec mon fils David, quatorze ans, des rapports d'amour et d'estime très profonds. C'est pour moi un compagnon merveilleux. Il est passionné par mon métier et n'hésite pas à me donner des conseils ou à corriger mon accent si je me prends, dans l'émotion d'une scène, à trébucher sur une voyelle. Il est possible qu'à son tour il veuille être comédien ou metteur en scène.

En août je tournerai avec Michel Piccoli le film projeté depuis longtemps. *La Passante du Sans-Souci*. Je crois que j'ai surmonté toutes les difficultés et que je suis parfaitement rétablie. Je ne suis absolument pas fatiguée.

5 juillet 1981

Mammi, mon enfant... mon enfant est mort...

1981-1982
D'où me vient la force de continuer à vivre ?

La Passante du Sans-Souci

La lutte est dure tous ces mois, et aucune blessure n'est épargnée à Romy. Elle erre sans répit, elle change d'appartement, se cache pour échapper aux reporters et aux photographes. Seule la perspective de tourner le film reporté depuis son opération et la mort de David lui permet de tenir. C'est La Passante du Sans-Souci, *un projet qu'elle a proposé elle-même. Le 12 octobre commence le tournage, à Berlin, avec le metteur en scène Jacques Rouffio et son partenaire Michel Piccoli. Elle donne un relief saisissant au double rôle d'Elsa et de Lina. Avec ce qui lui reste d'énergie, elle tourne ce film avec un jeune garçon juif de douze ans. Elle vit seule dans un hôtel de Berlin ; elle prend alternativement des somnifères et des stimulants. Au début de l'année 1982, elle va aux Seychelles avec Sarah et son nouveau compagnon Laurent Pétin. Elle achète une maison à Boissy, à soixante-dix kilomètres de Paris. Elle veut s'installer à la campagne, oublier, travailler, trouver la paix et la tranquillité. Le 14 avril 1982, c'est la Première de* La Passante du Sans-Souci. *Dans des interviews détaillées qu'elle accorde à deux journalistes parisiens, elle parle du travail qu'a représenté ce film pour elle, de la façon dont est venue l'idée de ce film, dont il est né, de l'énergie qu'il lui fallut mettre en œuvre pour mener le tournage à bonne fin. Au matin du 29 mai 1982, Romy Schneider décède d'une défaillance cardiaque. Elle est enterrée le 2 juin à Boissy-sans-Avoir ; ses restes seront transférés ultérieurement pour rejoindre ceux de son fils dans une tombe commune. La pierre tombale porte : Rosemarie Albach, sa date de naissance — pour David le nom et la date de naissance.*

Les Seychelles, 5 février 1982

Ma chère maman et Horst, je pourrais rester ici six mois par an, point n'est besoin de m'y forcer. Voyager les six autres mois, travailler peu. Un paradis !!!!!

Voici notre petit bungalow, ils sont tous les mêmes, un bon restaurant, la mer la plus splendide qui soit, palmiers et noix de coco que l'on cueille le matin et le soir en passant.

Nue sur la plage, ailleurs pieds nus en djellaba et colliers de coquillages — *that's life !* A bientôt — Bises, bises ! Votre Romy, Sarah, Laurent...

Conversation téléphonique avec sa mère Magda Schneider.

18 février 1982

Tu as de la chance. Tu es tranquillement assise devant ta cheminée. Tu as encore ton fils. Mais moi ? Je suis une femme fichue. A quarante-trois ans.

9 mars 1982

Au père de Sarah, Daniel Biasini.

Hier soir ma fille m'a dit . « Ne crache pas sur les gens qui t'aiment. » Cette phrase ne vient certainement pas d'elle... Cette phrase vient de toi... Je n'ai jamais mal parlé de toi devant ma fille, jamais. Je t'en prie pour Sarah... ma pauvre chérie, tout aussi exploitée que mon David...

Avril 1982

Il y a longtemps déjà que je suis tombée sur le sujet de *La Passante du Sans-Souci*. Je ne me souviens même plus quand c'était. J'avais lu le livre et je savais que je voulais être Elsa. Les années ont passé, mais Elsa ne m'a jamais totalement quittée. A l'occasion du tournage de *Une Histoire simple,* en 1978, *La Passante du Sans-Souci* est revenue. Nous tournions dans les décors pour la scène avec la mère de Marie, interprétée par Madeleine Robinson que j'estime et admire. Elle me parla de ce sujet et m'invita à lire *La Passante du Sans-Souci,* ce que j'avais déjà fait. J'ai ensuite continué à travailler tout le temps, beaucoup, beaucoup trop.

Un soir, enfin, à *La Closerie des Lilas,* je discutais avec mon agent Jean-Louis Livi de mon « programme ». Je fis allusion à *La Passante du Sans-Souci*.

— Avec qui pourrais-tu faire le film ?

— Avec une seule personne en France, Jacques Rouffio, répondis-je immédiatement.

Après *L'Horizon* en 1967, *Le Sucre* en 1979, c'était clair pour moi. Je souhaitais très fort qu'il accepte. Et il a accepté. J'étais vraiment fière : c'était la première fois de toute ma carrière que j'étais à l'origine d'un projet.

Jacques Rouffio entreprit donc d'écrire le scénario avec Jacques Kirsner. Le roman de Joseph Kessel date de 1937. Oui, ils ont su, à eux deux, élargir l'histoire, la rendre encore plus émouvante. L'évocation du passé s'accompagne d'une tragédie actuelle. Elsa a été tuée. Par la folie des nazis. Et Lina mourra également, victime d'une autre folie. Mais Rouffio et Kirsner ont su faire comprendre que rien n'était définitivement fini...

En 1981 j avais joué un double rôle dans *Fantôme d'amour* sous la direction de Dino Risi. Et voilà à nouveau un double défi.

Cela ne me faisait pas peur, mais à Rouffio et Kirsner oui. Ils se demandaient si j'accepterais le double rôle et l'élargissement au temps présent. Je ne pouvais y croire tout d'abord. Je pensais que c'était une de leurs plaisanteries. Mais Jacques Rouffio m'écrivait de belles lettres, où il confessait son inquiétude. La pensée que j'aie pu intimider quelqu'un me chagrine. Il en a toujours été ainsi, jusqu'à ce qu'on me dise : « Tu te rends compte de ce que tu représentes dans ta profession ? » Cela ne m'intéressait pas. J'ai assez souvent vu ma frimousse. J'ai toujours une glace dans mon sac. Je me connais. Mon image m'est indifférente. Que peut-on dire de moi que je ne sache déjà moi-même ? Vous savez, les gens que l'on rencontre après une nuit sans sommeil, ces gens vous déclarent : « Ah, quelle bonne mine vous avez ! Vraiment belle ce soir ! »... Je ne peux qu'en rire.

Vous avez dit un grand rôle « romanesque » ? Voyez-vous, j'ai aussi de l'humour, quoi que l'on puisse me dire par ailleurs. Oui, j'ai créé Elsa et Lina. Jacques Rouffio m'a beaucoup aidée en me laissant jouer d'instinct, en ne procédant jamais à des répétitions, sachant que je donnais immédiatement le maximum. Mais il ne faut pas trop se fier à l'instinct. Si l'on s'y fie trop il nous lâche un jour. Par ailleurs je travaille toute seule. J'écris sur des petits bouts de papier des mots, des notes et des remarques relatives aux personnages : « Lina fait ceci, Elsa fait cela. » J'ai cette habitude depuis longtemps.

Jacques Rouffio a travaillé avec moi en me donnant certaines indications, c'est tout. Par exemple dans la scène dans le cabaret *Rajah,* à Berlin, où Elsa se soûle, se détruit, il m'a simplement dit : « L'Allemagne se ruine et Elsa se ruine... » C'est formidable, non ?

Gérard Klein est une vraie découverte Oh oui ! Il incarne mon ami Maurice Bouillard. Et il est effectivement remarquable. Au début il mourait de peur. J'étais disposée de tout cœur à l'aider, comme j'avais aidé avec succès, me semble-t-il, Jacques Dutronc dans *L'Important c'est d'aimer* de Zulawski.

Comment s'exprime l'aide apportée à des débutants ? Je suis tout simplement là. Je demande que l'on m'appelle quand on a besoin d'une donneuse de réplique. Sans fausse modestie, je vous assure que j'ai alors plus le trac que si je jouais la scène moi-même.

Je joue à nouveau aux côtés de mon partenaire préféré, Michel Piccoli. Oui, Jacques Rouffio nous a dit : « Avec vous les essais sont inutiles, cela devrait aller sans. Vous avez déjà fait vos preuves. »

On commence toujours par se jeter des fleurs. « Tu es le meilleur. » — « Mais non, tu es la meilleure. » Et dans les scènes dramatiques ou les demi-tons il peut « m'avoir » ou plutôt c'est moi qui l'ai. En contrepartie, dans les passages moins tendus, où il faut rire, c'est lui le boss. Moi-même j'ai tendance à rire et j'ai parfois du mal à me retenir. Quand une étincelle s'allume dans ses yeux je ne peux plus lui résister. Voulez-vous savoir ce qu'il a écrit à mon sujet dans son livre *Dialogues égoïstes ?* D'abord que je suis une actrice qui crée elle-même ses rôles, ce qui m'a fait plaisir, naturellement. Puis à peu près ceci : « Nous vivons un moment essentiel quand nous nous retrouvons pour tourner pendant trois mois. Si bien des gens n'existent que sur la base d'une sympathie manifestée ouvertement, Romy et moi avons la chance de nous comprendre sans paroles. Les intimités du travail sont très exigeantes. Avec Romy ce n'est ni une lubie ni une amourette. Romy et moi, une association à responsabilité illimitée. »

Elsa chante une chanson formidable. C'est un poème de Heine du *Livre des chants.* Un poème extraordinaire de 1822.

> *C'est toi qui m'es restée le plus longtemps fidèle, tu t'es intéressée à moi, et tu m'as prodigué la consolation dans le besoin et l'anxiété.*
>
> *Tu m'as donné à boire, à manger, tu m'as prêté de l'argent, tu m'as pourvu de linge et du passeport pour le voyage.*
>
> *Ma bien-aimée ! Que Dieu te préserve longtemps encore du*

chaud et du froid ; qu'il ne te rende jamais les bontés que tu as eues pour moi !

(traduction française de H. Mansvic, chez Garnier).

Il exprime exactement ce que pourrait aussi dire Elsa à ceux qui l'aident, surtout chez Charlotte, mais je ne l'ai pas chanté moi-même.

Le *playback* est parfait. J'y ai aussi travaillé très dur. Je me suis beaucoup entraînée avec Anne-Laure Nagorsen, j'ai écouté plus de mille fois la cassette. L'ingénieur du son, William Sievel, a été très satisfait de la synchronisation. Et Dieu sait combien il en a vu avec moi ! Je commets l'erreur d'articuler de façon difficilement compréhensible, parce que je parle plutôt bas. Dans un dialogue avec Charlotte, il nous a interrompues, le casque sur les oreilles :

— Plus fort s'il vous plaît, je n'entends rien.

Nous avons recommencé à chuchoter. Et lui, désespéré :

— Mesdames, vous pensez, certes, mais vous ne pariez pas !

C'est beau, non ?

C'était une atmosphère d'amitié. Une seule fois j'ai été prise d'un accès de fureur. Un jour, peu avant de reprendre le tournage, Rouffio a voulu changer mon texte, ce que je déteste. Il m'a fallu tellement de temps pour l'apprendre, pour me l'approprier, pour le « posséder »... Je me suis précipitée vers la porte et j'ai crié :

— Non, mille fois non ! J'ai tellement trimé. Tout y était. Il est trop tard maintenant !

Jacques m'a jeté un regard attristé... et tout est rentré dans l'ordre.

Cela se passait à Berlin, en studio. J'y avais déjà tourné, c'est vrai. Mais je n'y avais pas tourné depuis *Jeunes Filles en uniforme* en 1958, et seulement bien plus tard à nouveau dans *Portrait de groupe avec dame* en 1976. Rien n'avait changé. C'était un peu inquiétant. Mes rapports avec l'Allemagne, avec le cinéma allemand ne sont pas particulièrement bons. Je crois qu'ils ne m'ont pas encore pardonné, qu'ils ne me pardonneront jamais.

Berlin a une signification particulière pour moi. Mon fils y est né. Et j'y ai passé les trois années les plus belles, les plus heureuses de ma vie.

Le premier titre de *La Passante du Sans-Souci* comporte une dédicace. C'est moi qui l'ai voulue. J'ai dédié mon travail à « David et à son père ». Jacques Rouffio n'était pas très emballé. Par pudeur, sans doute. Il me dit :

— Je crois que c'est un peu trop personnel.

Je lui ai répondu :

— Qu'est-ce qui est encore personnel aujourd'hui ? On a l'impression d'appartenir à tout le monde. Si donc j'appartiens à tous, qu'ils sachent aussi tous ce qui m'appartenait et ce que j'ai perdu...

Jacques Rouffio m'a comprise.

La dédicace sur l'écran. Exact, c'est une affaire avec moi-même. Nul n'a de réponse à une question aussi simple que : pourquoi tout est-il si cher ? Il faut tout payer tellement cher.

En 1977 j'ai déclaré : « J'ai cinquante films », tout comme on dit : « J'ai cinquante ans. » Est-ce un sommet ? Je ne saurais répondre. Pour moi *La Passante du Sans-Souci* est plus qu'un simple film. Beaucoup plus.

Avril 1982

J'aurais envie de dire *life must go on.* Il y a assurément des moments où l'on a envie de tirer le rideau et de n'avoir plus rien à faire avec la profession. Mais j'ai des responsabilités. Je ne suis pas seule. Il faut donc que la vie continue. Je continuerai à faire mon travail aussi bien que possible. Il faut que ça continue, on ne peut pas s'arrêter. On peut réfléchir un instant, mais ensuite il faut continuer. Il ne m'est pas possible de m'arrêter.

On se révolte contre le malheur ; cette révolte durera toute la vie. Que le public fasse preuve d'une grande compassion ne diminue en rien la douleur.

Le début du tournage de *La Passante du Sans-Souci* avait été retardé à cause de mon opération. Pourtant j'étais prête à entreprendre le travail dès que le médecin m'y autoriserait. Peut-être étais-je fatiguée, mais le travail me donne des forces, physiquement et moralement. En ce qui concerne les scènes avec le petit Max, douloureuses pour moi, Jacques Rouffio m'a admirablement aidée.

J'ai toujours voulu incarner cette *passante*. Pour une actrice, il y a le travail et la vie. On ne mélange rien. Chez moi c'est là une force. Je ne sais pas d'où elle vient, mais elle est là. Je savais qu'il y aurait des moments douloureux, pas seulement à cause de quelques séquences, mais parce que mon métier est très dur. Mes véritables amis, en qui je peux avoir confiance, m'ont dit : « Le mieux, pour toi, c'est que tu puisses travailler. » Même Simone Signoret m'a donné ce conseil par téléphone. Ce n'est pas que je veuille travailler comme jadis, quand je tournais trois films par an aux dépens de ma vie privée. Cela je ne le veux plus. Mais j'ai besoin de cette peur qui me saisit au studio. Elle est stimulante. On se jette dans le travail, parce qu'il faut le faire, et ça aide aussi un peu à oublier. Jalousie allemande, je crois que oui. Mais je ne leur appartiens pas sous prétexte que j'ai interprété trois *Sissi*. J'ai choisi un pays qui m'a accueillie, il y a bien longtemps, les bras ouverts, et où j'ai connu bien du bonheur.

Ma mère a collaboré à plus de soixante films, avant de s'arrêter. Ma grand-mère maternelle jouait encore au théâtre à quatre-vingts ans. Je ne tiens pas à travailler comme elle, et je ne tiens pas non plus à atteindre cent cinq ans.

Comme tant d'autres, le père de mon fils avait été déporté à l'âge de dix-neuf ans. Ce sont là des réalités que l'on n'oublie pas.

J'ai très peu de souvenirs de ce temps-là. J'étais une enfant. Mes parents se sont séparés alors que nous étions encore petits. Nous n'étions pas directement affectés. Je me souviens encore qu'un soir de Noël, maman a pleuré parce qu'elle était seule avec nous. Mais le film se rapporte aussi au temps présent, quand on pense à ce monde qui se détériore plutôt.

Toute l'équipe a éprouvé une passion sans mesure pour ce film. La compréhension mutuelle pendant le tournage était tout simplement fantastique. Ce n'est pas toujours le cas.

Je n'étais pas encore adulte, je n'y avais pas encore suffisamment réfléchi, je ne l'avais pas compris. Mais depuis il y a eu des événements qui m'ont beaucoup affectée et qui m'ont montré qu'en vérité rien n'a changé.

David avait lu le scénario. Il m'a dit qu'il lui avait plu. Mais il ne pouvait tout comprendre, bien qu'il ait été mûr pour son âge. Il voulait simplement que je tourne ce film.

Je voulais jouer sous la direction de Jacques Rouffio, parce que j'avais admiré tous ses films. Ce qu'il disait — et la façon dont il le disait — me convainquait totalement. C'est assez rare. Il y avait longtemps que je voulais travailler avec lui. Plus tard, nous — lui, sa famille et moi — sommes devenus amis. Je pouvais les appeler, leur rendre visite, aborder n'importe quel sujet avec eux.

Il a fait preuve d'une compréhension merveilleuse. Il devinait quand c'était douloureux pour moi. Il savait me dire les mots qui conviennent. C'est un homme qui a de l'estime pour les acteurs. Il est le seul qui m'ait dit : « Ce ne doit pas être marrant du tout d'exercer tous les jours le métier d'acteur. » Cela m'a frappée. Jamais encore un réalisateur ne m'avait dit une chose pareille.

Il est vrai, pour une part, que j'avais besoin de quelqu'un. J'étais ainsi faite. Mais aujourd'hui ce n'est plus le cas. J'ai mûri et j'ai compris combien cela devait être pénible pour ces gens qui restent toujours dans l'ombre de nous donner de l'assurance et d'être exposés, ce faisant, à nos sautes d'humeur. On n'a pas le droit d'exiger des personnes qui nous sont très proches qu'elles nous aident à porter notre fardeau. J'ai conscience d'être facilement irritable, insupportable. Je refuse maintenant que quelqu'un soit là pour me donner de l'assurance aux instants de peur, de trac, d'hystérie. A présent, je respecte davantage les autres. David venait avec moi au studio, oui, souvent. Depuis le drame il me reste Sarah, qui a maintenant quatre ans et demi. Elle est encore trop petite pour m'accompagner au studio.

Je vis actuellement à l'hôtel parce que je ne peux plus vivre dans un cadre où tant de choses me rappellent mon fils et les heures heureuses que nous avons passées ensemble. Je suis en quête d'une nouvelle maison pour recommencer ma vie et surmonter mon chagrin.

C'est un chagrin que je n'oublierai jamais.

Je n'ai pas peur de prendre de l'âge. D'ailleurs la peur de vieillir n'est pas un problème spécifiquement féminin. Vous savez quelle a été ma réaction lors de cette fameuse journée des femmes : je me suis demandé si on ne devrait pas organiser aussi une journée des hommes. Que pensent donc toutes ces femmes ? Que les hommes n'ont pas leurs problèmes et leurs peurs ? Pensent-elles qu'ils ne sont pas vulnérables ? Il y a des choses qui m'ont irritée et que je trouve presque risibles. Mais j'aime les hommes, je ne peux pas vivre sans eux.

J'accepte des rôles de femmes plus âgées. Oui. Pour moi, ce qui compte avant tout, c'est le rôle. Même celui d'une vieille femme.

Si c'en est fini du succès un jour, je connaîtrai une solitude incommensurable.

Mai 1982

Conversation téléphonique avec son frère Wolfdieter Albach.

Je n'y arrive pas, je n'y arrive pas...

Remerciements de l'éditeur

– A Madame Magda Schneider pour son aimable autorisation de publier ici des extraits de sa série d'articles *Ma fille Romy, une fille comme toutes les autres,* parus dans la *Münchener Illustrierte* (26.1.1957-23.3.1957).

Nous avons repris des extraits, avec l'aimable autorisation des intéressés, des séries d'articles suivantes :
Mon journal américain, Abendzeitung, Munich (6.2.1958-14.2.1958) et *Après tous ces mensonges,* Quick (18.4.1965-16.5.1965).

Nous avons aussi utilisé des dires de Romy Schneider dans le cadre d'interviews données aux magazines *Stern* et *Paris-Match,* dans les années 1981 et 1982.

Tous les autres propos et déclarations de Romy Schneider sur elle-même sont tirés de publications des années 1957 à 1982 et repris ici dans l'intention de présenter une autobiographie cohérente.

Rôles interprétés au cinéma,
à la télévision et au théâtre

Les années sont celles des années de production.

— **Quand fleuriront les lilas blancs** (1953), Evchen Forster.
— **Feu d'artifice** (1954), Anna Oberholzer.
— **Les jeunes années d'une reine** (1954), Victoria.
— **Mam'zelle Cricri** (1955), Constanze Hübner.
— **Mon premier amour** (1955), Niddy Hövelmann.
— **Sissi** (1955), Sissi.
— **Sissi impératrice** (1956), Sissi.
— **Kitty** (1956), Kitty Dupont.
— **Un petit coin de paradis** (1956), Maud Cantley.
— **Monpti** (1957), Anne-Claire.
— **Mademoiselle Scampolo** (1957), Scampolo.
— **Sissi face à son destin** (1958), Sissi.
— **Jeunes filles en uniforme** (1958), Manuela von Meinhardis.
— **Christine** (1958), Christine Weiring.
— **Eva** (1958), Nicole Dassau/Eva.
— **Mademoiselle Ange** (1959), Ange.
— **La belle et l'empereur** (1959), Fanny Emmetsrieder.
— **Katia** (1959), Katia.
— **Boccage 70** (1961), Pupé.
— **Le combat dans l'île** (1961), Anne.

— **Le procès** (1962), Leni
— **Les Vainqueurs** (1962), Régine.
— **Le Cardinal** (1963), Anne-Marie Lebedur.
— **Prête-moi ton mari** (1963/64), Janet Lagerlof.
— **L'Enfer** (1964), Odette Prieur (Film inachevé).
— **Quoi de neuf, Pussycat?** (1964), Carole Werner.
— **Dix heures et demie du soir en été** (1965), Claire.
— **La Voleuse** (1966), Julia Kreuz.
— **Triple croos** (1966).
— **Otley** (1968).
— **La piscine** (1968), Marianne.
— **Inceste** (1969), Francesca Anderson.
— **Les choses de la vie** (1969), Hélène.
— **Qui?** (1970), Marina.
— **Bloomfield** (1970), Nira.
— **La Califfa** (1970), La Califfa.
— **Max et les férailleurs** (1970), Lily.
— **L'assassinat de Trotsky** (1971), Gita Samuels.
— **Le crépuscule des dieux (Ludwig II)** (1972), Elisabeth d'Autriche.
— **César et Rosalie** (1972), Rosalie.
— **Le train** (1973), Anna Kupfer.
— **Un amour de pluie** (1973), Elisabeth.
— **Le mouton enragé** (1973), Roberte Groult.
— **Trio Infernal** (1973/74), Philomena Schmidt.
— **L'important c'est d'aimer** (1974), Nadine Chevalier.
— **Les innocents aux mains sales** (1974), Julie Wormser.
— **Le vieux fusil** (1975), Clara.
— **Une femme à sa fenêtre** (1976), Margot Santorini.
— **Mado** (1976), Hélène.
— **Portrait de groupe avec dame** (1976/77), Leni Gruyten.
— **Une histoire simple** (1978), Marie.
— **Bloodline** (1979), Hélène Martin.
— **Clair de femme** (1979), Lydia.
— **La mort en direct** (1979), Katherine Mortenhoe.
— **La banquière** (1980), Emma Eckhert.

— **Garde à vue** (1980), Chantal Martinaud.
– **Fantôme d'amour** (1981), Anna.
— **La passante du Sans-Souci** (1982), Elsa Wiener/Lina Baumstein.

THÉÂTRE

— **Dommage qu'elle soit une putain** (1961) de John Ford.
— **La mouette** (1962) d'Anton Tchékov.

TÉLÉVISION

La mission de Lysistrata (1961), d'après la comédie d'Aristophane.

CRÉDIT PHOTOS :

Archives de Renate Seydel, Institut allemand cinématographique, Francfort/Main, Editions Henschelverlag, Berlin, Hipp-Foto, Berlin, Christiane Hölger, Berlin, Keystone, Paris, Sven Simon, Bonn, Sipa-Press, Paris, Archives cinématographiques d'Etat de la DDR, Berlin, Stern/Robert Lebeck, Fondation Deutsche Kinemathek, Berlin, Studio X Gamma, Paris, Editions Süddeutscher Verlag, service photographique, Munich, Sygma, Paris, Editions Ullstein, service photographique, Berlin, Unifrance, Munich.

Photos de couverture : Interpress, Stills (J. L. Urli).

Maquette : Rakno Tolic
Atelier : Hubert Vilfroy

Relations presse : Isabelle Ambrosini
Hugo Paulin
Thierry Moreau

Aubin Imprimeur
LIGUGÉ, POITIERS

Achevé d'imprimer en septembre 1990
N° d'édition ES 90115 / N° d'impression L 35972
Dépôt légal, octobre 1990
Imprimé en France

ISBN 2-73-82-0347-7
33-12-5347-01/1